NLP로
신념 체계 바꾸기

Robert Dilts 저

이성엽 · 권병희 · 김영경 · 손민서 · 신원학
신현정 · 유경철 · 전지영 · 주충일 · 최영조 공역

Changing Belief Systems with NLP

학지사

~~◆~~ 헌정의 글 ~~◆~~

전 세계에 참된 신념 변화의 힘과 범위를 보여 준
동유럽인에게 깊은 존경과 함께 이 책을 바칩니다.

1

보라, 이 화려한 세상을
그럴싸하게 장식된 왕의 마차 같아서
어리석은 자들은 거기 끌려들지만
눈 있는 사람은 조금도 돌아보지 않는다.

　　　　　　　　　　　　　　-법구경

　교육계 관련 기업에 있는 분들과 이런저런 이야기를 나누다 보면
가끔 듣는 푸념이 있다.

　"A 강사는 돈만 보고 강의하나 봐요."
　"B 강사는 사람이 참 좋아요. 그분은 돈하고 상관없이 강의해요."

　강사 파견을 주로하는 컨설팅 회사 대표의 이런 이야기를 들을 때

면 회사를 책임지는 그의 무거운 어깨가 느껴져 위로와 격려의 이야기로 화답하지만, 한 발 뒤로 물러나 논리적으로 들이댄다면 여기저기 허술한 구멍이 많은 이야기일 수도 있다. 과연 그의 이야기는 사실일까? 예를 들어, 보통 100만 원을 받는 전문강사에게 절반의 금액에 강의를 해달라고 요청했다.

A 강사는 그 금액에는 강의할 수 없다고 거절했다.

B 강사는 "돈은 별로 중요하지 않아요."라는 이야기와 함께 흔쾌히 수락했다.

이런 경우에 지인의 이야기처럼 A 강사는 돈만 보고 강의하는 사람일까?

A 강사의 마음을 알 수는 없지만, 그의 반응을 추측하여 브레인라이팅(Brain Writing)을 해 보면 다음과 같은 사람일 수 있다.

- 다른 기업에서는 항상 100만 원으로 강의하고 있는데, 이번에 이곳에서 50만 원을 받으면 기존의 고객들에게 큰 결례가 되기 때문에 그렇게는 못한다고 거절한 의리 강사
- 너무 유명세를 타고 있어 거절해도 본인의 기준에 맞는 강의로 스케줄이 가득 차 있는 명강사
- 스스로 약속한 기준에 맞지 않은 경우, 돈보다는 그 시간에 연구를 하거나 운동을 하거나 또는 쉼을 선택하는 것이 더 소중하다

고 생각하는 개똥철학 있는 소신 강사
- "그 금액에는 못합니다."라며 직설적으로 거절하는 것보다는, 일 정이 안 된다는 등의 다양한 하얀 거짓말을 이유로 대며 거절하 면 될 텐데, 그런 거짓말을 못하는 정직/우직한 강사 또는 사회 성이 떨어지는 강사

반면, B 강사가 강의를 수락한 심리적 배경을 추측하여 브레인라 이팅을 해 보면 다음과 같은 사람일 수 있다.

- '강의료는 중요하지 않아. 강의는 정말 즐겁고 보람된 일이야.' 라며 자신의 일을 즐기고 좋아하는 강사
- '돈 때문에 사람을 잃으면 안 되지.'라며 연락한 사람과의 관계가 더 중요하기에 적은 강의료에도 강의를 하는 의리 강사
- '어차피 강의도 없는데 놀면 뭐하나! 그 돈이라도 벌어야지!'라는 생각으로 승락한 강사

경우의 수는 수없이 많겠지만, 이리 보고 저리 봐도 강의료가 적 다고 거절한 A 강사가 B 강사에 비해 돈만 보고 강의한다는 근거는 찾기 어렵다. 오히려 A 강사는 돈보다는 신의가 중요하거나, 돈보다 는 자신의 병판이 더 중요하거나, 너무 강직하거나 또는 "일정이 바 빠서 죄송합니다."라는 하얀 거짓말조차도 못하는 오히려 우직하고 사회적 관계맺음과 같은 소프트 스킬이 부족한 강사일 가능성이 훨

씬 더 커 보인다.

반면, "저는 돈하고 상관없이 강의해요."라며 강의를 수락한 B 강사가 A 강사보다 돈에 대한 우선순위가 더 높을 가능성이 많다. 따라서 A 강사는 돈만 보고 강의한다, B 강사는 돈하고 상관없이 강의하니 좋은 사람이라는 의견은 오류투성이다. NLP 메타 커뮤니케이션 언어로 '우주적 일반화'라고 볼 수 있는 것이다.

그럼, 처음으로 다시 돌아가 질문해 보자.

A 강사와 B 강사 중 돈만 생각하는 사람은 누구일까?

솔직한 정답은…… "잘 모른다!"라는 것이다.

그게 솔직한 정답이 아닌가? 어찌 알겠는가?

인간의 의사결정은 단순히 한두 가지만 가지고 결정되는 것이 아니라 엄청난 복잡계다. 나만 하더라도 강의 요청에 대한 허락을 할 때, 대상자, 강연 주제, 초대하는 기관과 나의 관계, 초대하는 담당자와의 평소 인간관계, 강의 장소의 거리, 강의 전후 나의 스케줄, 강연 요청받을 때의 컨디션과 나의 감정상태 등 수십 가지를 동시에 고려하게 된다. 그래서 정직한 대답은 잘 모른다는 것이다.

그리고 어쩌면 조금 더 가능성이 높은 답은…….

'돈만 생각하는 사람'은 A 강사도, B 강사도 아닌 A 강사와 B 강사를 돈으로 판단한 그 사람일지 모른다. 그가 요즘 돈이 궁하거나, 돈 때문에 스트레스를 많이 받거나, 아니면 정말 그 무엇보다 돈이 제일 중요하다는 생각이 의식/무의식에 알게/모르게 가득 차 있기에, 타인의 반응을 보고 '저 사람은 돈만 보고…….'라는 반응을 했을 가능성이 높다는 것이다. 자신 깊숙한 곳에 있는 그림자의 반응!

이처럼 타인을 판단하고 분별하는 것은, 사실 그를 통해 내 모습을, 나아가 내 그림자를 보고 있는 것이다. 누군가를 비판하고 비난하는 것은 그를 통해 비춰진 자신의 그 모습을 비난하는 것이다. 따라서 우리는 판단하고 비난하기 전에 사실 먼저 점검하고 살펴봐야 할 대상은 타인이 아니라 어쩌면 자기 자신일지 모른다.

오래된 일화가 하나 있다.

강연료가 비싼 대문호 톨스토이(Lev Nikolayevich Tolstoy)에게 친구 중 한 명이 충고했다.

"야, 돈이 뭐가 중요하다고 강연료를 그렇게 많이 받니?"

친구의 말에 톨스토이는 "그래, 돈은 중요한 게 아니지. 그렇지?"라고 반문했고, 친구는 "그래, 그건 중요한 게 아니야."라고 대답했다.

이에 톨스토이는 다시 반문했다.

"야, 중요하지 않은 돈을 내가 얼마를 받든 말든 그게 뭐가 중요하다고 이야기하니?"

이는 우리의 신념이 어떻게 작동하는지를 엿볼 수 있는 이야기다. 어디 이뿐이랴. 수많은 삶의 장면에서 우리는 끊임없이 판단하고, 재단하고, 비난하고, 불평한다. 그러나 그럴 때마다 길을 잃지 않고 깨어 살펴봐야 할 것은, NLP의 대전제 중 하나인 '세상은 나의 거울이다.'라는 명제다.

신념은 모든 현실을 왜곡한다

내가 어떤 사람에 대한 불신을 가지고 있는 경우, 구체적인 예를 들어, 만일 어떤 아이가 부모는 자신을 신뢰하지 않고 좋아하지 않는다는 신념을 가지고 있다고 하자. 이때, 만약 부모에게 체벌을 받고 있다면 대개 그것이 증거라고 말할 것이고, 만약 부모가 좋은 말을 한다면 "엄마 아빠는 거짓말을 하는 거야, 날 바보 취급해." 라고 하기 십상이다. 만약 직장상사가 나를 믿지 않는다는 신념을 가지고 있다면, 내 신념은 그 증거를 찾기 위해 자동적으로 움직인다. 그래서 현상계가 무엇이든 모든 것은 신념으로 시작하여 이후 벌어지는 모든 것을 어떻게 해석할지 결정하는 틀을 만들게 된다. 따라서 누구한테 섭섭하다는 마음이 올라온다면 먼저 스스로의 신념을 돌아봐야 할지 모른다. 그가 의심스러운 것은 내가 그를 의심하는 것에 기인한다. 세상은 나의 신념을 반영하고 있기 때문이다.

'소확행'이란 말이 유행어가 되고 여기저기서 행복을 연구하고 행복 찾는 법을 이야기하고 또 행복을 찾고 있다. 이러한 행복찾기는 오래된 인류의 공부거리였다. 안타깝게도 현대사회의 우리는 밖에서 행복을 찾느라 많은 시간을 소비하고 있다. 행복의 원인을 밖에서 찾는 우리의 모습은 중독적인 것처럼 느껴진다. 지위, 학위, 권력, 돈, 소유와 같은 외적 요소에서 기쁨과 행복을 찾는 것은 지구 역사상 가장 오래된 인류의 중독일지 모른다. 꿈, 비전, 목표라는 동력을 통해 높아질 것을, 커질 것을, 강해질 것을 갈망하는 것은 잠시 취하는 즐거움을 누릴지 모르지만 한여름 밤의 꿈일 뿐 또 다른 허

기짐으로 이끄는 중독일 뿐일지도 모른다.

지도는 영토가 아니다

인류는 진정한 기쁨과 행복이 원인이라기보다는 결과라고 믿고 살고 있다. 노력의 결과, 자본의 결과, 네트워크의 결과……. 이런 허망한 믿음이 우리를 지배하다 보니 심리학 연구자들은 이러한 조건을 찾는 연구로 평생을 보내고, 발견한 결과를 대중에게 용감하게 공개하며 더 큰 함정으로 함께 빠져들고 있다. 이런 정보를 접하게 되는 대중은 행복의 원인으로 회자되는 모든 것을 잡으러 좇아다니며 인생의 소중한 시간을 낭비하고, 심지어 평생을 허비하기도 한다. 우리 인류가 좇는 파랑새는 돈, 명예라는 물질부터 존경이라는 비물질적인 것일 수도 있다. 이런 질풍노도의 여정은 모두 허망이라는 종착역에 도달할 뿐이다. 욕망이라는 사회적 전차에 올라타면 멈추기가 여간해서는 쉽지 않다. 대부분의 욕망이란 삶의 원동력인 것처럼 보이지만 결과는 고통의 씨앗이 되는 것이다.

어떻게 할 것인가? 행복은 어떤 조건의 결과가 아니라 지금 나의 결정이라는 나름대로의 지혜로운 해결책을 NLP는 제시한다. 나아가 NLP에서는 행복을 좌우하는 것은 신념과 믿음에 달려 있다고 전제한다. NLP의 '지도는 영토가 아니다.'라는 대전제는 우리가 바라보는 실상은 신념과 믿음으로 가득 잔 마음의 반영이라는 것이다.

결국은 마음의 작용

이 책은 NLP의 메카라 불리는 NLP University를 이끌며 전 세계 NLP의 표준을 제시하는 역할을 하고 있는 로버트 딜츠(Robert Dilts)의 시연을 그대로 묘사하고 시연에 대한 핵심개념을 정리한 책이다. 리처드 밴들러(Richard Bandler)와 존 그린더(John Grinder)가 NLP를 시작했다면, NLP를 인류를 위한 보편적 도구로 재탄생시키고 널리 알리는 교육자로서의 역할은 단연코 딜츠의 공헌이라고 할 수 있다. 특히, 그가 개발하고 보급한 로지컬 레벨(Logical Level), 제너레이티브 포맷(Generative Format), 디즈니 전략(Disney Strategy), 영웅의 여정(Hero's Journey) 등의 NLP도구들은 많은 이의 변화와 성장에 기폭제가 되었다. 대표 역자는 딜츠와 지난 15년간 깊은 인연을 맺으며 꾸준한 배움 공유해 왔다. 많은 NLPer가 전문가의 시연을 직접 보고 싶어 하지만 현실적으로 데모를 직접 경험하기란 쉽지 않다. 세계 최고의 NLP전문가의 시연과 강의를 직접 맛볼 수 있는 경험을 나누고자 이 책의 번역을 기획하였다. 이는 이 책의 가치이자 한계다. 모든 것은 음과 양이 공존한다. 딜츠의 시연을 그대로 기록하고 그의 강의를 그대로 담은 책이라 두고두고 모델로서 참고할 수 있다는 측면에서는 귀한 선물이지만, 이는 마치 한 편의 영화를 극장에서 보지 못하고 인쇄된 시나리오를 읽는 것이니 매우 아쉬운 대목이기도 하다. 영화 〈서편제〉나 〈기생충〉을 인쇄된 시나리오로만 읽는다면 얼마나 아쉽고, 좋아하는 가수의 노래를 듣지 못하고 눈으로 악보와 가사만 읽는다 생각하면 얼마나 답답하겠는가. 그러나 삼류 영화를 보느니

일류 영화의 시나리오를 읽고 상상하는 것이 더 정신건강에 도움이 된다는 신념으로 이 책의 출간을 도모했다.

번역은 어웨이크너포럼(Awakener Forum)의 멤버들 중 NLP 마스터 프랙티셔너(Master Practitioner) 자격이 있는 전문가들이 함께 참여했다. 초벌과 재벌까지는 여러 번의 스터디와 회의를 통해 용어를 통일하고, 개념을 명확히 하는 작업을 했고, 여러 번의 윤문작업을 거치면서 저자의 시연과 설명을 정확히 전달하는 데 초점을 맞추었다. 부족한 점이 많으나 꾸준히 보완해 나갈 테니 미흡한 부분은 독자 여러분의 양해를 부탁드린다. 이 책이 나오기까지 역자들의 정성도 감사하지만, 학지사 가족들의 믿음과 지지가 없었다면 불가능한 작업이었다. 특별히 끝까지 응원을 아끼지 않은 한승희 부장님과 꼼꼼하고 세심한 교정 교열로 장인의 향기를 느끼게 한 김순호 이사님께 고맙다는 말씀을 전한다. 이 책이 신념을 다루는 전문가들에게 조금이라도 도움이 되길 희망한다.

2019년 여름

율곡관 연구실에서 역자를 대표하여 이성엽

저
자
서
문

우리의 신념은 우리의 행동에 매우 강력한 힘으로 작용한다. 누군
가가 정말로 자신이 할 수 있다는 것을 믿는다면 그는 그것을 할 것
이고, 만약 누군가가 어떤 것이 불가능하다고 믿는다면 전혀 노력하
지 않음으로써 불가능한 것이 맞다는 것을 스스로에게 확신시킬 것
이라는 것은 이제 상식이 되었다. '지금은 너무 늦었어.' '내가 할 수
있는 일은 아무것도 없어.' '나는 늘 당하기만 하니까…… 또 내가 걸
렸어.' 이와 같은 신념은 종종 자신이 타고난 능력과 무의식적 능력
을 최대한 활용하지 못하도록 빈번히 제한할 수 있다. 우리 자신에
대한 신념, 이 세상에 어떤 것이 가능하고 어떤 것이 불가능한가에
관한 우리의 신념은 매일매일 일상에 영향을 준다.

우리 모두는 우리의 자원으로 쓸 수 있는 신념과 더불어 우리를
제한하는 신념을 가지고 있다. 예를 들어, 대부분의 사람은 자신의

신념 체계가 직간접적으로 건강에 영향을 줄 수 있음을 인지하고 있다. 약물 남용, 만성 피로, 면역력 저하, 스트레스와 같은 건강 관련 문제로 이어지는 부정적인 신념을 밝혀내는 것은 간단하다. 그렇다면 부정적인 신념을 건강에 도움이 되는 신념으로 바꾸는 방법은 무엇일까?

대부분의 의료 전문가들은 환자의 태도가 회복의 성공에 중요한 요소라고 말한다. 그러나 두려움이나 무관심을 극복하고 '긍정적인 태도'로 바꾸게 하기 위한 방법은 거의 없다. 의학 연구 역사를 통해 플라세보(placebo) 효과는 실제 약만큼 강력하다는 것이 증명되었다. 그러나 이 힘의 정확한 원인은 아직 수수께끼로 남아 있다. 많은 학자는 '역플라세보 효과'가 질병을 일으킬 수 있다고 추측한다. 그 힘을 직접 활용하여 성공적인 회복을 보장하도록 조정할 수는 없을까?

심지어 다른 사람들이 가지고 있는 우리에 대한 신념도 우리에게 영향을 미칠 수 있다. 이것은 테스트를 거쳐 평균 정도의 지능을 가진 아동을 무작위로 두 그룹으로 나누어 진행한 어느 연구에서 입증되었다. 한 그룹의 교사는 자기 반 아이들이 모두 '재능을 타고났다.'고 전해 들었다. 또 다른 그룹의 교사는 반 아이들이 모두 '학습지진아'라고 전해 들었다. 1년 뒤에 두 반의 아이들은 모두 다시 IQ검사를 받았다. 예상대로 '재능을 타고났다.'라고 불렸던 반의 대다수 아이들은 이전보다 높은 점수를 받았다. 반면, '학습지진아'라는 꼬리표를 붙였던 반의 아이들 대부분은 점수가 이전보다 낮아졌다. 학생들에 대한 교사의 믿음이 아이들의 학습 능력에 영향을 미친 것이다.

우리의 신념은 우리의 지능, 건강, 인간관계, 창의성은 물론 더 나아가 개인의 행복과 성공에까지 영향을 끼치고 심지어 결정짓기까지 한다. 실제로 우리의 신념이 삶에 큰 영향을 미칠 만큼 강력하다면, 어떻게 우리는 신념을 컨트롤할 수 있을까? 그 신념이 우리를 통제하지 못하도록 말이다. 우리가 가지고 있는 대부분의 신념은 우리가 신념을 선택할 수 있는 선택권을 가질 수 있거나 그 신념의 힘이 얼마나 강력한 것인가를 자각하지 못하던 어린 시절에 부모, 교사, 사회적 관습 그리고 언론 매체에 의해 우리에게 심어졌다. 우리는 지금 우리의 능력을 제한하고 한계를 규정짓는 이 낡은 믿음인 우리의 신념을 새롭게 구축할 수는 없을까? 우리의 가능성을 제한하는 낡고 오래된 신념을 바꾸거나 재구축하는 것은 가능할까? 지금 우리가 상상할 수 있는 것 너머로 우리의 잠재력을 확장할 수 있는 우리의 새로운 신념을 각인할 수는 없을까? 만약 가능하다면 우리는 어떻게 그렇게 할 수 있을까?

NLP(Neuro-Linguistic Programming)는 이를 가능하게 한다. NLP는 강력하고 흥미진진한 마음의 모델과 행동 도구 세트를 제공하여 신념과 신념 체계의 숨겨진 메커니즘 일부를 풀 수 있게 해 준다. NLP의 프로세스를 통해 신념에 영향을 미치는 믿음과 신경언어적, 신체적 요소가 전체적이고 실용적인 방법으로 탐구될 수 있고 영향을 받을 수 있다.

이 책은 NLP를 도구로 사용하여 신념에 영향을 끼치는 근본적인 프로세스를 직접 탐구한 결과다. 이 책의 내용은 주로 '신념 변화 (belief change)'에 관한 내 세미나를 기반으로 한다. 이는 내 세미나의 내용을 단순히 기록하는 것을 넘어, 신념에 대한 작업을 사람들과 실제 함으로써 얻어지는 실질적 경험과 느낌 그리고 상호작용을 통한 통찰을 있는 그대로 보여 주고 나누기 위해서다.

차례

01

신념의 본질

두뇌를 포함해 사실상 모든 생물학적, 사회적 시스템은 여러 단계로 구조화되어 있다. 뇌는 각기 다른 여러 단계의 처리 과정을 가지고 있다. 이는 당신은 각기 다른 수준으로 생각하고 있고, 각기 다른 수준과 단계로 존재할 수 있다는 것이다. 우리 뇌에 대해서 알려고 하거나 행동의 변화를 꾀하려 할 때 우리는 뇌의 각기 다른 수준과 단계를 본격적으로 다룰 필요가 있다. 이는 다양한 수준과 단계로 구조화되어 있는 비즈니스 시스템에서도 마찬가지다.

심리학적 관점에서 보면, 우리가 가장 자주 하는 다섯 가지 수준이 있다.

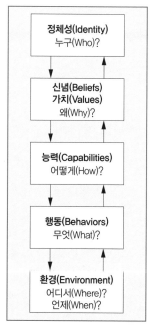

[그림 1-1]
시스템 내 조직의 로지컬 레벨

- 첫 번째 단계는 당신의 환경과 당신의 외적인 제약들이다.
- 당신이 행동을 통해 그 환경에 적응하거나 환경을 극복한다.
- 당신의 행동은 당신의 정신적 지도와 당신의 능력을 정의하는 전략에 의해 결정된다.
- 이러한 역량은 당신의 신념 체계에 의해 구조화되는데, 특히 이 신념이 우리가 다룰 중요한 대상이다.
- 신념은 정체성에 의해 구조화된다.

어떤 사람이 어려움을 겪을 때, 우리는 이 어려움이 그 사람의 외부 상황에서 기인한 것인지 아니면 그 사람이 그 환경에서 요구되는 어떤 특정 행동을 하지 않아서인지 궁금해한다. 아니면 이런 생각도 해 본다. 그 사람이 그 특정 행동을 만들어 내기 위한 적절한 전략이나 지도를 개발하지 못해서일까? 신념이 부족한 것일까? 그것도 아니면 그가 자신의 삶이나 결과에 방해가 되는 신념과 충돌을 겪고 있는 것일까? 또는 전체 시스템의 정체성 레벨에서 어떤 방해 요인이 있어서일까? 이러한 것들은 학습, 의사소통 또는 변화의 영역에서 일하는 모든 사람의 결과에 차이를 만드는 매우 중요한 변별점이 된다.

{ 로지컬 레벨(Logical Level)의 예 }

개인의 로지컬 레벨

가령, 한 학생이 시험을 잘 못 봤다고 말한다고 해 보자. 교사는 이렇게 말할 수 있다. "그건 절대 네 잘못이 아니야. 그건 교실이 시끄러웠거나 시험에서 네 실력을 발휘하는 걸 방해하는 어떤 환경 때문일 거야." 이렇게 학생에게 말하는 것은 시험 결과는 **환경** (Environment)의 문제이지 학생과는 관련이 전혀 없다는 말이다. 물론 이것은 학생에게 거의 영향을 미치지 않을 것이다. 교사는 또 특정 **행동**(Behavior)에 초점을 맞춰 말할 수도 있다. "너, 진짜 시험 못 봤구나." 이는 학생에게 전적인 책임이 있다고 말하는 것이다.

능력 레벨(Capability level)에서 교사가 "너는 이런 부분이 아주 약하구나. 수학이나 맞춤법 – 혹은 무엇이 되었든 – 에서 아직 부족한 것이 많네."라고 말한다면 이것은 더 넓은 의미를 가진다.

가치와 신념 레벨(Value/Belief level)에서 교사가 "글쎄, 시험은 중요하지 않아. 중요한 건 네가 배움을 즐기는 거지."라고 말한다면, 교사는 여기서 시험 성적이 중요한 것이 아니라 배움을 즐기는 것이 중요하다는 신념을 강화하는 것이다.

이제 우리는 신념 수준으로 점프했다. 이것은 학습의 전 과정에 대한 주제를 넘어서는 것이다.

정체성 레벨(Identity level)에서 교사는 "너는 형편없는 학생이야." 혹은 "너는 학습 장애가 있어." 또는 "너는 수학자가 아니야."라고 말할 수 있다. 이는 학생의 총체적 존재를 건드리는 것이다. 이 정체성 레벨은 능력 레벨과 다르다. 내가 멍청한 사람이라고 믿는 것과 내가 특정 과목에서 실력이 탁월하지 않다고 믿는 것은 다른 것이다. 이러한 예시는 각기 다른 레벨의 영향력을 보여 주는 것이다. "나는 술 마시는 걸 통제할 능력이 없다."라고 말하는 사람과 "나는 알코올 의존자이고 앞으로도 죽 알코올 의존자일 것이다."라고 말하는 사람과는 차이가 엄청나다. 내가 만약 어떤 것을 내 정체성의 일부로서 취한다면 그것은 매우 깊은 영향력을 미치기 시작한다는 것이다.

조직에서의 로지컬 레벨

로지컬 레벨은 개인에게 적용되는 것처럼 그룹이나 조직에서도 동일하게 적용된다. 여기 예가 하나 있다.

컴퓨터 마우스를 모르는 사람은 없을 것이다. 질문을 하나 해 보자. 누가 마우스를 발명했을까? 대부분의 사람은 애플이 개발한 것이라 생각한다. 매킨토시는 애플 제품이다. 그러나 실은 제록스가 매킨토시의 원조격인 STAR를 개발하는 데 20억 달러가량을 애플에게 투자하였다. 그들은 자신이 그랬다는 것을 알아채지 못했지만 제록스는 그렇게 했다.

이 사건을 통해 우리는 로지컬 레벨이 조직 내에서 어떻게 적용되는지 조금은 알 수 있다. 1980년대 초, 존 그린더(John Grinder), 리처드 밴들러(Richard Bandler)와 나는 제록스에서 컨설팅을 하고 있었는데, 팰로앨토(Palo Alto)에 있던 제록스 연구센터에서 컴퓨터 개발을 하고 있는 걸 본 기억이 있다. 그때 제록스는 다소 흥미로운 상황에 처해 있었다[이것은 또한 당신에게 메타 프로그램(Meta Program)이 얼마나 강력할 수 있는지 보여 줄 것이다. 메타 프로그램 패턴 목록을 보려면 부록 A를 참조하라]. 만약 당신이 제록스의 정체성과 메타 프로그램에 대해 생각해 보면 이렇다. '어떻게 더 좋은 복사기를 만들지?'

이는 예전에 성공했던 방식을 따르는 것이었다. 그들은 과거의 긍정적인 경험을 떠올리며 복사기를 만들었다. 그런데 문제가 있었다. 연구원 중 한 명이 『로스앤젤레스 타임스』 신문사 본부를 방문했는데 사무실에서 종이를 사용하는 걸 찾아볼 수가 없었다. 『로스앤젤레스 타임스』는 미국의 유력한 신문사였고, 거기서는 모두가 컴퓨터와 전자메일로 일을 하고 있었다.

이 일은 그들이 제록스에서 하지 않았던 일을 하게 만드는 계기가
되었다. 그들은 미래를 내다보기 시작했고 미래의 불확실한 것에 따르
는 것을 시작했다. 사람들이 종이에 복사를 하지 않고 10년 후 미래의
사무실에서 더 이상 종이를 찾아볼 수 없다면 복사기를 만드는 우리
회사는 앞으로 무엇으로 먹고 살 것인가?

그리하여 제록스는 미래의 부정적인 요소들을 제거하는 작업을 시
작했고, 퍼스널 컴퓨터 개발에 공을 들이기 시작했다. 문제는 '제록
스'라고 말할 때, 얼마나 많은 사람이 퍼스널 컴퓨터를 생각하는가 하
는 것이었다. 대부분 복사기를 떠올릴 것이다. 제록스는 컴퓨터를 개
발하려고 했지만 회사의 정체성과 부합하지 않았다. 기업의 신념 체
계나 기존의 기업 역량에도 맞지 않았다.

그들은 연구 개발 능력은 있었지만 연구 개발 외 부서들은 컴퓨터
개발을 지원하기 어려운 구조였다. 우리는 그들에게 너무 큰 도약을
하려고 한다고 말했다. 그들은 완전히 새로운 정체성을 창조하려 했
지만, 그렇게 하려고 노력하는 동안 일어난 일은 갈등이었다. 이전의
정체성과 가치와의 갈등이었다. 이것이 정확히 제록스에서 일어난
일이다.

제록스에서 만든 퍼스널 컴퓨터에 대해 들어 본 적이 있는지는 모
르겠지만 그들은 실제로 PC를 개발했고, 판매를 시도했다. 이때 일
어난 일은 매우 흥미롭다. 그것은 신념의 힘과 메타 프로그램의 신념
과 정체성 레벨의 힘 그리고 회사 내에서 어떻게 그것들이 적용되었
는지를 우리에게 보여 준다. 두 가지 사례를 살펴보자.

1. 그들이 퍼스널 컴퓨터를 직원과 회사에 처음 소개했을 때, 그들은 소개를 담당하는 사람에게 제록스 복사기를 처음 발명한 사람처럼 옷을 입게 했다. 그는 15년쯤 전에 죽은 사람이었고, 그를 부활시킨 것은 조금 섬뜩한 일이었지만, 그들은 그 사람에게 이 컴퓨터를 제록스 제품의 최고 버전이자 최신 버전으로 소개하게 하였다. "이 제품은 내가 과거에 만들려고 시도했던 제품을 더 좋게 복제한 것이다."

2. 그들이 퍼스널 컴퓨터 광고에 등장시킨 캐릭터는 스님이었다! 물론, 첨단 기술을 생각할 때 스님과는 어떤 연관성도 떠오르지 않을 것이다. 스님은 무엇을 하는가? 스님은 앉아서 필사본을 쓰는 사람이다. 제록스는 자신의 메타 프로그램에 너무 빠져 있던 나머지 그것이 그들이 뛰어들고 싶어 했던 환경과 맞지 않다는 것을 알아차리지 못했던 것이다.

그 매킨토시의 전임자는 연구 개발 과정에서의 한 가지 아이디어로 출발하였다. 처음에는 누구에게도 위협이 되지 않았다. 사람들이 연구센터에서 하고 있었던 일상적인 일일 뿐이었다. 역사를 보면 당시 연구 개발 분야의 직원들은 모두 머리가 길고 수염이 있었다. 만약 긴 머리와 수염이 없다면 아무도 그가 연구 개발을 담당하는 직원이라고 여기지 않았을 것이다. 연구센터에서 일하는 직원들은 긴 머리에 청바지를 입고서야 회사에 들어올 수 있었다. 누군가가 넥타이를 매고 깨끗이 면도한 모습으로 들어오면 그들은 그가 정말로 컴퓨터를 가지고 일할 능력이 있는 사람인지 의심스러워했다.

그들이 새로운 기술에 더 많은 투자를 하고 미래의 부정적인 측면에서 벗어나기 시작하자 제록스는 생존을 위해 필요한 신념을 개발하기 시작했고, 그들은 그것을 자신의 정체성의 일부로 만들려고 노력했다. 그런 일이 일어나고, "이 사업이 제록스의 주요 분야가 된다면 우리 회사 전체 정체성과 맞아야 할 것이다. 면도하고 머리도 자르고 넥타이도 매세요." 연구센터에 이러한 변화가 일기 시작했다.

연구원의 메타 프로그램을 생각해 보면, 그들은 현재와 어울리지 않는 사람들이었다. 미래의 긍정적인 측면에 부합하기 위해 그들은 현재 시점에서 일이 돌아가는 형세를 자주 무시했다. 연구원들은 이 거대한 정체성의 작은 일부가 되는 것만이 아닌, 그들 고유의 정체성을 갖기 바랐고, 그들은 정체성의 주요한 일부가 되기를 원했다.

스티브 잡스(Steve Jobs)가 와서 이 기술을 애플의 핵심 기술로 삼아 세상을 변화시키려 할 때, 이 연구원들이 어떤 선택을 했을까? 연구원들은 이미 제록스의 정체성과의 갈등 상황에 있었고, 그들은 제록스의 아주 작은 일부에 불과한데, 자신이 애플과 매킨토시라는 기업을 대표할 수 있다 하니, 그들은 곧바로 그쪽으로 뛰어들었다. 요는 비즈니스 분야에서조차도, 한 레벨에서 다른 레벨로 이행할 때도 역시, 나른 형태의 반응을 다른 수순으로 대응을 하는 것을 경험할 것이라는 점이다.

우리는 그들이 결국은 그렇게 했던 것으로 여겨지는 그 일을 하도록 제록스에 권유했다. 퍼스널 컴퓨터 사업에 뛰어들기보다는 제록스의 정체성에 부합하고 제록스의 정체성과 이어지는 일, 즉 제록스 제품을 컴퓨터화해서 더욱 업그레이드된 복사기를 만들 것을 제안했다.

"미래에 사람들이 종이를 사용하지 않을 것이라는 생각이 든다면, 퍼스널 컴퓨터 사업에 돈을 쓰는 대신 서류를 스캔하고 문자를 디지털화 할 장치를 개발하십시오. 이미 보유하고 있는 기술에 더 잘 맞는 기술을 개발하십시오."

그것이 내가 그들이 그렇게 했어야 한다고 믿는 것이었다.

그들은 광고 모델을 스님에서 레오나르도 다빈치(Leonardo da Vinci)로 바꿨다. 창의성의 상징인 다빈치의 이미지는 스님과는 전혀 다른 것이다. 당신은 당신의 제품에 맞게 당신의 메타 프로그램을 바꿔야 한다.

가족 안에서의 로지컬 레벨

제록스에서 일어난 것과 똑같은 일이 가족 내에서 자라나는 청소년에게도 일어날 수 있다. 모든 가족은 그 가족만의 정체성이 있다. 처음에 아이는 거의 환경의 일부이다가 당신이 아이를 잘 보살펴 주면 아이는 걷기 시작하는 등 행동 발달을 보이기 시작한다. 그러면 당신은 아이에게 그러한 행동을 적절히 이끄는 방법, 무작위로 물건을 부수거나 돌아다니지 않도록 학습하는 방법과 같은 능력을 가르치기 시작해야 한다. 물론, 아이는 학교를 통해 더 많은 능력을 개발하게 된다.

당신이 진짜로 힘들어지는 것은 아이가 자신만의 신념을 발전시키기 시작할 때다. 집안에서 충돌이 일어날 때 아이는 자신의 정체성을 찾고 발전시켜 나가고 싶어 하는 순간이다. 아이는 자신이 가족의 일원으로만 남아 있지 않으려 하며 빈번히 자신의 정체성을 발전시키길 원하고 도전한다. 아이는 자기 자신이 되기를 원한다. 아이는 더 이상 부모님이 그렇게 말씀하셨다는 이유로 혹은 가족이 원하는 것이라는 이유로 어떤 일을 하기를 원하지 않는다. 그게 가장 좋은 거라며 가족이 권하는 말에 따라 행동하는 것이 아니라, 자기 스스로가 결정했다는 이유로 무언가 하기를 원한다. 당신이 다음 질문에 답하는 것은 아주 흥미로운 도전이다.

- 당신이 뭔가를 하는데 그것을 정말로 원해서 한다는 것을 당신은 어떻게 압니까?
- 그것을 하는 것이 다른 사람이 당신에게 말한 대로 하는 것이 아니라는 것을 어떻게 압니까?
- 그 일을 하지 않으면 혼날 것 같아서 하는 것이라는 것을 어떻게 압니까?

그것을 아는 한 가지 방법은, 당신이 혼이 날 거라는 걸 당신이 아는 일 또는 아무도 당신이 하기를 원하지 않는 어떤 일을 하는 것이다. 그 일을 하기로 결정한 유일한 사람이 당신이기 때문에 당신은 분명히 그 일을 끝까지 해낼 것이다. 다른 모든 사람이 당신에게 어떤 일을 하지 말라고 말하고 있다면, 그건 참 난감한 일이다. 그런데 그때 당신이 그것을 하기로 결정을 내린다면, 그 결정을 내린 사람은 틀림없이 당신일 것이다. 당신이 아닌 다른 누구일 수가 없다.

또 다른 방법은 사람들이 자신의 정체성이라고 알고 있는 것 안에 있는데, 그것은 그들 정체성에서 자신이 바꿀 수 없는 것을 골라 보면 알 수 있다. "내가 그것을 바꿀 수 없다면 틀림없이 그것은 내 일부일 것이다." 다시 말하면, 내가 나의 정체성을 다르게 만드는 방법을 모르고, 내가 나의 정체성을 다르게 만들 수 없다면, 나는 내 정체성을 그저 나라는 존재로서 수용해야 한다. 바뀌지 않고 남아 있는 내 정체성은 그대로 유지하는 것이 내 경험들을 한데 묶는 가장 기본적이고 공통적인 맥락적 끈이 될 것이다.

이 정체성에 대한 이야기는 다시 하기로 하자. 주제를 바꾸어 먼저 신념에 대해 이야기하고 싶다.

{ 신념의 역할 }

신념에 관한 흥미로운 점 중 하나는 신념 레벨에 있는 사람은 행동 레벨이나 능력 레벨과 다른 레벨에 있기 때문에, 그들은 행동이나 능력 레벨의 규칙에 의해 바뀌지 않는다는 것이다. 자신이 시체라 믿는 어떤 환자의 사례를 들어보겠다. 이는 이상심리학(abnormal psychology, 異常心理學)에 나오는 고전적인 사례인데, 자신이 시체라고 주장하며 먹지도 않으려고 하고 일하지도 않으려고 하고 하루 종일 앉아 있기만 하는 사람이 있었다. 정신과 의사는 그에게 진짜로 죽은 것이 아니라는 확신을 주려고 노력했다. 두 사람 사이에는 많은 언쟁이 오갔다. 끝내 정신과 의사는 물었다. "시체가 피를 흘릴까요?"

시체라고 주장하는 환자는 잠시 생각하더니 "아니요, 모든 신체 기능이 멈추어 더 이상 피가 흐르지 않아요."라고 말했다. 그래서 정신과 의사는 "좋아요. 그럼, 실험을 해 보죠. 내가 바늘로 당신 손가락을 찌를 테니 피가 흐르는지 봐요."라고 말했다. 환자가 자신이 시체라고 생각하기 때문에 그 정신과 의사가 할 수 있는 일은 그리 많지 않았다. 정신과 의사는 바늘로 환자의 손가락을 찔렀고 그는 피를 흘리기 시작했다. 환자는 까무러치게 놀라며 말했다. "무슨 이런 일이 다 있어? 시체에서 피가 나다니!"

요는 신념은 실재하는 것이 아니기에 당신이 어떤 신념을 가지고 있다면 주변의 환경이나 행동의 증거가 있어도 그 신념을 바꾸지 못할 것이라는 것이다. 당신은 현실에 대해 지식 대신 신념을 가지고 있다. 신념은 현실에서 어느 누구도 알 수 없는 것들에 관한 것이다. 누군가 불치병을 앓고 있다면 그는 자신의 병이 나을지 어떨지 알 수 없다. 그가 나을지 그렇지 않을지에 관한 현재 시점의 현실은 존재하지 않는다. 현실이 어떻게 될지는 아무도 모르기 때문에 그는 자신이 무조건 꼭 나을 것이라는 것을 믿어야 한다.

또 다른 예는 신의 존재 여부에 관한 생각이다. 이 생각에 대해 어떤 방법을 사용하든 신의 존재를 객관적으로 분명하게 증명할 방법은 어디에도 없다. 단지 그것은 신념 또는 특정 사실에 대한 해석의 문제다. 그리고 앞에서 정신과 의사의 환자처럼 당신은 사실을 다양한 방법으로 자신의 신념 체계에 끼워 맞추는 것이다.

자신이 시체라고 생각하는 환자에 관한 이 이야기는 우습지만, 나는 사람들이 그 이야기와 아주 비슷하게 실제로 살아가고 있다고 생각한다. 가령, 에이즈나 암과 같은 불치병을 앓는 사람들, 그들 중에는 자신은 실제로 죽었다고 시체라고 말할 것이다. 그 정신과 의사의 환자와 다른 점이 무엇인가? 그들은 죽을 것이다. 왜 그들은 무언가 하는 것을 귀찮아할까? 그들은 심지어 긍정적인 증거들이 있더라도 그저 약간 차도를 보인 것뿐이고 진짜로는 상태가 좋지 않다고 말한다. 희망을 가지는 것은 스스로를 어리석게 여기는 것이라 생각하고 단지 그들이 죽어가고 있는 상황을 받아들인다. 그런 사람들과 언쟁하는 것은 이야기 속의 정신과 의사가 그랬던 것과 같은 결과를 얻을 뿐이다.

긍정적인 태도와 긍정적인 신념이 심각한 질병에 걸린 사람의 건강을 증진시킬 수 있음을 보여 주는 증거도 많을지 모른다. 그러면 스스로를 시체라고 믿는 사람들을 어떻게 그들이 살아 있고 건강할 수 있다고 믿도록 할 수 있을까? 분명하게 말할 수 있는 것은 그들과 언쟁하는 것으로는 그렇게 하지 못할 거라는 것이다. 나는 여러분 중 많은 사람이 살면서 누군가와 언쟁하면서 상대방의 신념을 바꾸고자 해 봤을 거라고 확신한다. 그렇게 하는 것이 시간 낭비라는 것을 당신은 이미 알고 있다. 따라서 신념은 환경과 행동 현실과는 다른 수준에서 기능하며, 동일한 절차에 의해 변화하지 않는다. 기업에서 회

사의 가치와 정책은 소위 공장의 기계를 변경하는 데 사용되는 절차
와는 다른 일련의 절차로 바뀐다. 이에 그들에게 영향을 미치는 신념
과 절차의 역할을 더 잘 이해하기 위해 행동 변화의 영역에서 신념이
어떻게 작동하는지를 다음의 세 가지 연구를 통해 살펴보자.

1. 체중 감량

지인 중에 체중 감량 프로그램 연구에 참여하기로 한 NLP 수련자
가 있었다. 미국에서 다이어트 프로그램은 시장 규모가 연간 10억 달
러에 달하는 산업이다. 흥미로운 점은 그 수많은 다이어트 프로그램
이 서로 근본적으로 다르다는 것이다. 그 프로그램 중에는 서로 완
전히 반대 주장을 하는 것도 있다. 어떤 프로그램은 "운동을 하기만
하면 원하는 어떤 것이든 먹을 수 있다."라고 하고, 어떤 프로그램은
"체중 감량은 일차적으로 영양의 기능 문제이므로 당신이 하는 운동
의 종류는 상관이 없다."라고 한다. 또 어떤 프로그램은 "당신이 어떤
특정 음식을 먹는 것으로 체중 감량을 할 수 있다."라고 한다. 또 다
른 곳에서는 식품 보충제를 권하기도 한다.

놀랍게도 그런 다이어트 프로그램은 일부에게만 효과가 있다. 다시
말해서, 그 프로그램 전부가 일부 사람에게 효과가 있다는 것이다. 그
래서 사람들이 참여했던 다이어트 프로그램을 모델링(modeling)하기
보다 어떤 프로그램이든 다이어트에 효과를 본 사람을 직접 찾아가
"어떤 일이 있었고, 어떤 식으로 효과가 있었나요?"라고 물었고, 그들
이 사용한 다이어트 프로그램에 관계없이 이 사람들의 공통적인 특징

을 두 가지 발견했다.

첫째, 그들이 선택한 다이어트가 다른 주된 생활 변화를 수반하였다는 점이다. 이것은 직장에서의 변화일 수도 있고, 관계의 변화나 다른 곳으로 이사를 해서 나타난 환경의 변화 같은 것일 수도 있었다. 그렇게 다이어트는 다른 삶의 변화를 이끌었다.

둘째, 그들 모두가 다음과 같은 반응을 보였다는 것이다. "이번에는 정말로 변할 준비가 되어 있다." 그들은 체중을 감량할 준비가 되어 있었고, 그 준비에 대한 마음가짐의 정도, 즉 다이어트에 대한 마음가짐이라는 신념이 매우 중요하다는 것을 발견했다.

누군가 변할 준비가 되어 있을 때는, 그들이 당신의 사무실로 걸어 들어갈 수만 있고, 또 당신이 그들에게 입김만 불어넣을 수 있어도, 그들은 변할 것이다. 실제로 당신이 무엇이든 하기만 하면, 허락만 떨어지길 기다리고 있던 그들은 변하는 것이다.

우스갯소리로 "전구를 교체하는 데 심리학자가 몇 명이나 필요합니까?"라는 농담이 있다. 한 사람이면 되지만 시간이 많이 걸린다. 비용도 많이 든다. 그리고 전구는 변할 준비가 되어 있어야 한다. 그래서 이제 질문은 이렇다. "누군가가 변화할 준비가 되도록 하려면 어떻게 해야 할까요?"

누군가가 자신이 변할 수 있다고 믿는다면 그는 변할 것이다.

2. 말기암 극복

또 다른 재미있는 조사는 기자가 100명의 암 생존자와 인터뷰했던 내용이다. 이들은 말기암 진단을 받은 사람들이었다. 하지만 이들은 10년에서 12년 후에도 여전히 생존해 있었다. 기자는 서로 달랐던 이 사람들 사이에 있는 공통점을 찾아내기 위해 많은 인터뷰를 했다. 이미 밝혀진 것처럼 그들이 했던 치료법은 매우 다양하고 서로 달랐다. 수술, 화학요법, 방사선 치료와 같은 표준적인 의학적 치료를 받았던 사람도 있었고, 어떤 사람들은 침술치료처럼 종래에 해 오던 치료와 전혀 다른 치료를 받기도 했고, 또 몇몇은 식이요법이나 영양학적 모델을 따르는 치료를 받기도 했다. 또 심리학적 방법이나 종교적 방법을 따르거나 정말로 아무것도 하지 않은 사람도 있었다. 다양한 치료 방법을 사용한 이 100명을 한데 묶을 유일한 공통점은 어떤 치료 방법을 선택했든 그들 모두가 자신을 위해 하고 있는 치료가 자신에게 효과가 있을 것이라고 믿었다는 점이다.

3. 플라세보

의학의 역사에는 신념의 힘을 보여 주는 아주 흥미로운 증거가 있다. 바로 플라세보 효과이다. 플라세보 효과는 자신이 의학적 치료를 받고 있다고 믿는 누군가가 가짜 약을 처방받고도 실제로 몸이 좋아지는 상황을 뜻한다. 상당히 주목을 끄는 연구 영역이다.

나는 12년 전 그린더와 밴들러를 도와 연구를 하고 있을 때 처음 그것을 접했다. 그들은 플라세보 마케팅에 관심이 많았다. 그들은 그것을 유리병에 넣고 'PLACEBOS'라고 이름을 붙이려고 했다. 그들은 모든 연구 결과를 종합하여 소책자로 발간한 다음 유리병과 함께 팔고 싶어 했다. 가령, 당신이 플라세보 연구에 대해 학문적으로 다룬 다면—그러려면 미국의 모든 약을 플라세보와 대조하는 테스트도 해야 한다—플라세보에 대한 연구 논문은 엄청나게 많다는 것을 발견할 것이다. 또한 이 많은 연구는 플라세보가 평균적으로 대략 3분의 1 정도의 사례에서 실제 약과 같은 효과를 낸다고 보고하고 있다.—실제로는 3분의 1을 넘는다—평균적으로 그렇다는 말이다. 어떤 연구에서는 사례의 54% 정도가 모르핀(morphine)과 같은 효과를 낸다는 것을 보여 준다.

어떤 학자는 플라세보 반응을 보인 사람과 그렇지 않은 사람을 구분하여 진짜 약을 주는, 약간 다른 방향의 연구를 진행하였다. 그 학자는 환자들에게 모르핀류 진통제를 주었다. 그 연구에서도 플라세보에 반응했던 사람들은 사례의 95% 이상이 모르핀에 효과적으로 반응했다. 나머지 사람들, 즉 플라세보에 반응하지 않았던 사람들은 46%의 경우가 모르핀에 반응했다. 대략 50%의 차이를 보였는데, 이는 경우에 따라서 진짜 약조차 효과를 얻기 위해서도 믿음이 필요할 수 있음을 시사한다.

플라세보는 암 치료에도 효과가 있었다. 한 연구에서는 암환자들에게 '플라세보 항암화학요법'을 실시했고, 환자의 3분의 1이 머리카락이 전부 다 빠졌다. 캘리포니아주에 있는 가장 좋은 전기 충격기는 3년가량 사용한 적이 없었다. 환자들에게 전기 충격기에 앉기 전에 마취제를 투여했고, 그래서 정신질환자들은 전기 충격이 없었음에도 자신이 전기 충격을 받았다고 생각했다. 그것은 실제로 전기 충격 요법을 쓰는 것보다 효과가 더 좋았다.

그런더와 밴들러는 여러 증상에 대한 플라세보 효과의 통계적 백분율을 게재하고자 했다. 구매자는 증상 목록을 살펴보고 자신의 경우에 해당하는 것을 찾아 구매하는 방식인데, 병에 붙어 있는 라벨에는 다음과 같은 문구가 쓰여 있었다.

> '플라세보는 모든 사람에게 효과가 있는 것은 아니나,
> 당신에게 효과가 있을 수 있다.'

물론 그들은 의사협회나 제약 관련 협회의 엄청난 저항을 예상했었다. 그리고 그 논란 가운데에서 플라세보 플러스(Placebo Plus) 제품을 출시하려고 했다. '모든 캡슐에 20% 이상 비활성 성분이 있다.' 실제로 매우 비싸고 반짝거리고 붉은 색깔의 화려한 알약이 저렴해 보이는 알약보다 더 큰 플라세보 효과가 있음을 밝혀낸 연구도 있었다. 즉, 약의 종속 모형이 차이를 만들어 낸 것이었다.

나중에 그런더와 밴들러는 메가 플라세보(Mega Placebo) 등을 계속 출시했을 것이다. 하지만 정부에 의해 이 프로젝트는 중단되었다. 아마 당시 정부는 우리 프로젝트가 미국 전체 제약산업을 망칠 수도 있다고 생각했던 것 같다.

{ 자기효능기대감: 행동, 능력 그리고 신념의 관계 }

요점은 플라세보가 신념이 지닌 잠재적인 힘과 역할을 실증한다는 것이다. 신념은 미래와 관련된 것이다. 신념의 기능은 능력과 행동의 활성화와 관련되어 있다. 인간은 생리학적 과정에 깊숙이 영향을 줄 수 있는 엄청난 능력이 있을지도 모른다. 하지만 우리는 그러한 능력을 전혀 사용하지 못하고 있다. 우리가 할 수 있다는 것을 믿지 못하기 때문이다.

바이오피드백이 생기기 전까지는 아무도 자신이 스스로 자신의 심장 박동률이나 혈압에 영향을 줄 수 있다는 것을 믿지 않았다. 이제는 사람들은 자신의 그러한 능력을 계발시킬 수 있다는 것을 믿기 시작한다. 사람들은 자신이 암이나 면역 체계와 같은 것에 영향을 미칠 수 있다는 것을 믿기 시작했고, 그러자 사람들은 실제로 그러한 능력을 계발하기 위해 시행착오의 과정(혹은 TOTE loops 모델)에 참여하기 시작했다. 잠시 이 부분에 대해 이야기하고자 한다.

스탠포드 대학교의 앨버트 밴듀라(Albert Bandura)는 자기효능기대감(self-efficacy-expectation)이라는 개념을 정립했다. 이는 당신이 무언가를 함에 있어서 스스로 가지고 있는 효율성에 대한 당신의 신념을 말한다. 그는 뱀에 두려움을 가진 사람들을 모아서 자신이 뱀을 다룰 수 있을지에 대한 신념을 스스로 평가하게 했다. 처음에 그들은 스스로를 매우 낮게 평가했고, 실제 뱀을 다루는 성과 역시 매우 저조했다.

내가 아주 잘할 거라는 것을 내가 믿지 않는다면,
내 성과는 같은 수준에 머물러 있을 것이다.

그는 모델링과 상담을 통해 사람들이 뱀을 다룰 수 있는 그들의 능력을 더욱 믿을 수 있도록 했다. 그는 스스로 할 수 있다고 믿는 신념을 가진 사람은 [그림 1-2]의 그래프처럼 실제 성과가 기대만큼 올라갈 것이라는 것을 발견했다. 일반적으로 사람은 어느 정도의 무의식적 능력을 가지고 있고, 새로운 안정기에 도달하기 전까지 그 사람의 성과는 그 신념과 평행을 유지하며 올라간다. 새로운 능력을 계발하는 데 요구되는 시행착오의 과정이 완료되기 전까지 사람들은 이 지

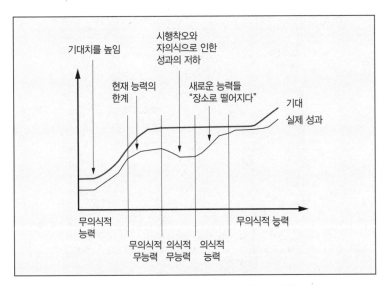

[**그림 1-2**] 성과에서 자기효능기대감의 영향

점에서 자신의 신념 또는 기대수준을 유지해야 한다. 그리고 다시 성과는 향상된다.

나는 건강의 측면에서도 똑같은 일이 일어난다는 것을 알게 되었다. 누군가가 자신이 체중을 감량할 수 있다고 믿는다. 하지만 체중은 생각처럼 그렇게 쉽게 빨리 변화하는 것은 아니다. 시간이 좀 걸린다. 중대한 국면은 신념과 행동이 서로 다를 때인 곡선상의 한 구체적인 지점일 때다. 신념 수준이 드러나고 행동은 서서히 올라와 그래프상에서 자신의 기대와 만나는 그 시점이다.

이 단계에서 실망하면 신념의 강도가 떨어지기도 한다. 어떤 경우에는 원래의 역량 수준보다 더 낮아지기도 할 것이다. 완전히 원점으로 돌아가는 것이다. 사람들이 다이어트를 시도할 때 이런 경우를 종종 볼 수 있다. 그들은 잠시 동안 체중을 감량할 것이고, 안정기에 다

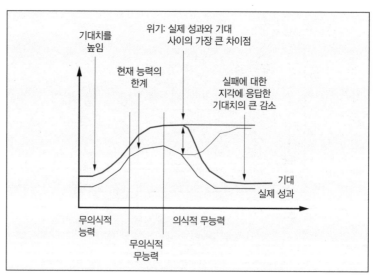

[**그림 1-3**] 성과 불일치에 기인한 기대의 감소

다를 것이며, 그러다 갑작스럽게 원래 상태로 돌아가 오히려 전보다
더 체중이 늘어난다.

신념에 대해 알아야 할 것은 신념은 존재하는 현실에 맞추려는 목적을 가
진 것이 아니라는 사실이다. 신념은 동기와 비전을 제공하여 실제로 (그래프
상에서 신념과 만나도록), 즉 신념의 수준까지 행동이 상승할 수 있도록 하는
것이 목적이다. 물론 적절한 멘탈(mental) 전략을 사용하면 성과 곡선
을 향상시킬 수 있다. 시행착오 단계를 다 겪지 않아도 되기 때문이
다. 학생이 철자법을 알거나 읽을 수 있는 것은 그에 대한 전략을 계
발했기 때문이 아니다. 그는 자신만의 전략을 알아내야 한다. 그러
면 이 곡선이 더 천천히 상승할 것이다. 신념을 충족시키기 위해 곡
선이 천천히 올라갈수록 신념을 유지하기 위해 더 많은 압박이 가해
질 것이다.

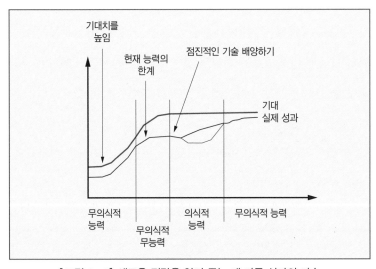

[그림 1-4] 새로운 전략을 알려 주는 데 따른 성과의 가속

만약 어떻게 하는지 **방법에 대한 전략을** 알려 줄 수 있다면, 행동 곡선은 더 빨리 상승하고 또한 신념을 잃을 위험은 그리 크지 않을 것이다. 따라서 능력과 실제 행동 사이에서 능력과 전략이 얼마나 중요해지는가를 봐야 한다. 신념을 충족시키기 위해 행동을 더 빠르게 할수록 기대가 충족될 가능성이 더 커지고 피드백 루프(feedback loop)가 계속될 수 있기 때문이다.

{ 신념 구축에 있어서 환경의 역할 }

환경은 신념을 지지하기도 하고 신념에 대항해 작동할 수도 있다. 내 이야기를 하나 하겠다. 7년쯤 전에 어머니에게 유방암이 재발했다. 암이 더 퍼졌거나 전이된 것 같다는 좋지 않은 소식이었다. 상태가 극도로 나빠졌을 때, 의사들은 뼈를 스캔했고 어머니 몸에 있는 거의 모든 뼈에 암세포가 전이된 것을 알았다. 의사들은 어떠한 차도도 없을 거라고 보았기 때문에 그 어떤 방사선 치료나 화학요법을 하지 않기로 결정했다. 기본적으로 그들의 태도는 '어머니를 편안하게 할 수 있는' 일을 하려고 하는 것이었다. 어머니는 최악의 상황을 준비해야 하는 상황이었다.

하지만 우리는 희망을 잃는 대신에 다양한 NLP기법[리프레이밍(reframing), 신념 확립(building beliefs), 시각화(visualization) 등]을 활용해 보기로 했다. 어머니는 진정으로 자기 자신에 대해 몇 가지를 배우기 시작했고, 또 스스로가 자신의 건강에 영향을 미칠 수 있다는 희망을 키우기 시작했다. 어머니는 스스로를 들여다보았고 당시 자신이 겪고 있던 변화에 대해 아주 중요한 몇 가지를 발견했다. 그러나 담당 의사에게 어머니가 하고 있었던 일, 가지고 있던 것, 어떤 통찰을 얻었는지, 어떤 시각화를 하는지를 이야기하자, 의사는 "그러지 마세요. 완전 헛소리예요. 그게 당신을 미치게 만들 거예요."라는 반응을 보였다." 내가 주치의에게 긍정적인 태도와 건강에 관한 연구에서 밝혀진 잠재적인 이점에 대해 설명을 하려고 했지만, 그는 나에게 '어머니를 가지고 실험'해서는 안 된다고 말했다.

요는 당신은 환경에 영향을 받고, 당신은 그런 환경에서 오는 압박에도 유지할 신념을 지닐 수 있어야 한다는 것이다. 환경이 협조적이라면 당신은 좋은 지지 시스템을 가지겠지만, 환경이 비협조적이라면 당신은 그것을 감안해야 한다. 어머니는 간호사였고, 늘 의사의 지시를 따르는 것에 익숙한 분이셨다. 그래서 의사가 본질적으로는 '죽음'이라는 처방전을 써서 건네주었을 때 적잖은 갈등을 했다. 석 달 후 어머니가 다시 담당 의사를 찾아갔을 때, 그는 놀란 표정으로 말했다. "나보다 더 건강해 보이네요. 당신이 하고 있는 것이 이렇게 바꿔 놓았다는 것을 내가 믿어야 할 것 같아요. 부인할 길이 없네요. 여태 이런 경우는 본 적이 없어요."

어머니는 이제 그 의사의 '스타 환자'다. 여전히 화학요법도 방사선 치료도 받지 않았다. 그러나 위기는 8개월쯤 후에 발생했다. 어머니가 건강이 더욱 좋아지고 난 후에 의사는 "자, 그저 확실히 병을 이기자는 의미에서 화학요법과 방사선 치료를 좀 해 보죠."라는 말을 했다.

그 말은 어머니에게는 "당신의 성공에 대해 내가 벌을 줄 거예요."라고 말하는 것처럼 들렸다. 그 말은 그런 의도가 아니었지만 그런 것처럼 느껴질 수 있었다. 또 한 가지, 의사는 어머니에게 특별한 종류의 약을 복용하자고 권했다. 나는 그들이 얻으려고 애쓰는 것이 무엇인지, 그들의 목적이 무엇인지 알고 싶은 호기심이 일었다. 그래서 그들의 성공적인 결과를 입증할 절차를 찾으려고 노력했다. 그들에게 물어보았다. "어머니가 약을 그만 먹어도 되는 것을 우리가 어떻게 알지요?"

의사는 잠시 혼란스러워 보이더니, 마침내 말했다. "아마 약이 듣지 않을 때겠지요."

이 말은 누군가 자신이 하고 있는 일에 아주 확고한 믿음이 있을 때 하는 말이 아니었다. 그 의사는 환자에 대해 한 자신의 진술 이면에 있는 전제(presupposition)를 알아차리지 못하고 있었다. 이는 대부분의 의사가 전혀 알아차리지 못하고 있는 것이다. 매우 드문 경우어서 결국 의사 14명 정도가 모여 어머니 케이스를 의논했고, 그들은 최종적으로 어머니가 결정하는 것으로 결론지었다. 그리고 어머니는 그냥 지금까지 하던 대로 하기로 결정을 내렸다.

이 글을 쓰고 있는 이 시점을 기준으로 어머니의 암이 재발한 지도 7년이 넘게 흘렀고, 어머니는 암 관련 징후 없이 여전히 아주 잘 살아 계신다. 일주일에 최소한 네다섯 번 800미터 정도 수영을 하며, 유럽 여행을 몇 번이나 다녀오셨고, 두어 편의 TV 광고에도 출연하셨다[딜츠의 어머니 패트리샤 딜츠(Patricia A. Dilts)는 이 글을 쓴 지 5년 후인 1995년에 사망했다. 이는 암 재발 후 의사가 이야기한 날로부터 12년이 지난 시점이다. – 역자 주]. 안된 일이지만, 어머니에게 헛된 희망을 갖지 말고 죽음을 준비하라고 말했던 의사 중 한 명은 자신이 앓는 병을 발견한 지 얼마 지나지 않아 자살을 하고 말았다. 아마도 그는 자신이 가진 자성예언 신념 체계의 희생자였지 않았을까 싶다.

요점은 신념 체계, 능력에 대한 신념과 행동에 대한 신념의 관계, 그리고 환경의 영향이 우리가 신념에 대해 다루는 과정에서 접근할 필요가 있는 이슈라는 사실이다.

{ 신념의 정의 }

이제 신념이 무엇인지 좀 더 정확하게 정의 내려 보겠다. 먼저 신념은 전략이 아니다. 신념은 방법이 아니다. 신념은 행동이 아니다. 신념은 경험과 경험 간의 관계에 대한 일반화다.

첫째, 신념은 인과관계에 대한 일반화일 수 있다. 예를 들면, 다음과 같은 것들이다.

- 무엇이 암을 유발한다고 믿는가?
- 환경 화학물질이 암을 유발한다고 믿는가?

- 당신이 했던 것 중에 암을 유발하는 것은 무엇인가?

- 당신이 생각하는 것들은?

- 당신이 믿는 것들은?

- 혹은 당신이 어떤 사람인가에 따라 암은 다르게 작용하는 가? 당신의 유전자 구성은?

당신의 신념이 어떻게 암을 치료하는가에 대한 방법을 결정할 것이다. 만약 암을 신이 당신에게 주신 벌이라고 믿는다면, 어떻게 암을 치료할지에 대한 방법이 달라질 것이다.

회사에서의 신념

조직에서도 마찬가지다. 나는 회사에서도 암적인 존재 또는 그만큼 심각한 문제들을 본다. 질문은 그러한 문제들이 유발된 원인이 무엇이라고 당신이 믿느냐는 것이다.

- 문제의 원인이 직원인가? 임원인가? 훈련 부족인가?

- 문제의 원인이 조직적 구조인가? 아니면 조직 문화인가?

- 무엇이 문제인가? 비즈니스 환경인가? 시장인가?

원인이 무엇인지에 대한 믿음에 따라 해결책을 결정하는 방향이 달라질 것이다. 믿음으로 당신이 찾고 있는 것이 무엇이든 간에 찾을 수 있다. 만약 당신이 거기에 있다고 믿는다면 분명 그곳에서 발견하게 될 것이다.

둘째, 신념은 또한 의미 있는 관계에 대한 일반화일 수도 있다. 예를 들어, 내가 암에 걸렸다면 그 원인이 무엇이건 상관없이 그것은 무엇을 의미하는가? 무엇 때문에 암에 걸렸든지 간암에 걸렸다면 그것은 무엇을 의미하는가?

- 내가 약한 사람이라는 뜻인가?
- 내가 암으로 돌아가신 어머니와 같은 경우라는 의미인가?
- 암에 걸렸기 때문에 나는 나 자신을 싫어한다는 뜻이고 내가 나쁜 사람이라는 뜻인가?
- 너무 많은 스트레스에 나를 방치해 왔다는 뜻인가?
- 내가 진짜로 뭔가를 배울 기회를 가졌다는 의미인가?

당신이 부여한 의미가 당신의 반응을 결정한다. 만약 내가 회사에서 문제가 있다면, 그것은 무엇을 뜻하는가?

- 실패자라는 뜻인가?
- 성공할 자격이 없다는 뜻인가?
- 포기하거나 아니면 더 열심히 노력해야 한다는 뜻인가?

그것이 무엇을 의미하는 걸까?

셋째, 신념은 한계에 대한 일반화일 수 있다. 어느 지점까지는 신념과 마인드로 건강이 좋아질 수 있다고 믿지만, 그 지점이 지나면 그렇게 할 수 없다. 한계는 어디까지일까? 나는 얼마나 멀리 갈 수 있을까? 우리 회사가 특정 지점까지는 성장할 수 있지만 그 이상은 아닐 것이다.

이 세 가지 유형의 일반화는 우리가 특정 상황에서 어떻게 반응할지를 결정한다.

{ 신념 이슈의 유형 }

보통 일반화로 발생하는 신념 이슈는 세 가지 유형이 있다. 신념의 문제는 주변에서 일어나는 경향이 있다.

- 절망감(HOPELESSNESS): 어떤 사람이 절망적이라면, 그는 결과가 불가능하다고 느끼거나 믿을 것이다. 희망은 없다. 그것은 결과에 대한 믿음이다. 결과가 불가능하다고 믿는다면 왜 신경을 쓰는가? 예를 들어, 에이즈가 불치병이라면 왜 극복하려고 애쓰는가? 회복하는 것은 불가능하다.
- 무력감(HELPLESSNESS): "어떤 사람은 암을 극복할 수 있지만 그들은 특별한 사람들이라 그래." "나는 잘하지 못한

다. 나는 능력이 없다. 그것은 가능할 수도 있겠지만 나는 못한다.” “어떤 사람은 성공적으로 사업을 하고 있지만, 난 못한다. 그렇게 하는 데 필요한 것이 나한테는 없다.”

- **무가치함(WORTHLESSNESS):** “아마 가능할 수도 있겠지만, 그리고 내가 그렇게 하는 데에 필요한 것을 가지고 있을 수도 있지만, 내가 그걸 할 만한 자격이 있을까? 내가 노력해서 얻은 것인가? 나는 건강해질 자격이 없는 사람일지도 모른다.” 사람들은 그들이 받을 자격이 없다고 생각하는 것을 얻기 위해 노력하지 않을 것이다. 그들은 그럴 자격이 있다고 믿는 것만을 향해 맹렬히 갈 것이다.

{ 신념 다루기 }

이제 우리는 신념에 관한 작업에 첫걸음을 내딛을 것이다. 우리는 절망감, 무력감, 무가치함에 대해 가볍게 이야기했다. 이러한 신념은 어떻게 만들어지는가? 어떻게 신념에 영향을 주는가? 우리가 이를 논하지 않으면 도대체 무엇을 논하겠는가? 내가 가진 신념 한 가지를 이야기하려고 한다.

“당신은 사람들이 가진 신념을 바꾸도록 도울 수만 있다. 다른 사람의 신념을 바꾸는 것은 당신의 일이 아니다. 목표는 그들이 자신을 위한 새로운 신념을 세울 수 있도록 이끄는 일에 직면하는 것이다.”

02

능력에 대한 믿음

{ 믿음과 실패의 경험 }

나는 신념에 관한 작업을 능력과 실패에 관한 신념에서부터 이야기를 시작하고 싶다. 당신이 실패할 것이라고 믿는 것은 자기충족예언을 창조한다. 만약 내가 체중 감량을 20번이나 시도했고 그런 나에게 어떤 사람이 와서 체중 감량하는 데 도움이 될 만한 새로운 NLP기법이 있다고 알려 준다고 해 보자. 그러면 나는 이렇게 말할 것이다. "이건 정말 좋은 방법이네요. 하지만 효과가 없을 거예요. 여태 효과를 본 적이 한 번도 없었거든요." 20번이나 실패했다. 그래서 나는 그 기법이 효과가 있을 거라고 절대 믿지 않는다. 이처럼 신념은 중요하다.

반대로 "내가 성공을 시각화해서 본다면, 나는 그 성공을 성취할 수 있을 것이다."라고 믿는 사람이 있다. 누군가 어떤 체조선수에 대한 이야기를 한 적이 있다. 한 그룹은 어떤 특정 동작을 할 수 있는 자신의 모습을 미리 시각화하도록 안내를 받았고, 또 다른 한 그룹은 아무런 안내도 받지 않았다. 2주가 지나고, 두 그룹 모두 훈련 없이 이 특정 동작을 할 때가 왔을 때, 시각화의 안내를 받은 그룹은 50~60%의 성공률을 보인 반면, 시각화의 안내를 받지 않은 그룹은 단 10% 정도만이 이 특정 동작을 할 수 있었다. 시각화를 했지만 성공하지 못했던 40~50%에게는 어떤 일이 벌어진 것일까? 내가 발견한 한 가지는 성공적인 것에 대한 분명한 시각화를 했어도 스스로 믿지 않으면 "나는 절대로 그거 못해요. 이건 비현실적인 기대나 거짓

된 희망일 뿐이죠."라고 말한다는 것이었다.

"이미지를 선명히 볼수록 나는 분명히 그것을 못할 거라는 느낌이 더 많이 들었다."

이는 신념이 시각화에 어떻게 영향을 줄 수 있는지를 보여 주는 사례다. 시각화를 할 수 있다는 것은 한 사람이 가진 능력 중 한 가지 기능이지만, 시각화에 의미를 부여하는 것은 신념이다. 나는 자신이 해낼 수 없을 것이라고 확고히 믿어서 스스로 성공하는 것을 보는 것을 두려워하는 사람들을 알고 있다. 이는 신념과 전략 사이의 관계를 잘 보여 준다. 무언가를 성취하는 데에는 어떻게 하는지 방법을 아는 것 외에도 더 많은 것이 있다. 사실 내가 실패할 것이라고 믿는다면 최고의 성공 테크닉조차도 실패하게 만들 수 있다. 역으로 해도 마찬가지다. 플라세보에 대한 신념은 약효를 발휘하도록 만든다.

완벽해지기까지 수많은 시도를 거쳐 시각화 기구를 발명한 개발자와 인터뷰를 한 적이 있었다. 나는 그에게 그 모든 실패에도 불구하고 어떻게 목표를 계속 고수할 수 있었는지 물었다. 그는 그 시도들을 실패로 생각하지 않았고, 그저 그가 진행하고 있던 작업 외 다른 문제들에 대한 해결책으로 생각했다고 대답했다.

그 단계에는 어떻게 도달할까? 그것은 신념이 하는 일이다. 현실이 하는 일이 아니다. 그 개발자는 성공하지 못한 시도들을 단순히 몇 가지 다른 문제의 해결책이라고 믿었고, 그것들은 그에게 실패에 맞서는 자원이 되었다.

내가 하고 싶은 작업은 이 실패에 관한 논점을 깊이 있게 다루는 것이다. 피드백으로 인지되는 것과 실패로서 인지되는 것이 차이가, 자기효능기대감을 논하던 중에 언급했던 '위기' 지점 — 한 사람의 능력에 대한 기대와 그들의 실제 성과에 대한 기대가 가장 큰 격차를 보이는 곳 — 에서 특별히 중요하다.

{ 실패를 피드백으로 전환하기 }

나는 많은 사람에게 성취하고자 시도했으나 성공하지 못한 목표가 있다고 생각한다. 지금 그 실패를 생각하는 것만으로도, 새로운 무언가를 시도하는 것이 당신에게는 거의 두려움일 수 있다. 왜 또다시 자신이 실패할 것으로 규정짓는가? 실패할 것이라면 왜 이 새로운 NLP기법을 사용하는가? 무엇인가 시도하기 시작하려면 그것을 향해 열려 있어야 한다. 준비되어 있어야 한다. 어떻게 준비할까? 어떻게 열 수 있을까?

다음 대화는 접근 단서, 표상 체계 및 종속 모형과 같은 NLP 도구가 어떻게 그런 제한된 신념에 영향을 미치는 조합으로 사용될 수 있는지 보여 준다.

린다와 함께하는 시연

R 이름이 어떻게 되나요?

L 린다(Linda)예요.

R 린다, 과거의 일로 인해 당신을 방해하는 무언가가 있나요?

L 네. 있어요.

R 당신이 여기 앉아 있으면서, 자신이 실패했다는 것을 어떻게 알
수 있죠? 그것을 어떤 식으로 기억하나요? 그것에 대해 부정적
인 느낌이 들기 시작할 때, 어떻게 되는지 생각해 보세요.

L 방금 당신이 그 이야기를 하자마자 여기(자신의 배를 움켜잡고)에서 어떤
느낌이 왔고, 머릿속에서 모든 것이 뒤죽박죽되었어요.

R 어떤 느낌이 왔고 모든 것이 혼란스러워졌다면, 그것은 매우 중
요한 진술입니다. 나는 정말로 그것이 어떤 것인지 생각을 떠올
려 보라고 당신에게 요청할 것입니다. (린다는 자신의 앞쪽을 똑
바로 내려다보고 있다.) 이 순간에 그것은 충분히 좋습니다.

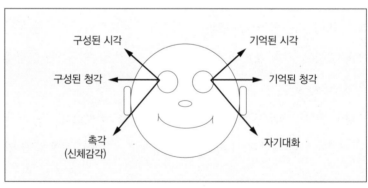

[그림 2-1] 안구 접근 단서

(청중에게) 여러분께 질문을 드리겠습니다. 린다의 눈은 어떤
접근 단서였나요? 촉각이었나요? 정확하게 어디에 있었나요?
오른쪽 아래였나요? 왼쪽 아래였나요? 중앙에서 아래쪽이었습

니다. 그것은 어떤 접근 단서인가요?

R (다시 린다에게) 몇 가지 질문을 할게요. 그것 안으로 들어가면 어떤 그림들이 보이나요?

L 거기 들어가면, 아니 그게 아니라. 내가 '생각하기 시작했을 때', 네.

R 목소리가 들리나요?

L 아니요…… 그런 것 같기도 하고…… 네.

R 아닌가요? 그런 것 같나요? 그런가요? 음…… 나는 당신이 왜 혼란스러워 하는지 알아요! 내 추측인데요, 당신이 그것을 탐사하기 시작하면, 당신은 모든 표상 체계가 그것 안에 있다는 것을 알게 될 거예요.

하지만 그녀가 말했듯이, 그녀가 그것 안으로 들어가면 거기에 특정 표상 체계는 없습니다. 거의 대부분 촉각입니다. 이 부분이 매우 흥미롭습니다. 이것은 NLP에서 공감각이라고 부릅니다. 전략은 표상 체계의 연속입니다. 그러나 공감각(하나의 감각이 다른 감각을 작용케 하는 일 – 역자 주)에서 그것들은 모두 그룹화됩니다. 그리고 서로 영향을 줍니다.

린다, 당신의 목표는 무엇인가요? 나한테 말하지 않아도 됩니다. 그냥 그것에 대해 생각하세요. 그것에 대한 이미지가 있나요? 단어? 느낌?

L 표상이 있어요. (오른쪽 위를 본다.)

R 비유를 하나 들게요. 유기 화학에서 여러 요소가 분자를 만들기 위해 결합을 하는데요. 린다에게 무슨 일이 일어나는지 알기 위

해 많은 생각이 필요하지 않아요. 촉각, 청각기억, 시각기억 모두 여기서 일어나고 있고 전부 여기에 한 덩어리로, 당신 앞 아래쪽으로, 실패라는 분자를 만들기 위해 결합했습니다. 그리고 그 분자 위로 떠다니는 분자들 중에 어떤 원하는 목표에 대한 단일 시각을 조성합니다.

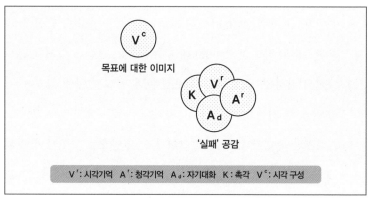

[그림 2-2] 공감각: 감각경험의 '분자'

(청중에게) 물어볼게요. 만약 린다가 이 행동을 하려고 한다면, 여러분은 어느 것이 성공할 거라고 생각하나요? 분자는 모두 서로 연결되어 있고, 훨씬 더 강력합니다. 내가 린다에게 자신의 목표에 대해 생각하라고 요구했을 때의 생리적 측면을 보세요. 그녀가 말했죠. "하나의 표상이 있다." 그러나 실패의 경험은 많은 표상의 공감각이고, 린다는 그것에 들어갈 때 오른쪽으로 끌렸습니다. 이 표상들 각각이 중요하고 훌륭하기 때문에 우리는 여기를 접근 단서로 사용할 것입니다. 그냥 그것들

을 한데 합해 놓는 게 아닙니다. 다시 말해서, "신은 왜 접근 단서를 만들었을까요?" 신이 접근 단서를 만들었기 때문에 우리는 그것들을 다룰 수 있고, 그래서 당신은 당신의 이미지들과 그 외의 것에서 당신의 느낌을 구별할 수 있습니다. 하지만 린다의 실패 경험은 청각도 아니고 시각, 촉각도 아닙니다. 린다의 눈은 표준 NLP의 눈 위치 어디에도 해당되지 않습니다. 눈이 정면 아래쪽을 향했고, 린다는 '혼란스러움'을 말했습니다. 눈 위치가 아래를 향했기 때문에, 분명히 의식 수준에서 그 혼란은 명료성이 크게 부족하여 좀 더 촉각적이고 청각적이 될 것입니다.

(린다에게) 그래서 우리는 이런 표상을 적절한 접근 단서들로 정리할 것입니다. 당신은 이 상태로 들어가서 그저 느낌을 느끼는 것입니다. 눈을 오른쪽 아래로 놓고 그런 다음 소리를 듣고 눈을 왼쪽 아래로 두는 것입니다. 먼저 이렇게 시작하겠습니다. 그 느낌을 가지면 됩니다.

실제로 그 느낌을 느끼고 그저 그 느낌을 유지한 채, 눈을 오른쪽 아래로 놓으면 됩니다. 네, 맞습니다. 그런 다음 눈을 가운데로 놓고 당신에게 들리는 소리나 말을 들으세요. 들립니까? 이쪽으로 그 소리를 들을 수 있습니다. 눈을 여기서 왼쪽 아래로 옮기세요.

이제 다시 눈을 가운데로 놓고 거기 있는 이미지들을 사진처럼 찍으세요. 그냥 그 이미지들을 여기에서 그것들을 시각화할

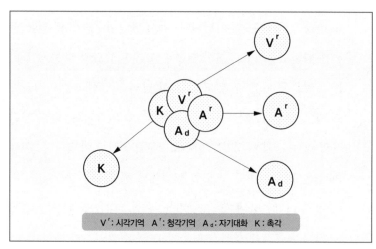

[그림 2-3] 공감각 '분자'의 분리 및 분류

수 있는 당신 왼쪽으로 가져오시면 됩니다. 시각적 기억 속에 그것들을 넣으세요. 자, 이제 이 실패의 장소로 돌아가서 무엇이든 떠오르면 그것이 속한 곳에 분류해 넣으세요. 느낌은 오른쪽 아래로 가게 하고, 말은 왼쪽으로, 이미지들은 왼쪽 위로 보내세요. 네, 좋습니다. 그럼 이제 당신이 오른쪽 아래로 두었던 그 느낌으로 가 보세요.

어떤 이미지도 말도 소리도 없이 그저 당신과 당신의 감각으로 그 느낌으로 가면 됩니다. 기분이 어떠세요?

L 그 느낌은 이제 그다지 중요하지 않아요.

R 느낌이 그저 느낌일 뿐이라고 알아차렸을 때 그것은 믿음이 아니라 느낌이라는 걸 기억하세요. 실패입니까? 그 느낌을 당신은 뭐라고 부르겠습니까? 그 느낌은 무엇인가요?

L 왠지 그냥 짜증스러워요.

R 좋아요. 이건 그냥 짜증스러움이다. 질문할게요. 그 느낌이 짜
  증스러움이라는 것은 어떻게 알았나요?

L 기분이 좋지 않아서요.

R 한 가지 언급하면요, **만약 부정적 느낌이 있다면 그것이 '나쁘
  다'라는 것을 어떻게 아나요?**

  (청중에게) 어떤 사람에게 두려움이 어떤 사람에게는 짜릿함
  입니다. 나는 절망이라고 부르는 어떤 느낌을 늘 가지고 있던
  어떤 사람과 이 과정을 하고 있었습니다. 당시 그녀는 그 느낌
  과 함께하며 그 느낌을 시험하기 시작했습니다. 이 감정이 무엇
  인지에 대해 발견하게 됩니다 . 그것은 진짜 절망이 아니었습니
  다. 그것은 실제로 어떤 큰 도약을 할 준비가 되었다는 것이었
  습니다. 그런 반응을 했던 것은 그녀가 그 분자 안에서 그 느낌
  을 다른 표상들과 어떻게 비교했는가에 달려 있습니다.

L 당신이 내게 두려움과 연관이 있는지 물었을 때…… 내가 아주 큰 두려
  움을 느낄 때와 같은 인상을 받았습니다.

R 그러면 다시 그 느낌 자체로 돌아가세요. 그런 다음 **그 느낌이
  전달하고 있는 것이 무엇인지 먼저 알아내세요.** 만약 그것이 그
  냥 느낌이라면, 그걸 조금만 옮겨 볼 수 있을까요? 똑같은 그 느
  낌을 그대로 잡고 그걸 조금만 위로 움직여 보거나 바깥으로 퍼
  뜨린다면, 그 느낌이 그대로인가요? 어떤가요?

L 가벼워졌어요.

R (청중에게) 여기 또 다른 흥미로운 점이 있네요. 내가 만약 하나

의 느낌으로 그 느낌을 받아들이면 그 느낌이 나를 위해 일을 하게 만들 수 있습니다. 그것은 이제 더 이상 이런 혼란이 아닌 것이죠. 이것은 실제로 내가 나를 위해 사용할 수 있는 하나의 느낌입니다. (린다에게) 당신은 그 느낌이 무엇을 했으면 좋겠나요?

L 신났으면 좋겠어요.

R 그렇게 되려면 당신은 무엇을 해야 할까요? 신나면 어떤 일이 일어날까요? 더 가벼워질까요? 더 나아질까요?

L 좀 더 역동적이 될 거예요.

R 어떻게 할 건가요? 그걸 좀 더 움직일 건가요? 그것이 좀 더 역동적이 될 수 있도록 살짝 이동시킬 수 있나요?

L (침묵)

R 좋습니다. 나는 잠시 떠나 있겠습니다. (그 느낌을 더 이상 건드리지 않고 그대로 두겠다는 의미다.) (청중을 향해) 우리가 한 것은 그 느낌을 그대로 받아들이고 페이싱(pacing)하고 리딩(leading)하는 것이었습니다. 그것은 '나쁜' 느낌이 아니죠. 그냥 느낌일 뿐입니다. 그것이 무엇을 이야기했나요? 그 느낌이 당신을 위해 무엇을 더 할 수 있었나요? (린다에게) 자, 여기에 단어들이 있다고 해 봐요. 그거에 특별한 단어가 있었나요? 많은가요? 아니면 적은가요?

L 내면에 대화가 있어요.

R 당신 목소리인가요? 다른 사람이 아닌 당신인가요?

L 다른 목소리가 있는데 처음에는 내 목소리예요.

R 이 목소리가 말하는 게 뭔가요?

L 비난하고 있어요.

R 그러면 그 목소리만 들으세요. 어떤 느낌이나 이미지 없이. 그러면 그것이 비판하는 것을 들을 수 있을 거예요. 하지만 그건 그냥 음성일 뿐이죠. 이 목소리의 의도가 무엇일까요?

L 그냥 소리로만 들으라고요? 음, 그냥 소리로만 들으면 나쁜 의도는 없는 것 같아요.

R 그러면 목소리는 왜 이런 말을 하는 것일까요? 습관일까요? 부모님께 배운 어떤 것일까요?

L 아마도 습관인 것 같습니다.

R 그러면 이 목소리의 의도는 무엇이어야 할까요? 무엇 때문에 이 목소리가 생겼을까요? **그것이 단지 습관이라면 그것은 당신이 예전부터 스스로에게 말해 왔던 어떤 것입니다. 이는 내면에서의 대화가 아니라 기억에 해당하는 것입니다.**

　(청중을 향해) 이것은 별개의 것입니다. 부모님의 목소리는 당신 내면의 대화에 있는 게 아닙니다. 기억에 속한 것입니다. 그러니까 그 오래된 습관을 잡아서 청각적 기억 눈 위치에 넣습니다. 그곳이 들어가야 할 곳인 것 같아요. 눈의 위치는 왼쪽을 향해 똑바로 눕니다.

　(린다에게) 그렇게 할 수 있나요? 그 목소리를 여기로 옮기고 당신의 눈이 왼쪽 저기로 향하게 해서 그것을 들을 수 있나요?

이제 그 습관을 여기 왼쪽 정면에 놓았는데, 그럼 이제 당신 내면의 대화에는 무엇이 있나요?

L 목소리가 여기 있으면, 내가 그것을 끌 수 있습니다.

R 여기 자리 잡은 당신 내면의 대화에서, 당신은 자신에게 무슨 말을 하고 싶습니까? 당신이 쓰고 싶은 목소리는 어떤 것입니까?

L 나는 여러 목소리 중에서 선택할 것입니다.

R 자, 우리는 선택권이 있습니다. 나는 잠시 그대로 거기서 물러날게요. 다시 우리는 페이스를 유지하고 인정하고, 그 목소리를 이끕니다.

　그 기억들 쪽으로 가 보겠습니다. 그것은 그냥 기억의 이미지들일 뿐입니다. 사실, 사람들은 '현실'을 알고자 하는 목적으로 자주 이러한 실패의 공감각을 키웁니다. 그들은 '진실'을 기억하기를 원합니다. 하지만 내가 내 모든 나쁜 이미지들과 불쾌한 목소리 그리고 나쁜 느낌을 한데 뭉쳐서 잡아냅니다. 그렇다면 그것이 현실이겠습니까? 그것이 진실이겠습니까?

　내 말은, 거기 있는 사진들을 보면, 그것이 당신 삶의 유일한 사진들이 아니라는 것입니다. 그것은 당신의 결과나 목표와 관련된 유일한 기억조차도 아닙니다. 종종 이 기억을 자신과의 관계에서 '실패'라고 말하지만, 목표와의 관계를 회상하다 보면, 그 사진에서 실제로 부분적인 성공이 있다는 것을 다시 생각하기 시작할 수 있습니다. **이제 당신이 인생에서 이룬 다른 성공과 관련해서 그 이미지들을 본다면, 그것들은 더 이상 '실패'라**

고 해석되지 않습니다. 아주 다른 것이 될 수도 있습니다. 그것
이 배움입니다.

(린다를 향해) 이제 당신은 그런 기억과 당신의 목표에 대한
표상 사이를 왔다 갔다 해 보세요. 당신이 오른쪽으로 볼 때, 자
신의 목표를 시각화할 수 있고, 스스로 원하는 것을 분명히 볼
것이라는 것을 확실히 하고 싶습니다. 이 표상을 명확하게 하
세요. 그런 다음 왼쪽에 있는 기억과 오른쪽에 있는 목표 사이
를 왔다 갔다 해 보세요. 그러면 그 그림들 사이에서 무엇을 배
울 수 있는지 볼 수 있을 거예요. 예를 들면, 이런 기억이 정말
로 당신을 그 목표로부터 멀어지게 합니까? 아니면 이런 기억
이 그 목표의 방향인 오른쪽으로 이끌고 가나요?

기억은 그 목표를 향한 진행 과정에 있는 것일 수 있습니다.

(청중을 향해) 내가 거듭 강조하고 싶은 요점은, 린다가 그런
것처럼 우리가 자신이 한 실수들만 서로서로 연관해서만 봤다
면 그 실수들이 실패로 보였을 거라는 것입니다. **만약 실수를**
목표 또는 다른 성공에 관련해서 본다면 그 실수들은 '피드백'입
니다. 이것이 바로 신념의 흥미로운 부분입니다. 신념은 관계
와 의미에 대한 것입니다. 기억은 그저 기억일 뿐입니다. 기억
은 그저 내용일 뿐입니다. 기억을 통해 배울 것은 우리가 어떻
게 기억을 비교하고 그 속에서 무엇을 찾는가에 달려 있습니다.

R 다음 질문은, **당신은 이 모든 것 사이의 관계를 볼 수 있습니까?**

L 어떤 의미로는 그래요. 왜냐하면 (왼쪽 위를 가리키며) 여기 있는 느낌을

꺼내서 (오른쪽 위를 가리키며) 저기 있는 성공에 대해 흥미로웠던 것으로 가져가요. 그러면 목표에 대한 느낌이 달라져요.

R 그 피드백이 목표를 바꾸어 놓았다는 것을 주목하세요. 그 목표는 당신에게 가치가 있는 것입니까?

L 더 가치 있는 목표입니다.

R 당신이 말하는 것은, 그저 주변을 떠도는 희망이나 이런 식의 꿈을 가지는 것보다 당신이 기억을 통해 배운 부분을 (내 것으로) 취할 때, 그것은 실제로 이 목표를 당신이 이른바 '실패'라는 것에 가까워졌을 때 가졌던 목표와 다른 무언가로 바꾼다는 것입니다.

L 목표는 여전히 기본적으로 동일합니다. 그러나 내 인생의 긍정적인 부분의 그림만을 가져오고 부정적인 부분을 지웠습니다.

R 그렇게 하기 위한 다른 좋은 전략이 있습니다. 이런 기억은 자원적인 부분을 말 그대로 더 밝게 만듭니다. 그래서 당신이 그것들이 나타내는 경험을 되돌아볼 때, 덜 자원적인 부분들은 사이사이로 가려지죠. 내용은 달라지지 않지만, 당신은 그게 뭐든 무시하거나 숨기려 하지 않아요. 오히려 결과에 주의를 기울이기를 선택하는 것입니다. 두 개의 내용 모두 실제 있는 그대로입니다.

질문은 컵에 물이 '반밖에 없다'인지 아니면 '반이나 차 있다'인지를 선택하는 것입니다.

이제 여기 마치 정말로 역겨워 쓰레기통에 버려진 이 기억에는 실제로 진주와 보석이 있다는 것을 알게 될 것입니다. 왜 그것들을 '실패'의 쓰레기통에 넣었습니까? 당신은 그것을 당장 자원으로 사용할 수 있습니다. 당신은 이제 당신의 역사에서 빛나는 보석들을 쓰레기통 안에서 발견할 수 있습니다.

그리고 마지막 단계로 나아가야 합니다. 우리는 이전의 실패의 감각을 오른쪽 아래에 그리고 왼쪽 아래에 음성 중 하나를 선택해서 가지고 있습니다. 당신이 소리를 높일 수도 있고 낮출 수도 있는 당신이 예전부터 말하곤 했던 것들의 기억을 가지고 있습니다.

"넌 그거 못 해(부정적인 톤)." 그것들이 이와 같은 비난의 목소리라면, 이런 기억을 가지고 당신이 할 수 있는 흥미로운 일이 있습니다. 당신은 똑같은 내용을 가지고도 그 목소리 톤에 실린 메타 메시지를 바꿀 수 있습니다. "네가 그걸 못 해(불신감)?" 같은 언어적 메시지이지만 중요한 것은 메타 메시지라는 것입니다. 언어적으로는 같은 내용을 유지할 수 있지만 톤을 바꿈으로써 도전하듯 질문하거나 혹은 미심쩍어 하고 비꼬는 투로 바꿈으로써 음성의 톤을 바꿀 수 있습니다. 그러면 메타 메시지는 이렇게 됩니다. "네가 이것을 할 수 없다고, 진짜로 할 수 없다고 정말로 확신해? 장담할 수 있어?"

톤을 바꾸는 것은 당신이 의미하는 바를 바꾸고, 도전으로 전환시킬 수 있습니다. 물론 같은 단어를 쓰기는 하지만, 톤의 하위삼사 양식을 바꿈으로써 그 임팩트는 완전히 다릅니다. 하위감각 양식을 사용하여 메타 메시지를 이동시키면, 당신은 같은 내용을 가지고 원하는 대로 의미하는 바를 바꿀 수 있다는 것을 기억하십시오.

우리가 지금 하고자 하는 일은 이러한 요소들을 새로운 분자로 되가지고 오는 것입니다. 우리가 했던 것은 여기 있는 시각적 기억을 여기 왼쪽 위에 두는 것이었습니다. 청각적 기억은 여기 가운데로 보냈고, 촉각적 요소는 저기 오른쪽 아래로 넣었습니다.

당신은 당신을 지지하는 구성적 청각 부분인 오른쪽에 새로운 청각을 섞고 싶을 수도 있습니다. 다시 말해서, 만약 당신이 가지고 있는 목표를 받아들이면, 그 목표를 이루는 것처럼 들리는 당신의 목소리를 들을 수 있나요? 그 목소리가 어디서 들리나요? 소리에 어떤 울림이 있나요? 그 모든 것을 바로 거기 오른쪽에 두세요.

이제 우리는 이 모든 표상 체계를 되짚고자 합니다. 다만, 그 모든 것은 목표를 향해 가는 과정에서 서로를 지지하는 그런 방식으로만 살펴봅니다. 느낌은 말과 그림 그리고 기억을 뒷받침하고, 또 기억은 목표와 단어 그리고 느낌을 지지합니다. 이것들을 서로 따로 떼어놓는 것이 아니라, 더 많은 이미지를 가질수록 더 강한 느낌과 지지하는 목소리가 더욱 커지고, 그런 목소리가 더 많을수록 기억은 더 밝아집니다.

우리가 지금 다루는 것은 유전적 구조와 많이 닮아 있습니다. 그것은 혼란스러운 느낌을 뒤죽박죽 뒤섞는 것이 아닌, 스스로를 지지하는 조화로운 아름다움의 시스템 안에서 재생산하는 일종의 이중 나선 구조입니다. 중요한 것은 우리가 거기 있었던 원래 조각, 그 내용의 어떤 것도 무시하거나 배제하는 것을 바라지 않는다는 것입니다.

이는 그 시스템의 조화를 새롭게 재구성하는 일입니다.

NLP 전략 기술을 사용하면 이 작업을 쉽게 수행할 수 있습니다. 우리는 긍정적인 기준으로 넘어갈 것입니다. 기본적인 프로세스는 여기서 우리가 함께 구성하기를 바라는 어떤 자원이 풍부한 구조의 종류에 맞는 다른 내용으로 참조 경험을 찾는 것입니다.

R (린다에게) 당신이 아직 해 본 적은 없지만 미래에 당신이 할 거라는 것을 아는 어떤 것을 떠올릴 수 있습니까? 거기 온갖 문제가 다 있을지도 모르지만, 당신은 그것을 할 수 있을 거라고 확신하는 것 말입니다.

(린다는 눈을 살짝 치켜뜨면서 전방을 바라본다.)

(청중에게) 이제 안구 접근 단서(accessing cue)를 보십시오. 아주 흔한 것이지만, 우리가 통상 배웠던 접근 단서 안에서는 그것을 못 찾습니다. 왼쪽 위로 향하는 시각적 기억도 아니고, 오른쪽 위를 향하는 시각적 조성도, 오른쪽 가운데의 청각적 조성도 아닙니다. **이 접근 단서는 약 15도 혹은 20도 정도 올라가서 똑바로 앞쪽을 향한 것입니다.**

R (린다에게) 느낌이나 이미지, 소리가 있습니까?

L 물론입니다.

R 이것은 또 다른 공감각 접근 단서입니다. 이제 우리는 이전에 실패와 연합한 이미지와 소리 그리고 느낌을 가져와 현재 사용 중인 자원이 풍부한 공감각 구조 내로 조직화할 수 있습니다.

먼저 시각적인 부분을 다룰 것입니다. 우리는 당신이 무언가 할수 있다는 것을 어떻게 아는지에 관한 구조에 이 이미지들을 맞추려고 합니다. 목표의 이미지를 잡고, 그것을 똑바로 당신 앞, 조금 위쪽으로 놓으십시오. 같은 공간, 같은 밝기, 같은 크기, 같은 움직임, 같은 색깔, 같은 깊이 및 선명도가 자원적인 경험처럼 생생하게 하세요. 그 기억은 당신의 긍정적 참조 경험 안에서 어디로 가나요? 그것들이 당신 뒤로 가나요? 아니면 왼쪽위에 그냥 머물러 있나요?

L 뒤에 있는 것 같습니다.

R 뒤로 가기 위해서 이전에 실패와 관련된 이 기억을 재배치하여 그 기억이 미래 목표를 지지할 수 있도록 하십시오. 이제 어떤 목소리나 소리가 있나요? 당신이 이미 할 수 있다고 알고 있는 참조 경험 안에서 어떤 소리가 들리나요? 어디서? 어떻게?

L 내면에서 어떤 소리가 들리지만 같은 목소리는 아닙니다. 그 목소리는 그 행동에 동의하네요.

R 린다, 우리가 왼쪽 아래에 놓은 목소리를 꺼내서 새로운 음성 안쪽으로 가져올 수 있나요? 당신이 목표를 향해 가는 것을 그것들이 지지할 수 있을까요? 당신은 목소리가 필요한지 조차 확신하지 못한다고 말했습니다. 하지만 당신이 그것들을 뒤쪽 안으로 가져오면 목소리가 그 행동을 지원할까요? 예전의 목소리는 어떤가요? 예전 음성은 어디에 속해 있나요? 어떤 종류의 음색인가요?

L 오래된 목소리는 저기 있고, 나는 그것을 끌 수 있습니다.

R 긍정적인 참조 예에서 결과의 소리는 어때요? 그것과 관련된 연합된 소리인가요? 그 소리는 앞에서 나오나요? 안에서 나오나요? 뒤에서 나오나요?

L 그 목소리는 다른 목소리이고 특별한 것입니다. 그 소리는 분명합니다. 모든 것이 차분해요. 내면의 목소리는 행동하는 것을 지원합니다.

R **마지막 단계: 느낌.** (앞서 말했던) 그 짜증스러운 느낌을 기억하나요? 그것들을 새 공감각 내로 가져와 그것들이 하는 일이 무엇인지 알아내십시오. 변형되나요? 좀 약해지나요? 그 느낌이 목표와 관련하여 어떻게 들어맞나요? 왜냐면 당신에게 그런 느낌이 필요해서 그럽니다.

L 내가 두려움과 그 두려움의 느낌에 대해 말씀드렸는데요. 여전히 어딘가에 있지만 지금은 지지하고 있습니다.

R 그것이 두려움에 관한 흥미로운 점인데요. 그것은 위장된 동기 부여일 수 있다는 거죠. 사람들이 품고 있는 두려움을 '뱃속의 나비들(butterflies in your stomach)'이라고 자주 표현합니다. 중요한 것은 그 나비를 어떻게 죽일까가 아니라 오히려 나비가 어떻게 대형을 이루어 날도록 가르치냐는 것입니다. 두려움은 동기 부여와 마찬가지로 당신에게 매우 중요한 것을 말해 줍니다. 마지막 질문입니다. 당신은 지금 그 목표를 달성할 수 있나고 믿습니까?

L 아마도.

R '아마도'라고요? '아마도'로는 부족합니다. 미세 조정을 좀 해 볼
까요. 지금 '아마도' 그럴 수 있을 거 같다고 믿는 이 목표와 당신
이 성취할 수 있다고 확신하는 그 목표와는 어떤 차이가 있나요?

L 글쎄요, 나는 이 목표는 확신이 서지 않아요. 하지만 다른 그 목표는 확
신합니다. (린다는 다시 첫 번째 신념의 초기 위치로 눈을 낮춘다.)

R 거기 아래쪽을 보지 마세요. 그 목표를 여기 위로 가져오십시
오. 지금 여기에 있습니다. 더 이상 거기 아래에 있지 않아요.
위로 보세요. 여기 위로. 그리고 온전히 거기에 두세요.

L 나는 거기 위에 두려고 하는데, 정말로 거기인지 확신이 서지 않아요.

R 아! 정말로 거기라는 것을 어떻게 알지요? 내가 당신에게 지금
이 새 목표에 도달할 수 있는지 물어보면, 당신의 자원이 풍부
한 참조 경험과는 어떻게 다른가요?

L 그 자원은 과거의 긍정적인 경험과 연결되어 있습니다.

R 그럼, 이것은 연결되어 있지 않나요? 그것이 어떤 긍정적인 경
험과 연결될 필요가 있나요?

(청중에게) 어찌 됐건 지금 린다는 자신이 신념을 어떻게 구축
하는지에 관해 아주 중요한 부분을 이야기하고 있습니다. 우리
는 표상(representation)을 분명히 한 다음에, 모든 감각이 그것
을 지지하도록 하고 난 후, 긍정적이었던 다른 경험과 그 감각
을 연결 지어야 합니다. (린다에게) 할 수 있겠습니까?

L 예, 할 수 있습니다.

R 확실합니까?

L 네, 나는 전에 했던 프로젝트에 긍정적인 어떤 것과 연결하고 그것들을 함께 놓아둘 수 있습니다.

R 이는 사람들이 신념을 구축하는 방식의 중요한 부분입니다. 린다는 더 많은 분자를 만들고 있습니다. (린다에게) 그럼 이제 목표에 도달할 수 있다고 확신합니까?

L 물론입니다! 문제없습니다.

R 당신을 믿습니다. 이제 점심시간이라서, 나는 이 모든 걸 생각할 거리로 남겨 두고 싶습니다. 그리고 당신이 우리가 했던 모든 작업을 다 소화할 때, 당신은 목표와 연결 지을 수 있는 다른 것도 있다는 것을 알아차릴 수 있습니다. 당신의 잠재의식이 놀라도록 허용하고, 당신이 일단 시작만 하면 만들어 낼 수 있는 많은 연결과 함께 놀라고 기뻐하도록 허용하세요. 고맙습니다.

{ 연습 }

가장 먼저 기억해야 할 것은 신념은 어떤 종류의 감각의 조합이나 공감각적 감각을 수반할 가능성이 가장 크다는 것이다. 다른 표상 체계를 결합한다는 것인데, 우리의 목표는 세 가지다. 첫째, 이 감각의 분자가 무엇인지 알아내는 것, 둘째, 그 부분들을 분리하고 분류하는 것, 셋째, 그들을 새로운 관계로 재구성하는 것이다.

제1부

1단계

프로세스의 특정 단계는 먼저 문제 태도 또는 신념을 규정하는 단계를 포함한다. 이것은 보통 당신의 기대와 수행이 서로 가장 멀리 떨어져 있는 곳인 '위기'의 시간에 모습을 드러낸다. 예를 들어, 자신이 하고 싶은 일인데, 과거의 실패나 걱정 때문에 스스로를 저지하는 것이 무엇인가? 당신이 들어가는 상태, 신념 그리고 그 신념과 연합된 생리학 및 눈의 위치를 찾으라. 그것이 시도하고 싶지만 느낄 수 없는 느낌이거나, 하고 싶지만 실패하거나, 무슨 일이 일어날까 봐 두려워하는 무언가일 수 있다.

눈의 위치가 어디인지, 이 신념이 어디에서 일어나는지, 제한된 신념이 어디에서 모습을 드러내는지를 일단 찾아내면, 그때 당신은 이 위치가 그에 수반된 모든 감각을 가지고 있음을 알게 되고, 한 번에 모든 걸 보고 듣게 될 것이고 느끼게 될 것이다. 그러면 린다처럼 그 모든 게 한데 얽힐 것이다.

2단계

두 번째 단계는 이러한 감각 표상을 적절한 NLP 눈 접근 위치에 넣어 공감각을 분리하는 것이다. 그러면 시각적 기억은 왼쪽 위로 가고, 내면의 말은 왼쪽 아래로 가고, 느낌은 오른쪽 아래로 간다. 그것들이 갈 곳을 분류하기 위해 당신이 오른쪽 위로 놓을 수 있는 구성한/구성된 이미지도 있을지 모른다.

당신은 이 표상 각각을 개별적으로 다룬다. 이 느낌의 목적은 무엇일까? 그것이 부정적인 것을 어떻게 알 수 있는가? 어쩌면 그렇지 않을 수도 있다. 그래서 나는 이 표상 각각을 인정하고 그것들에 맞춰서 가고, 그러면서 조금씩 그것들을 이끌고자 한다.

감각이 단지 감각일 때, 그것을 조금 다른 것으로 바꿀 수 있다. 내면의 목소리도 마찬가지다. 그 의도가 뭘까? 그것을 그 의도에 부합해 더 낫게 만들기 위해서는 어떻게 그것을 조금씩 바꿀 수 있을까? 강조하고 싶은 한 가지 포인트가 있다. 누군가 그것들을 분리하는 데 어려움이 있다면, 예를 들어 느낌에서 사진들을 분리하지 못하는 사람이 있다면 그때 종속 모형을 사용할 수 있다.

당신은 프레임에 든 그 이미지들의 피사체를 가지고 있을 것이다. 그것을 저 멀리 옮기고 난 다음, 그것을 왼쪽 위로 옮기라. 그 목소리와 느낌이 분리되지 않는다고 말을 하면 그 목소리를 잡아서 속삭임으로 바꾸라. 그런 다음 그것을 옮기라. 그 단계에서는 약간의 창의성이 필요할지 모른다. 당신에게 달려 있다. 당신이 예측할 수 없는 어떤 것이다. 그것은 피드백에 쓸 당신 능력의 어떤 작용일 것이다.

당신이 누군가와 작업을 할 때, 바로 옆쪽에 있어야 함을 기억하라. 당신에게 이런 분자가 있다면, 이런 신념을 여기 오른쪽에 실제적이고 구체적으로 만들라. 손을 뻗어 그 조각들을 잡고 그것들을 분리하라. 사진처럼 찍으라. 분자 그대로 불리적으로 그 사람이 그것들을 밀어내어 그것들을 재배치하도록 안내하라. 당신의 물리적인 개입 활동은 더 쉽게 분리하는 데 도움이 될 것이다.

3단계

각 부분과 대화를 한 후, 시각기억을 가지고 다음 질문에 대한 해답을 얻으라. "이런 기억들로 배울 수 있는 새로운 무언가가 있는가?" 이 질문은 성공한 다른 기억들과의 관계 속에서, 그리고 그 결과, 목표와의 관계 속에서 검토하라는 뜻임을 기억하라. 예를 들어보겠다.

여기에 과거의 경험이 하나 있다. 만약 그 경험을 그 자체로만 본다면 그것이 의미하는 것은 한 가지다. 하지만 그 경험을 결과와의 관계 속에서 내게 무언가를 알려 주는 것으로 본다면 우리는 그것을 통해 다른 무언가를 배울 것이다. 그러한 정보는 이미지 자체에 있는 것이 아니라, 그 이미지가 내가 가기를 원하는 곳과 어떻게 관계를 맺는지에 있다. 이러한 사고방식이 경험은 실패가 아니라 피드백이라고 보기 시작하도록 하는 것이다. 나는 성공적이었던 것의 일부를 취할 수 있고, 여기 도달하는 데 나에게 도움이 되는 것에 집중할 수 있다.

4단계

이 지점에서 나는 목표와의 연결을 볼 수 있기를 원하고, 어쩌면 내가 이러한 기억을 통해 알게 된 것들을 기반으로 목표에 약간의 수정, 추가, 변경을 취하고자 할 수도 있다. 아주 오래전에 설정했던 이 목표는 이제 좀 싫증이 날 수 있다. 이 목표는 조금 바뀔 수도 있고, 내가 알게 된 것을 기반으로 하여 업데이트할 수도 있다. 내가 지금 어떻게든 업데이트하려고 하는 그것이 3년 전 내가 뭔가를 위해 세운 목표일 수도 있는 것이다. 나는 더 많이 안다. 더 많이 배웠다. 그래서 이 목표는 사실상 더 풍부해지고, 현재 내가 누구인지와 더 많은 관련이 있다. 어떤 사람은 자신에 대해 도저히 불가능한 현실적이지 않은 성취를 꿈꾸던 어린 시절의 환상을 성인이 되어서도 가지고 있다. 그래서 자신이 살아오면서 삶을 통해 경험한 여러 배움을 통해 어린 시절의 환상을 좀더 어른스럽고 현실적인 것으로 만들 수 있다.

그럼 이제 연습 제1부로 돌아가서 우리는 제한된 공감각의 모든 부분 부분을 적절한 접근 위치에 놓고, 그것들 각각을 개별적으로—의도가 무엇인지 검토해서—조금 끌어내 올 것이다. 당신이 약간만 조정하면, 나쁜 느낌은 나쁜 느낌이 되지 않을 수 있다. 어쩌면 그 느낌은—그것의 의도에 부합하도록 하기 위해—더 가뿐하고 더 신나는 느낌이 될 수도 있다. 가령, 그것이 목소리라면 나는 목소리 톤을 살짝 바꿀 수도 있고, 혹은 목소리와 좀 더 거리를 둘 수도 있다.

이렇게 우리는 공감각의 부분을 중심의 바깥쪽 주변부로 보내고, 그런 다음 이러한 지나간 경험을 통해 학습하기 시작하면 그것들은 실패가 아닌 피드백이 되는 것이다. 여기까지가 전반부다.

제2부

후반부에서는 이 모든 조각을 가져와서 함께 재배치하려고 한다. 그렇게 하는 것이 긍정적인 참조 경험이 유입되는 지점을 만드는 것이다. 나는 정리했던 이 모든 소식을 가져올 것이고, 또 그것들을 성취힐 수 있다고 자신했던 어떤 목표와 똑같은 구조 안으로 도로 집어넣는 것이다. 여기에는 두 단계가 있다.

1단계

내가 달성할 수 있다는 걸 이미 아는, 어떤 것에 대한 참조 경험을 찾는다. 이는 실패 신념과 연합되어 있는 원하는 목표와는 내용이 다르다. 그것이 좀 더 선명해지도록 내용을 조금 넣어보겠다. 이렇게 하는 이유는 그 내용에 대해 아는 것 없이도 작업이 완료될 수 있다고 하더라도, 이왕이면 내용을 좀 더 가지고 하는 것이 작업을 마무리하는데 더 도움이 될 거라고 생각하기 때문이다.

당신의 목표가 날씬한 사람이라고 가정해 보자. 당신은 살을 빼길 원한다. 그것은 당신이 실패의 느낌을 가졌던 것에 대한 내용이고, 우리는 그것을 이런 조각들로 찢어 놓았다.

이제 묻겠다. 이 목표 말고 당신이 미래에 달성할 수 있을 거라고 이미 확신하고 있는 목표는 어떤 것이 있는가?

미래에서 무언가를 뽑아내 오기를 원하는 이유는 당신이 이 목표

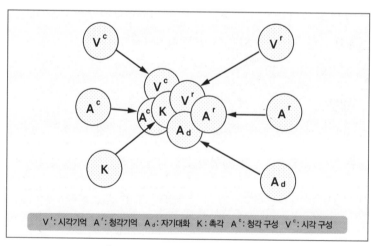

V^r: 시각기억 A^r: 청각기억 A_d: 자기대화 K: 촉각 A^c: 청각 구성 V^c: 시각 구성

[그림 2-4] 새로운 공감각 만들기

를 아직 이루지 못했지만, 당신이 신념과 자신감을 가지고 있는 것, 미래에 그것을 이룰 거라는 걸 아는 것이 있기 때문이다. 날씬해지겠다는 자신의 목표와 같은 느낌을 주고자 하는 것이다.

Q 우리가 한 것들은 꼭 해야 하는 것인가?

R 아니다. 꼭 그런 건 아니다. 이건 그냥 당신의 목표가 당신이 할 수 있을 거라는 걸 아는 어떤 것이 되도록 원하는 것이다. 능력에 대한 신념 말이다.

예를 들겠다. 나는 내가 휴가 갈 것임을 안다. 휴가 일정은 2주 내로 다가오고 있다. 일에 차질이 있을 수도 있고, 또 비행기가 늦을 수도 있지만, 나는 그 휴가를 갈 것이다. 나는 어떻게 해서든 목표를 달성할 것이다. 혹은 내가 계획한 세미나일 수 있다. 많은 문제가 있을 수 있지만, 나는 그 세미나를 열 방법을 그 문제들 주변에서 찾을 것이다. 집을 살 수도 있다. 많은 것이 방해하고 있지만, 결국에는 내가 그것을 해낼 수 있다고 확신하는 어떤 것을 내가 안다. **핵심은 그 '어떤 것'은 목표가 이루어질 것이라고 믿는 신념이라기보다 목표를 이루게 할 수 있는 당신의 능력에 대한 신념이라는 것이다.**

우리는 미래가 어떠할지 실체를 절대 알지 못한다. 그것은 핵심이 아니다. 진짜 핵심은 당신이 성취할 수 있다고 믿는 목표를 표현하는 방식과 같은 방식으로, 원하는 목표의 표상을 구성하는 것이다. 우리가 추구할 일은 일어나지 않는 어떤 일이 아니라, 당신이 자신감을 가지고 일을 진행하는 능력을 가지는 것이다. 당신은 발생할 수 있는 모든 문제를 처리할 수 있다는 상대적인 확신을 가지고 있다. 당신은 자신을 믿고 그곳에 도달할 수 있다. 이것이 긍정적인 자기효능기대감이다.

그것이 당신에게 필요한 것이다. 자기효능기대감이 있기에 앞으로 어떤 단체를 구성할 거라는 확신이나, 내내 작업해 왔던 서류나 기사를 끝낼 거라는 확신을 가질지도 모른다. 결국에는 내가 끝낼 것이고, 방해가 되는 것은 다름 아닌 피드백이라는 것을 안다.

이렇게 말해 보자. "나는 새 집을 사는 것에 자신이 있다." 그럼 지금 내가 해야 할 것은 체중 감량에 관한 이런 모든 부분을 잡아서 집을 살 때 내가 생각하는 방식과 똑같은 구조로 만든다는 것이다. 한쪽에는 체중 감량에 대해 내가 생각하는 방식이 있고, 다른 한쪽에는 새 집을 사는 것에 대해 내가 생각하는 방식이 있다.

2단계

나는 체중 감량의 종속 모형을 새 집을 사는 종속 모형과 전부 일치시키고자 한다. 이 말은 새 집을 사려고 생각할 때는 이미지가 내 앞에 있고, 체중 감량을 생각할 때는 이미지가 오른쪽 위에 있는데, 나는 이 체중 감량의 이미지를 오른쪽 위에서 내 앞쪽으로 옮기려고 한다는 뜻이다. 주의해야 할 것은 하나의 내용(체중 감량)을 다른 것(새 집 구입)으로 대체하는 것이 아니라는 점이다. 내용은 중요하지 않다. 이는 두 가지 모두 같은 구조로 표현하고자 하고, 그렇게 해서 이 두 가지 모두에 자신감을 똑같이 가지게 된다는 것이 중요하다.

이제 가능한 종속 모형을 하나씩 열거하겠다. 새 집을 사는 것에 대해 생각할 때 내부 혹은 외부로부터 오는 소리의 위치는 어디인가? 여기서 해야 할 일은 체중 감량에 대해 생각할 때의 목소리나 소리도 같은 위치로 옮기는 것이다. 이렇게 신념 전략을 활용한다. 당신은 이 목표에 대한 정신적 지도를 만들고, 그래서 당신이 해낼 수 있다고 확신하는 다른 무언가의 지도가 가진 풍부함과 견고함을 똑같이 가지게 되는 것이다.

Q 경험을 하면서 참조와 목표의 수준이 그 사람한테 같은 수준이어야 하는가? 가령, 나는 내일 커피를 한 잔 마실 거라는 것을 거의 확신하지만, 그것이 내 목표와 똑같은 중요성을 가질 필요가 없지 않은가?

R 좋은 질문이다. 나는 느낌이나 의미 면에서 비슷한 종류일수록 더 좋다고 생각한다. 당신이 더 많이 전념하는 것일수록 당신에게 더 설득력이 있을 거라고 보는 것이다.

연습에 대한 의견

이것은 피드백에 관한 프로세스다. 사람들은 당신이 예상하지 못한 것들을 늘 기가 막히게 생각해 낼 수 있다. "나는 실패했고 뭔가 잘못돼 가고 있다."라는 말보나 피드백을 읽기 위해 이러한 기회와 도진을 숙고해 보라고 말씀드리고 싶다. 능력에 대한 신념과 다른 신념 이슈 유형이 있다는 점을 기억하라. 당신이 이 연습을 하는 동안 그러한 이슈가 무엇인지 아주 잘 찾아낼지 모른다. 이것은 만병통치약이 아니다. 이것은 치료법이 아니다. 모든 문제를 완벽하게 해결하지 못할지도 모른다. 이것은 단지 시작일 뿐이다.

이는 마법사가 되기 위해 배우는 것과 같다. 이것은 카드가 사라지게 하는 한 가지 방법이다. 하지만 코끼리가 사라지게 하려면 좀 더 배워야 할 것이다. 우리는 이제 카드를 가지고 시작한다. 그리고 시간이 흘러 코스를 마치면 당신은 코끼리를 사라지게 할 수 있는 마법사가 되어 있을 것이다. 어쩌면 하마를 사라지게 할 수 있는 마법사까지 될지도 모르겠다!

Q 당신은 언제, 어떤 상황에서 앵커를 하는가?

R 내담자가 긍정적인 참조를 생각하고 확신의 상태에 들어가는 것을 보면 앵커링을 한다. 그러고 나서 새로운 분자가 한데 모이도록 하기 위해, 내 목표를 그 새로운 장소에 놓을 때 이 앵커는 그것을 고정시키는 접착제가 된다. 이 프로세스를 통해 당신이 두 가지 일을 하고 있다는 것을 깨달아야 한다. 그것은 바로 그 사람의 자원 전략을 사용하고 있다는 것과 이렇게 분자를 재구성하고 있다는 것 두 가지다. 나는 그것이 당신에게 어떤 측면에선 도전이 되기를 바란다. 그러면서도 당신이 뭔가 새로운 것을 배울 때 받아들이는 방식으로 이 작업을 완수할 수 있다고 확신하고 있고, 또 이 프로세스를 따르면서 동시에 서로 다른 여러 스킬을 당신이 사용하고 있다고 확신한다.

Q 앵커가 하나만 있었나? 시작할 때부터 우리는 여러 앵커가 있었다는 느낌을 받았다.

R 나는 항상 앵커를 사용하고 있다. 린다가 처음으로 부정적인 경험을 생각했을 때, 나는 그것을 무시할 수 있도록 앵커링했다. 당신이 원한다면 마지막에 앵커를 해제할 수 있다. 내가 만약 누군가 옆에서 커피를 마시며 쉬는 동안 기분이 좋았다면 나는 나 자신에게 앵커를 한다. 그렇게 나는 무의식적으로 앵커를 사용한다.

정말 다시 한번 나는 당신이 이 모든 것에 대해 유연하게 아이디어를 발전시키길 바란다. 당신에게 도움이 된다면 뭐든지 사용하라. 특정 장소에서 이 연습 속에 있는 종속 모형을 사용할 수도 있다. 이렇게 생각하라. 이 테크닉은, 아니 어떤 테크닉이든 그것은 골격이다. 골격에 살을 붙이고 그 속으로 생명을 넣은 그것이 당신이다. 당신이기 때문에, 그 사람과 당신이 서로 바라보며 눈을 맞추는 아이 콘택트를 했기 때문에, 당신은 쉽게 그것을 할 수 있는지도 모를 것이 있다. 그것들은 테크닉의 어떤 단계보다도 가치가 있을 것이다.

이 작업을 되게 하는 것은 당신의 정체성이다. 당신의 직관으로 일하는 것을 절대로 두려워하지 말라. 이것이 내가 당신에게 보내는 안내상이나.

Q 나는 기억과 목표를 연결하는 것이 왜 필요한지 이해가 안 된다.

R 이러한 기억과 그 결과가 아무 상관이 없다면 지속성도 지원도 없기 때문이다. "와, 여기 내 결과물이 있어. 그런데 이건 내 인생에서 했던 것과 맞는 게 없어." 사람들이 이렇게 말할지도 모른다. 그러고는 갈등에 빠져들 것이다. 우리는 이런 것들이 서로 잘 맞는 걸 볼 수 있기를 바란다. 당신과 관련해 맞는 게 없는 어떤 결과를 얻는다면 당신은 그것을 다루어야만 할 것이다.

Q 종속 모형 측면에서 그것이 의미하는 것은 무엇인가?

R 단지 색깔만 보거나, 경험을 서로 잇는 어떤 선을 보기만 했을지라도, 아니면 그저 그것들이 잘 맞는다는 느낌만 가지더라도, 어떤 방식으로든 당신은 그 연결을 사실상 감지할 수 있다. 중요한 것은 그것이 게슈탈트(gestalt)를 형성하고, 내 결과가 내 경험과 함께 그 안에서 잘 맞는다는 것이다. 당신에게 그런 감각이 생길 수 있다면 그것으로 충분하다. 처음에는 세 그룹으로 연습하는 것이 가장 좋다. 당신이 이 프로세스를 해 나가면서 당신 안에서 어떤 일이 일어나는지 알아보라. 한 사람을 끝내면 역할을 바꾸어서 하라. 전체 프로세스를 요약하면 다음과 같다.

{ 피드백 전략 실패 }

1. 문제가 되는 태도 또는 신념을 확인한다.

a. 신념과 연합된 생리상태 및 눈의 위치를 관찰한다.

b. 신념을 믿는 동안 각 표상 체계(VAK)에서 내부적으로 어떤 일이 일어나고 있는지 알아본다.

2. 각 감각 표상을 '적절한' NLP 눈 위치에 넣어 VAK '공감각'을 분리한다.

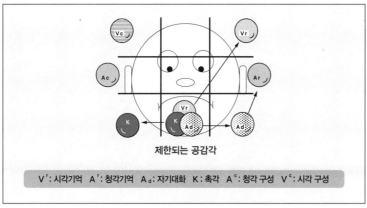

제한되는 공감각

| V^r : 시각기억 | A^r : 청각기억 | A_d : 자기대화 | K : 촉각 | A^c : 청각 구성 | V^c : 시각 구성 |

[그림 2-5] 제한되는 공감각의 분류

3. (시각 조성) 오른쪽 위를 보고 원하는 목표/태도/신념을 시각화한다.

a. 과거의 기억과는 반대로 원하는 목표와의 관계에서 그 감각 자체와 단어 자체의 감각(긍정적인 의도)을 확인한다.

4. 신념과 연합된 기억의 사진들을 본다. 그리고 긍정적인 기억과 문제와 연합된 기억을 한데 섞어서 종합적인 상황에 대한 좀 더 현실적인 시각을 구축한다. 그것들을 적절한 시간의 흐름 안에서 당신의 시간선에 맞춘다.

a. 이전의 부정적인 기억이 실제로 원하는 목표로 당신을 이끌
   수 있는 긍정적인 피드백을 어떻게 제공할 수 있는지 본다.

b. 기억을 바라보면서 배운 것을 토대로 원하는 목표를 수정
   하거나 추가하기를 원할 수도 있다.

c. 기억과 긍정적인 목표를 연결하는 단계를 볼 수 있는지 확
   인한다.

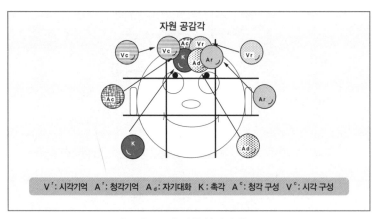

[그림 2-6] 자원 분자의 창조

5. 긍정적이고, 자원이 풍부한 참조 경험을 확인한다. 예를 들어,
   당신이 미래에 성취할 수 있다고 확신하는 것.

   a. 경험을 위한 앵커를 세운다.

6. 원하는 목표의 VAK 종속 모형의 특성을 긍정적인 참조 경험
   의 특성과 동일하게 만든다.

   a. 이 프로세스가 잘 진행되도록 원하는 목표를 보면서 긍정적
      인 참조에 앵커를 발사한다.

{ 연습에 이어지는 질문들 }

이 연습을 하면서 생긴 질문이나 의견 또는 나눌 이야기가 있는지 궁금하다.

Q 내 파트너는 매우 청각적인 사람이었다. 내가 만약 나 자신―상당히 시각적인―의 말에 귀를 기울였다면, 나는 그녀의 작업을 시각적 모드에서 했을 것이다. 그런데 심상화 및 모든 심상 작업을 그녀는 아주 어려워했다. 우리는 이를 청각적으로 할 방도를 찾기 위해 애썼지만 시간이 많이 걸렸다. 나는 그녀를 따를지 당신을 따를지 갈팡질팡했다.

R 내가 어떤 쪽을 추천했을 것 같은가? 만약 당신이 물었다면 내가 어떻게 대답했을까? 나는 그녀를 따르라고 말하겠다. 나를 따르는 것은 그녀를 따르는 것이다. NLP는 고객을 돕기 위해 만들어졌지 고객을 NLP에 맞추려고 만들어진 것이 아니다. 나는 당신이 그것을 인식하게 된 것에 대해서 축하하고 싶다. 당신이 의뢰인에 대해 아는 것은 굉장히 중요하다. 나는 당신 자신에게도 축하해 줘야 한다고 생각한다.

설과 노는 목표를 설정하는 네 시각적인 것만이 유일한 세계는 아니다. 나는 시각을 가진 게슈탈트를 진행해 나가는 것이 더 쉽기 때문에 시각으로 시작하는 경향이 있다. 하지만 절대 그것이 유일한 방

법은 아니다. 당신은 모든 목소리를 그 안에 포함하고 있는 하나의
목소리를 들을 수 있고, 또 모든 목소리로 말을 하는 하나의 목소리
로 당신이 말을 할 때가 있다는 것을 알아차리기도 할 것이다. 당신
안의 모든 당신이 내는 더 깊은 울림을 그 안에서 들을 수도 있다.

나는 여하튼 시각이 얼마나 선명해야 하는지와 관련이 있거나 시
각적이지 않다면 그 결과의 표상이 얼마나 선명한지와 관련이 있는
또 다른 이슈가 있다고 생각한다. 사람들이 목표나 결과를 설정할 때
에 일반적으로 행동적인 측면에서 한다. 그래서 당신이 이것의 그림
을 만들고 싶다면, 당신은 행동의 그림을 만든다. 그러나 정체성 수
준에서 당신은 어떻게 결과를 나타내는가? 나는 이것이 행동적 '목표'
가 아니라는 걸 발견할 수도 있다. 정체성은 특정 목표 또는 특정 결
과에 기초하지 않는다.

정체성 레벨에서 당신은 특정 결과라기보다는 사명(mission)이라 불릴
수도 있는 것을 가지고 있다. 자신의 정체성 이슈를 가지고 작업하고 있
는 사람은 특정 목표를 잘 찾지 못한다. 서로 무관하기 때문이다.

사명은 아주아주 많은 목표를 통합할 수 있다. 또 당신의 특정 이
슈와 관련하여 구체적인 그림이 없을 수도 있다. 사명은 하나의 방향성
이라고 하는 것이 더 적절할 것이다. 그것은 어찌됐건 그것을 실행함에
있어 훨씬 더 강력한 차원이다. 때로는 회사에서 사람들이 목표를 놓
고 논쟁을 시작하지만 사실 그것이 실제 이슈가 아니라는 것을 알아
차리지 못한다. 조직에 사명이 없으면 목표를 놓고 논쟁하기 쉽다.
목표는 사명에서 시작된다. 사명은 매우 다른 차원의 과정이다. 이것은

실질적이고 구체적인 어떤 결과에 대한 것이라기보다 가치와 기준에
관한 것이다. 만약 특정 목표가 사명과 충돌이 일어난다면, 무엇을
던져 버려야 할지 생각해 봐야 한다.

Q 가령, 당신이 '사명'이라고 말할 때, 당신이 신을 믿지 않으면 사명을 의
    식하는 것이 가능한가?

    (몇몇 청중은 웃음을 터트렸다.)

R 좋은 질문이다. 글쎄, 이건 당신이 신이라는 말을 어떻게 해석
    하고 의미를 부여하는지에 달렸다고 본다. 흥미롭다. 그 부분
    에 관해 이야기해 보겠다. 나는 행동을 통해 환경에 영향을 미
    치거나 바꾼다. 내 행동을 바꾸기 위해서는 그 이상의 레벨 업(Level-
    up)이 되어 있어야 한다. 그것은 능력(capabilities) 레벨이다. 내가 그 이
    상의 레벨에 있지 않으면, 나는 정말로 내 행동을 이해하거나
    바꿀 수 없다. 이 능력 레벨은 마치 꼭두각시 인형을 조종하는
    사람과 같다. 능력을 바꾸기 위해서는 능력 이상의 레벨에 있어
    야 할 것이다. 그것이 신념 레벨이다. 그리고 신념을 바꾸기 위
    해서는, 내 신념 밖으로 나온다. 그러면 내 신념을 직접 보고 바
    꿀 수 있고, 또 나는 순수한 정체성에서부터 작용하기 시작할
    것이다.

중요한 것은 이 질문이다. 만약 내가 나의 정체성과 사명을 바꾸
기 위해 질문을 시작한다면, 나는 더 높은 차원에 있어야 한다. 그것

은 어떤 레벨일까? 정체성 레벨은 아니다. 그것은 나에 관한 것이 아니다. 그것은 내 에고(ego)에 관한 것이 아니고, 내 사명보다 더 넓다. 그것은 훨씬 더 광대한 어떤 시스템의 일원이 되는 것에 관한 것이다. 나는 그것이 영적(spiritual) 레벨이라고 생각한다. 그래서 내가 당신이 신을 어떻게 해석하느냐에 달린 것이라고 말씀드린 것이다.

여러분이 자신의 사명을 규정하려고 하는 때, 또는 자신이 정말로 누구인지 더 이상 확신이 서지 않을 때, 바로 이 지점인 영적 레벨에서 이슈를 다루어야 한다고 생각한다. 나는 그것을 기존 종교의 교의에 들어맞는 것이어야 한다고 생각하지 않는다. 그것은 훨씬 더 깊은 레벨에서 작용한다. 그것은 누군가 이 사명이라는 이슈를 해결하기 위해 스스로 답을 찾아야 하는 질문이다.

나는 불치병을 앓고 있는 사람이 자신의 삶의 의미를, 삶의 의지를 찾기 위해 그 차원에 도약할 수 있을 때까지 그에게 필요한 변화를 불러올 수 있는 어떤 방법이 있다고 보지 않는다. 생명을 위협하는 질병으로부터 한 사람의 회복을 묘사할 때 사용하는 말이 실제로 '새로운 사명을 가지기(re-mission)'라는 것은 흥미로운 우연의 일치라고 생각한다.

질병의 범주를 벗어나 더 크고 넓은 차원에서 이야기하자면, 역사적으로 천재라고 하는 사람들은 어떤 이유에서든 자신의 작업에서 이 영적 레벨로 올라선 사람이라는 것이 내 생각이다. 그들의 작품은 자신에 관한 것이 아니다. 모차르트(Mozart)는 그의 작품이 자신에게서 나온 것이 아니라고 말했다. 당신이 그것을 어떻게 생각하든

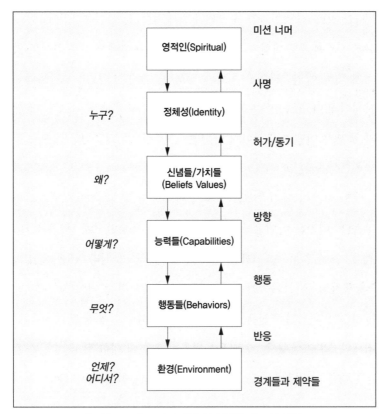

[그림 2-7] 로지컬 레벨 각 단계의 목표와 질문

지 간에, 모차르트가 말하고자 했던 것은 그의 음악은 자신의 에고가 한 일이 아니었다는 것이다. 모차르트의 하모니는 그의 부분적인 정체성이나 신념 너머에 있는 어떤 것에 대한 표현이었다. 모차르트는 "나는 서로 사랑하는 두 음표를 끊임없이 찾고 있다."라는 말을 했다.

만약 정체성에 사명이 수반된다면, 나는 영성(spirituality) 역시 '사명을 초월하는(trans-mission)' — (이 용어는 두 가지 의미에서 사용되는데, 하나는 사명이 전달되고 받아들여지는 것, 또 하나는 많은 사명이 교차

된다는 것) — 무엇인가가 수반된다고 생각한다. 아인슈타인(Einstein) 같은 사람에게도 마찬가지다. 사실, 물리학 분야에서 이룬 자신의 업적에 대해 아인슈타인은 이렇게 말했다. "나는 이 빛의 스펙트럼에 관심이 없다. 또는 이 분자의 무게가 얼마나 되는지 또는 그 특정 원자 구조가 어떤지 관심이 없다. 나는 신의 생각을 알고 싶다. 그 외는 전부 지엽적인 사항일 뿐이다."

나는 이것이 아인슈타인이 자기 본위에서 한 말이라고 생각하지 않는다. 이것은 아인슈타인 자신의 사명이 무엇인지에 관한 언급이었다. 그는 "나는 물리학을 바꾸어 유명해지고 싶다."라든지 또는 "내 생각이 옳았다는 것을 이 바보들에게 보여 줄 것이다."라고 말하지 않았다. 그는 "신은 존재하는 모든 것의 조화를 통해 자신을 드러낸다."라고 말했다. 그에게 물리학이란 신에 대한 탐구였다. 신은 우주에서 일어나는 모든 것 사이의 패턴에 관계하며 존재한다. 그래서 나는 "어떤 방식으로는 신이라는 이슈를 다루지 않고 어떻게 사명과 관련한 질문에 답변할 수 있습니까?"라는 질문이 아주 중요하다고 본다.

나는 당신의 말에 동의한다. 이건 그저 웃을 일이 아니다. 내 생각엔 로지컬 레벨(logical level) 각 차원들의 총체성이 중요하다. 어떤 사람은 행동을 통해 세상에 영향을 줄 수 있다. 또 어떤 사람의 신념에 미친 그들의 영향으로 세상에 변화를 준다. 어떤 사람은 순수하게 그저 자신이 누구인지 전면에 내세우는 정체성을 통해 세상에 영향을 줄 수 있다. 실제로 눈에 띄는 어떤 사람은 우리의 환경에, 우리가 매

일 하는 행동에, 우리 능력이나 지식, 생각에 그리고 우리 신념이나
정체성에 영향을 줄 뿐만 아니라, 우리의 영적 레벨에까지 영향을 주는
이들이다. 무언가 더 많은 레벨에 영향을 줄수록 그 영향은 더 완전
해진다.

　우리가 한 사람이나 조직 또는 가족을 변화시키기 위해 노력할 때,
행동이 문제가 될 때도 있고, 신념이 문제가 될 때가 있으며, 어떨 때
는 로지컬 레벨의 여러 차원이 포함된 것들이 변화로 다루어야 할 문
제가 되기도 한다. 나는 NLP에 대해 이러한 태도를 가진 사람들을 보
아 왔다. 이 프로그래밍에서 그들은 마법을 행하고 싶어 할 뿐이다.
그러한 태도는 "20분 이상 시간이 걸린다면, 당신은 그것을 잘못했음
이 틀림없다."라는 식이다. 그러나 내가 암에서 회복 중인 어머니를
돕기 위해 노력하고 있을 때, 나는 쉽고 보기에 그럴듯한 편법이나
속임수를 쓰지 않았다. 나는 어느 누구와 작업을 하든 편법은 쓰고
싶어 하지 않는다는 것을 말할 수 있다.

　질문은 "어떻게 이 모든 차원을 내가 하고 있는 일에 가져오느냐?"다. 이
시연을 하는 동안 여러분 중 일부는 능력에 대한 신념에서 시작했음
에도 더 깊은 차원에서 마무리되었다는 것을 알아차렸을 거라고 생각
한다. 실패의 느낌을 둘러싼 분자를 분해할 때, 그 층들을 떼어 놓을
때, 그것이 단순히 능력에 대한 믿음만이 아니라는 것을 알게 되고,
당신은 순간 자신에 대한 믿음으로 나아간다는 것을 발견한다.

　그것은 내가 할 수 있는 능력이 없다고 믿는 것이 절대 아니고, 어쩌면 내가

여기에 속하지 않는다고 믿는 것일 수 있다. 어쩌면 그것은 핵심적 차원에서 나를 가짜라고 믿는 것인지도 모른다. 그리고 그것은 매우 중요한 발견이 된다.

이 발견이 이번 연습 중에 일어났다면, 당신이 뭔가 더 깊은 것을 발견하고자 하는 일념으로 이 첫 번째 신념을 헤치고 나갔다면, 그것은 실패가 아니라 성공이다. 나는 이 기법이 반드시 정체성 이슈를 다루도록 고안된 것만이라고는 생각하지 않는다. 어쨌거나 이것은 우리를 '정체성에 관한 신념을 어떻게 다룰 것인가?'라는 질문으로 이끈다. 그리고 이것은 우리가 다른 스킬과 다른 기법을 가지고 다뤄 보려고 하는 이슈 중 하나다.

내가 수년 동안 해 온 일 중 하나가 유능한 사람들의 전략을 연구하기 위해 가지고 있던 도구들(NLP 및 기타 도구)을 사용하는 것이었다. 최근에 연구한 사람 중 한 사람이 예수다.

{ 모든 차원의 정렬 }

나는 예수가 사용한 언어의 패턴, 그의 신념 체계와 전략에 관해 배울 점을 연구했다. 나는 그가 계명을 지키는 것이 아주 흥미로운 점이라는 것을 알게 됐다. 예수가 가장 위대한 계명이 무엇인지 대답하도록 도전받았을 때, 그는 로지컬 레벨의 더 높은 차원으로 점프했다. 예수는 "너는 이런 행동 혹은 저런 행동을 하지 말지니라."라고 말하지 않았다. 예수는 으뜸이 되며 가장 중요한 계명은 "네 마음을 다하고, 목숨을 다하고, 뜻을 다하고, 힘을 다하여 네 하느님을 사랑하라."라고 말씀하셨다.

우리가 탐구해 왔던 로지컬 레벨의 차원과의 관계 속에서 이 말의 의미를 생각해 보면, 이것은 여러분의 가슴을 다하고(당신의 신념), 여러분의 생각을 다하고(당신의 능력), 여러분의 혼을 다하고(당신의 정체성), 그리고 여러분의 강인함(당신의 행동)을 다하여, 여러분이 가지고 있는 가장 높은 영적 목적(신)을 향하고, 이를 위해 스스로를 정비하라고 말하는 것이다. 본질적으로 그 모든 로지컬 레벨 차원을 하나로 정합한 것이었다. 또 예수는 첫 번째 계명만큼 중요한 두 번째 계명이 있는데, 이 계명은 첫 번째 계명에 뒤이어 나오는 계명이라고 말했다. "네 이웃을 나와 같이 사랑하라."

당신이 이 말을 지지한다면, 주변 사람을 자기 자신처럼 사랑할 것이다. NLP 언어로 — 이것은 '2차 입장(second position)'을 취하는 능력을 의미한다. 그것은 세계에 대한 타인의 모델 안에 자신을 넣고 타인의 모델을 자신의 것처럼 존중할 수 있음을 말한다. 하지만 내가 이 모든 레벨에서 정렬되지 않는다면, 내가 갈등을 겪고 있고 나 자신을 미워한다면, 나는 이와 조화를 이루지 못하고, 또한 나는 나 자신을 대하듯, 분노와 모순을 가지고 이웃을 대할 것이라고 확신한다는 점을 말하고 싶다.

내면의 일치, 이것이 가장 중요하다. 만약 내가 개인적인 일치만 가지고 있다면 나는 세계에 대한 타인의 모델을 이해할 수도 존중할

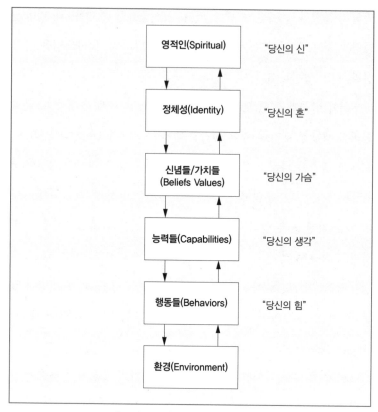

[그림 2-8] 로지컬 레벨의 정렬

수도 없다. 타인을 쓰러뜨릴 수 있고, 쓰러뜨린 걸 인지조차 못할 수 있다. 십자군 전쟁에서 그랬다. 모두가 가슴과 혼과 마음과 강인함으로 신을 향해 가고 있으면서 이웃을 죽였다. 이는 두 번째 계명의 실종이다.

이는 개인의 힘에 관한 흥미로운 점 중 하나다. 나는 진심으로 그 두 가지 모두 균형을 위해 필요하다고 믿었고, 진심으로 그 계명이 그러한 순서대로 나온다고 믿었다. 그것이 여러분 모두가 이 코스가

끝날 때까지 어떤 상태로 존재할 것인가에 관해 바라는 바다. 완전히
는 아니어도 가능한 그 상태에 더 가까워지는 것이다.

{ 밀튼 에릭슨의 예시 }

밀튼 에릭슨(Milton Erickson)은 열아홉 살 때 소아마비에 걸렸다.
그는 움직일 수 없었고, 말할 수도 없었다. 모두가 그는 혼수상태에
있다고 생각했다. 열아홉 살의 나이에 그는 전혀 반응이 없는 몸속에
갇혀, 삶의 고비를 겪고 있었다. 어떤 사람은 자신이 소아마비에 걸
렸다는 사실에 분노를 느낄 수도 있다. 소아마비에 걸린 사실을 자신
이 무가치하다는 확증으로 인지할 수도 있다. 무력감을 느낄 수도 있
다. 에릭슨은 분명 절망감을 느꼈을 것이고, 특히 의사가 그의 어머
니에게 내일 아침까지 살지 못할 거라고 이야기하는 것을 들었을 때
는 더욱 그랬을 것이다. 그러한 상황에서 당신은 무엇을 하겠는가?
결국은 신념이다.

에릭슨은 자신의 몸 어느 부위를 움직일 수 있는지 알아내는 데 모
든 에너지를 다 쏟아붓기 시작했고, 눈을 조금 깜박거릴 수 있는 것
을 발견했다. 다른 사람의 주의를 끌고 그들에게 자신이 보낸 신호를
알아차리도록 하는 데 또 어마어마한 양의 노력과 시간을 들였다. 더
인과의 의사소통 패턴을 형성하는 데 또한 어마어마한 양의 시간과
노력을 들여야 했다. 많은 시간을 투자하고 집중적으로 공을 들인 결

과, 마침내 그는 창이 보이도록 침대를 돌려 달라는 메시지를 어머니에게 보내고 서로 메시지를 주고받게 되었고, 그는 다음 날 아침 창을 통해 해가 뜨는 모습을 볼 수 있었다.

그것이 에릭슨이란 사람을 만든 일부라고 생각한다. 삶에 안주하지 않고 도전에 대처한 삶. 그는 평생에 걸쳐 계속 그렇게 했다. 내가 그를 방문했을 때, 그는 아마 일흔다섯 살이나 일흔여섯 살이였을 것이다. 누군가 그에게 얼마나 오래 살기를 원하는지 물었다. 그는 이렇게 대답했다. "의학적으로 따지면 일흔 살 정도까지." 이는 그의 신념과 태도에 관한 뭔가를 말해 준다.

내가 그를 만나러 갔을 때가 스무 살쯤이었던 걸로 기억한다. 나 말고 다른 젊은이 한 명이 더 있었는데, 이름이 제프리 차이그(Jeffrey Zeig)였다. 어느 시점에서 에릭슨은 딸에게 받은 카드를 우리에게 보여 주었다. 카드 앞면에는 거대한 우주 한가운데 있는 자그마한 행성에 서 있는 만화의 주인공이 그려져 있었고, 이런 말이 쓰여 있었다. "당신이 이 우주가 얼마나 크고 광대하고 복잡한지 생각하면, 그 생각은 당신이 너무 작고 볼품없는 것 같은 기분이 들게 하지 않나요?" 카드를 펼치자 안쪽에 이렇게 적혀 있었다. "나도 그래." 이것이 에릭슨을 이해하는 포인트다.

나는 그의 치유의 힘이 사람들에게 최면기법을 쓰거나 최면을 통해 마음 깊은 곳에 명령을 내리는 능력에서 나온다고 생각하지 않는다. 실제로 내 아내는 에릭슨을 방문했을 때 그에게 이렇게 말했다. "저는 당신에 관한 책을 전부 다 읽었고, 소위 에릭슨 기법을 사용하는 모든 사람과 교류를 했다. 언어 패턴 내 모든 전제―나는 그가 하고 있는 것 속에 든 것들 전부를 들을 수 있었다. 사실 나는 리처드 밴들러나 스티브 길리건(Steve Gilligan) 같은 사람보다 에릭슨 당신이 그것에 대해 훨씬 더 명확하다고 생각했다. 하지만 당신은 나 같으면 라포를 깰 지도 모른다는 두려움 때문에 꿈도 꾸지 못할 질문을 하면서 당신과 그런 깊은 수준의 라포를 형성했다."

그러한 라포의 질이 에릭슨의 힘이었다. 당신이 누군가와 정체성 레벨에서 라포를 형성했다면 당신은 뭔가 에두르거나 슬그머니 할 필요가 없다. 아마도 당신이 에릭슨처럼 진실과 마주하는 순간이 있었고, 당신의 정체성 어쩌면 그 이상의 깊이에 도달했기 때문에 당신이 다른 누군가를 믿음으로써 생기는 힘은 엄청나다. 그것은 당신이 강력한 영향력을 행사하는 뭔가를 믿고 있다는 말이다. 아마 당신은 잠시 여유를 가지고 당신이 시험을 치렀던, 당신의 신념이 시험을 치렀던, 어쩌면 당신의 정체성이나 생존이 시험을 치렀던 경험들, 또한 내면 깊숙이 들어갈 수 있었던 삶 속의 경험들로 되돌아가서 당신 자신을 허용해 주고, "한 번 해 봐."라고 말하는 신념을 찾아낼 수 있을지도 모른다. "작은 것에 믿음이 있는 사람이 큰 것에 믿음이 있다."고 예수가 말한 것처럼.

NLP의 멋진 점 중 하나는 당신 삶에서 희미한 빛처럼 아주 잠깐 동안 가졌던 뭔가를 붙잡을 수 있고, 더 많이 믿을 수 있다는 것이다. 당신이 그것을 강화시킬 수 있다. 그것을 고정시킬 수 있고, 그 이면에 존재하는 전략들을 찾아내고, 이러한 자원을, 그러한 신념을, 그

강인함을, 그 정체성을 취하게 되고, 린다가 시연에서 보여 준 것처럼 가장 필요한 당신 삶의 곳곳에 그것을 펼칠 수 있다.

지난 역사와 경험으로 되돌아가기를 계속하라. 어쩌면 다른 자원도 찾을 수 있을 것이다. 당신이 정말로 가장 필요했던 딱 그때에 당신이 가장 기대하지 않았는데 당신을 지원해 준 사람과 가졌던 특별한 친분 같은 자원 말이다. 당신이 균형이라는 자원을 습득하게 해 주었던 자전거 같은, 당신에게 기쁨을 주었고 당신에게는 자원이었던 어린 시절의 물건도 찾아보라. 아마 당신은 소음과 소리를 만드는 즐거움을 배우게 해 줬던 장난감 악기를 가졌을 것이고 특별한 인형도 있었을 것이다.

더 멀리도 가 보라. 어쩌면 맨 처음 대문자 'A'와 소문자 'a' 'b' 'c'의 차이를 배우고 쓰던 시절로 돌아갈 수도 있다. 그래서 그 글자들이 모여 단어를 만들고, 단어는 그 글자들의 기능이 아니라 글자들 사이의 관계의 기능이라는 것을 배운다. 또 그 단어들이 모여서 문장을 만들고, 그 문장은 단락을 만든다. 똑같은 방식으로 당신은 당신의 느낌을 함께 모이도록 한다. 그 느낌은 글자나 단어와 같다. 처음에 당신은 아마 구체적인 느낌이 무엇을 의미하는지 잘 몰랐지만, 당신은 거기에 의미를 부여하는 방법을 배운다. 기쁨만큼 고통도 인식하는 것이 얼마나 중요한지 배웠다. 그 모든 느낌은 당신의 인생 스토리를 만드는 문장들과 단락들을 만들 때 서로 잘 맞다.

당신 삶에 있었던 특별한 느낌, 인생 최고의 가이드였던 것, 당신을 당신만의 진실로 진정한 당신의 정체성으로 가이드해 줬던 것을 찾으라. 그 느낌을 소중히 여기라. 그들이 기분 좋게 느끼든 나쁘게 느끼든, 그들은 당신의 가이드였다. 그들은 당신이 성장함에 따라 의미가 달라져 변했을 것이다. 당신은 어린 시절에 생긴 어떤 느낌은 남겨 두었을지도 모른다. 지금 딱 적절하고 해가 없어 바로 당신이 취할 수 있는 느낌, 그리고 내일이나 다가올 미래에 당신이 다시 경험하도록 스스로 허용할 수 있는 느낌 말이다.

나는 우리와 공간적으로 멀리 떨어진 곳에 살았던 한 그룹의 사람들에 대한 메타포로, 프로세스가 바뀌는 우리의 다음 신념으로 변환을 시도해 볼까 한다. 이 사람들은 삶을 사는 방식이 우리와 반대다. 그들은 우리를 보고 우리가 살았던 것과 거꾸로 살기로 결정했다. 우리는 태어나고 자라고 평생 동안 열심히 일하고 마지막에 죽는다. 그래서 이 사람들은 삶을 역순으로 살았다. 그들은 먼저 죽고, 끝내 버렸다. 삶의 처음 몇 년 동안 그들은 어딘가 친척이나 친구와는 거리가 멀어 보이고, 세상 사는 일에 지치고 피곤해 보이는 나이 든 사람들의 집에 살았다. 그런데 그들이 나이가 들어갈수록 실제로 더 젊어졌다. 그 나이 든 사람들의 집에서 시간을 보내면 보낼수록 그들은 동료들과 더 많이 연결되는 것처럼 보였다. 그들은 더 많이 즐거울수록 가족이 있다는 인식을 더 많이 한다.

마침내 그들은 그 나이 든 사람들의 집에서 나올 만큼 나이가 들었고, 누군가 그들에게 금시계를 수었고, 그늘은 일을 하러 산다. 처음에 그들은 일을 하면서, 그들이 할 수 있는 모든 것을 다했다고 느낀다. 정말로 새로운 어떤 방향도 없다. 그들은 지치고 피곤해한다. 하지만 그들이 이 일을 하면서 시간을 보낼수록 그들은 더 젊어진다. 더 많은 창의적인 생각이 떠오르고, 더 많이 관심을 가질수록 그들은 매일 직장에 가는 것이 더욱 즐겁다. 마침내 일하러 가는 것은 멋진 모험처럼 보인다. 그들이 그 지점에 도달하면 이제 직장을 벗어나 자기 자신을 찾고자 자신에 대해 배우는 시간을 보낼 대학에 간다.

그들 세계에서 학생들은 종종 전쟁을 반대한다. 왜냐하면 그들은 우리가 했던 방식과 거꾸로 전쟁을 하기 때문이다. 그들의 비행기는 파괴된 지역의 상공을 뒷 방향으로 날아간다. 비행기가 파괴된 나무와 집과 사람들 위로 날아가는 것은 마치 그 파괴된 곳에 마법의 광선을 쏘는 것처럼 보인다. 그러고 나서 모든 파괴된 모습은 푸른 나무와 꽃, 사람들과 빌딩을 뒤로 남긴 채, 작은 공 속으로 말려들어가게 된다. 그러면 그 비행기는 그 작은 공을 비행기 속으로 빨아올리고, 많은 지역 상공을 날며 공 속으로 파괴를 말아 올리고, 그 공을 비행기 안쪽으로 잡아당긴다. 그런 다음 비행기는 뒤로 날아와 활주로에 착륙한다. 사람들이 작은 트럭을 타고 와 파괴의 작은 공을 공장으로 가져간다. 공장에서 가서 이 작은 공은 아주 조심스럽게 해체되고 분해된다. 사람들은 트럭에 이 분해된 부품들을 싣고, 그것들을 가져왔던 땅속에다 돌려놓을 곳으로, 다시는 누구도 해치지 못할 다양한 곳으로 가지고 나간다.

이 사람들이 계속 젊어지면서, 그들의 청소년기의 혼란스러운 시기를 겪는다. 정말로 그들의 정체성에 대해 확신하지 못한다. 그들은 자신이 누구인가에 대해서, 또 타인과의 관계에서 혼란스러운 경험을 한다. 하지만 그들은 자신이 앞으로 나아가도록 할 수 있는 어른일 때의 기억을 전부 가지고 있기 때문에, 이 시기를 헤치고 나아가도록 도와줄 수 있는 자원들을 가지고 있는 것이다.

그들은 마침내 날마다 주변 세상에 더 크게 눈뜨는 아동기에 들어갈 수 있다. 그들의 경이로운 감각과 에너지는 성장한다. 그들의 신념은 날마다 더 넓고 더 열려 있고 더 유연해지는 것 같다. 그러고는 모든 욕구와 모든 바람이 보살핌을 받는 부드럽고 따뜻한 환경에서 그들 삶의 마지막 아홉 달을 보낸다. 그리고 누군가의 눈 속에서 반짝이는 빛처럼 그들은 이 모든 것을 끝낸다. 때로는 우리가 삶을 인지하는 방식을 바꾸는 것이 도움이 된다고 생각한다 ― 꿈에서나 다른 방식으로 배울 것. 아마 오늘 밤 우리의 무의식적 마음은 특별한 선물, 유쾌한 기억 혹은 기분 좋은 감각으로 당신을 깜짝 놀라게 하고 기쁨을 줄 수 있다. 어쩌면 당신은 어린 시절의 순수함으로 누군가와 함께하는 것이나, 느낌과 신념을 나누는 것을 특별히 즐길 수도 있다. 너무나도 소중한 아이의 그러한 순수함으로, 어쩌면 당신은 조금 더 크게 뜬 눈을 가지고, 세상에 대해 조금 더 열린 감각을 가지고, 당신에게 중요한 것을 위해 조금 더 높은 에너지를 가지고 이 공간으로, 이 방으로 다시 돌아오는 자기 자신을 발견할 수도 있다.

03

신념 체계와 핵심 신념

한 사람이 경험하는 한계는 단순히 하나의 신념에서 오는 것이 아니라, 신념 체계(belief system)에서 온다. 즉, 당신은 하나의 신념으로 움직이지 않는다는 의미다. 거기에는 서로를 지탱하는 복수의 신념이 있다. 그런 경우, 당신은 한 걸음 뒤로 물러나 전체 신념 체계를 봐야 한다는 것을 알아차려야 한다. 어떤 한계는 역시 능력에 관한 신념보다 더 깊고 더 핵심적인 차원의 신념에서 비롯될 수도 있다. 가령, 어떤 사람이 '당신이 자신을 상처 입힐 것이고, 또 당신이 공감각에서 부분 부분을 떼어내려고 애쓰면서 거기 앉아 있다.'라는 신념을 가지고 시작한다고 하면, 이러한 당신 정체성의 더 높은 레벨의 신념은 당신이 하고 있는 다른 어떤 것보다 더 큰 효과가 있을 것이다. 그래서 당신은 뒤로 물러나 이렇게 물어야 한다. "한계를 만드는 진짜 믿음은 어디 있는가?"

그것이 내가 공들여 하고 있는 그것인가, 아니면 내가 뭘 하려고 시도할 때마다 내 머리를 계속 때리는 그것인가? 아인슈타인(Albert Einstein)이 말했듯, "모든 것은 가능한 한 단순하게 만들어져야 하지만, 단순함이 지나쳐서는 안 된다." 즉, 어떤 것이 신중함과 시간을 필요로 한다면 그것이 필요한 전부다. 그것이 어떤 것을 만드는 데 적절한 헌신과 투자다. 정교하고 중요한 이슈인 어떤 것을 바꾸기 위한 '빠르나 지저분한' 방법을 찾으려고 애쓰는 것이 반드시 가장 적절한 전략이라고 볼 수는 없다. 이미 감염된 곳에 반창고를 붙이면 너무 많은 문제가 생길 것이다. 그것이 여기서 우리가 이야기하고 있는 것이다. 필요한 경우 반창고를 사용하라. 하지만 감염이 있다면, 면역

계통을 치료해야 한다.

이것은 NLP에서 중요하다. 나는 "모든 것이 오랜 시간이 걸리고 복잡해야 한다."고 말하는 것이 아니다. 그러나 어떤 것은 시간을 할애할 가치가 있고, 결점 없이 완전하게 할 가치가 있다. 그럼 핵심 신념을 어떻게 알아내는가? 관련 신념을 가지면 어떻게 알게 되는가? 어떤 신념에서 비롯되는지 어떻게 아는가?

내가 항상 다가가서 "당신을 괴롭히는 핵심 신념이 무엇입니까?"라고 물을 수는 없다.

이 신념이 핵심 신념이라는 것을 어떻게 알 수 있는가? 그들은 변화하는 신념이 호랑이 스튜의 조리법과 같다고 말한다. 1단계, 당신은 호랑이를 잡아야 한다. 여기가 어려운 부분이다! 나머지 단계는 다른 스튜와 마찬가지로 간단하다. 이 시점에서 다루어야 할 다른 이슈는 다음과 같다.

신념은 어떻게 숨겨져 있습니까?

신념을 밝혀내는 데 가장 어려운 부분은 일반적으로 나에게 가장 영향을 많이 주는 것이 가장 의식적이지 않은 것이라는 점이다. 그것이 신념을 가지고 작업할 때 가장 먼저 다루어야 할 일이다. 신념을 밝혀내는 데는 네 가지 공통적인 문제가 있다. 나는 그것들을 모두 복습할 것이고, 그런 다음 우리는 몇 가지 해결책을 찾아볼 것이다.

1. 연기 자욱한 연막

연막은 007 영화의 제임스 본드(James Bond)가 악당들이 쫓아올 때 하는 것과 같은 것이다. 버튼을 누르면 당신이 탈출할 수 있도록 차 뒤에서 연기가 나오는 것이다. 그렇게 아주 자주, 신념이 아주 깊고 고통스러운 무언가와 연합된 경우에, 특히 사람들은 연막을 펼칠 것이다.

당신은 모든 것이 잘되어 가고 있다고 생각한다. 당신은 이 모든 진전을 잘 만들어 가고 있다고 생각한다. 당신은 문제의 핵심에 진입하고 있다. 그러자 갑자기 마음이 텅 비어 버리거나 모든 것이 아주 모호하고 혼란스러워지기 시작한다. 당신은 그 신념에 가깝게 잘 진입하고 있는 것이다. 그래서 그 신념의 방어 파트가 버튼을 누르고, 당신은 갑자기 길을 잃고 혼란스러워 하는 자신을 발견하게 되는 것이다.

당신은 그런 자신을 발견하면, 이것이 나쁜 것이 아니라는 것을 알아차려야 한다. 이는 당신이 가깝게 접근했다는 의미다. 내가 사람들에게 아주 자주 하는 일은 그들이 하고 있는 것과 그 연기─연기의 표현되는 형태가 어떤 것이든 간에─에 집중하는 것을 사실상 맞바꾸는 일이다.

- "나는 더 이상 어디에도 갈 수 없어."와 같이 어디에서부터 오는지도 모를 어떤 느낌 같은 것일 수 있다. 그것이 연막일 수 있나.
- 갑자기 주제를 바꾸고 관련성이 없어지기 시작하는 경우도 연막일 수 있다.

- 그 외에도 그저 마음이 텅 비어 버리거나 뭔가 모호해지거나 때로는 모든 것이 그 사람 마음 안쪽에서 닫혀 버리는 것이기도 하다. 그런 것이 연기가 자욱한 연막일 수 있다. 이런 것들이 당신이 신념으로 가는 길에 만나는 출입문에 해당한다는 사실을 알아차려야 한다.

NLP트레이너인 에드 리스(Ed Reese)와 나는 어떤 단순한 행동 결과(behavioral outcome)를 설정하고자 하는 사람과 작업하고 있었다. 우리가 결과에 대한 감각 기반의 명확한 진술을 얻으려고 할 때마다, 그는 막연하고 멍하게 굴었다. 거의 연막이었다. 흐릿해져서 그는 아무것도 볼 수 없었다. 그래서 우리는 결과를 만들어 내는 일을 멈추고 "잠시 그 연기를 그저 보시고 그 연기에 집중하세요. 그 연기에 집중하면서 그것이 분명해지도록 하세요. 그 연막 뒤에 진짜로 무엇이 있는지 보세요."라고 제안했다. 그는 갑자기 경련을 일으키며 매우 강렬한 상태, 매우 강렬한 과거의 기억으로 들어갔다.

그는 아홉 살 때 친구들과 야구를 하고 있었고, 그가 할 수 있는 한 최대로 세게 공을 쳤다. 그런데 그는 공과 목표에 너무 집중한 나머지 자기 뒤에 친구의 세 살짜리 동생이 달려오고 있다는 사실을 인지하지 못했다. 그는 있는 힘을 다해, 할 수 있는 만큼 세게 방망이를 휘둘렀다. 그때 방망이를 놓쳐 버렸고, 그 방망이는 세 살짜리 소년의 머리에 맞았고, 소년은 죽었다. 그럼 이제 그의 '결과를 얻을 수 없다.'라는 문제와 이 기억과 어떤 관련이 있는지 생각해 보라. "내가 목표를 설정하고 실제로 목표를 향해 가기로 결정하면, 나는 뭔가를 놓치고 누군가를 죽일 수도 있다."

이는 그의 목표를 정하는 일보다 훨씬 더 중요했다. 이 경험은 그가 그 상황을 납득할 만큼 충분히 필요한 자원이 없는 아홉 살의 소년의 마음 안에 정말 제한된 신념을 구축해 버린 것이었다. 그것은 그때 일어났던 일로 인해 구축할 필연적인 신념이 아니었다. 그것은 끔찍한 일이었지만, 그렇다고 '나는 아무것도 시도해서는 안 된다.'라는 신념이 되어야 하는 것은 아니었다. 연기 자욱한 연막 너머를 보며, 당신은 훨씬 더 중요한 것을 자주 발견할 수 있다. 우리는 이러한 특별한 상황을 다루는 방법으로 잠시 후 다시 돌아올 것이다. 신념 찾기의 두 번째 이슈로 가 보자.

2. 붉은 청어

'붉은 청어'는 거짓 단서, 즉 잘못된 단서—중요한 것에서 관심을 딴 데로 돌리게 하는—를 뜻하는 말이다. 영국의 살인 미스터리물에서, 수사 방향을 조작하기 위해 범인이 의도적으로 단서를 남길 때 붉은 청어가 나온다. 일부 심리치료사들은 모든 고객에게 자신의 엄마와 어린 시절에 대해 이야기하도록 유도하는 습관을 가지고 있지만, 거기가 반드시 이슈가 있는 곳은 아니다. 그래서 고객은, 진짜로는 이 길을 가고 있으면서 "저 길로 갔다."고 말하는 것을 배운다. 그것은 발견되기를 원치 않는 방어 파트이기 때문에 연기 자욱한 연막과 같은 것이다.

엄마나 어린 시절에 대해 생각할 때, 많은 사람은 자신이 좋아하지 않는 자기 자신의 일부를 찾아내려고 하고, 그렇게 해서 그것들을 덮으려고 한다. 이는 도망치는 것으로, 자기 자신을 고통에서 스스로 보호하는 하나의 방법이다.

비즈니스 상황에서 어떤 사람들은 '숨겨진 아젠다(hidden agenda)'라고 부르는 것을 가지고 있을 것이다. 그리고 실제로 마음에 다른 것을 가지고 있기 때문에 이것을 계속 숨기려고 노력한다. 어쩌면 그들은 당신에게 화가 나 있을 수도 있지만, 당신으로 하여금 뭔가를 하도록 만들려고, 당신을 칭찬하며 거기 앉아 있을 수도 있다. 이런 경우에 일관성을 인식하는 것이 중요하다.

공정히 말하자면, 붉은 청어를 남기는 사람이 꼭 거짓말을 한다고 볼 수는 없다. 그것을 모를 수도 있다. 그들을 만족시키는 어떤 수준에서 그것은 진실이 될지도 모르지만 다른 수준에서는 그렇지 않거나 혹은 어떤 수준에서 이것은 맞는 단서이지만, 다른 수준에서는 전혀 맞지 않은 것인지도 모른다.

이 붉은 청어는 요사이 심리학자들과 보건의료계의 합동에 가장 큰 문제 중 하나다. 나는 최근에 같은 달에 나온 두 편의 논문을 읽은 것이 기억난다. 한 편의 논문은 환자의 태도가 건강에 영향을 미친다는 것을 최종적으로 증명했음을 주장하는 것이었고, 다른 한 편의 논문은 환자의 태도는 건강에 아무런 변화를 주지 못한다는 것을 결정적으로 입증했다고 주장하는 것이었다. 나는 이 두 편의 논문을 좀 더 자세히 살펴보았다. 환자의 태도가 건강에 영향을 미침을 증명한 논문은, 지원 그룹의 참여와 그들이 보인 행동 변화의 종류에 근거하여 환자의 태도를 판단한 것이었다. 다른 논문은 환자의 태도 변화를 연필과 자가 평가지에 근거해 판단한 것이었다.

이제 당신은 심각하게 아픈 사람들은 자신의 태도를 평가할 능력이 최소한으로 떨어진 상태라는 것을 인식하고 있다. 이것은 만취 상태인 사람이 자신의 운전 실력을 평가하는 것과 같다. 만약 당신이 만취 상태의 운전자에게 자가 평가지를 주며 "당신은 운전을 얼마나 잘합니까?"라고 물으면, 그는 "완벽하게 잘한다."라고 답할 것이다. 그들은 살면서 이보다 더 나은 조화로움을 느껴 본 적이 없다고 당신에게 말할 것이다. 그들은 자신의 능력을 평가할 능력이 최대치로 떨어져 있다. 심각하게 아픈 사람에게도 똑같은 일이 일어난다. 만약에 당신이 그들에게 더 잘할 수 있다고 생각하는지 물으면, 그들은 "더 잘할 수 있다."라고 대답할 것이다. 왜냐하면 그들은 자기 자신에게 반드시 솔직할 필요는 없다고 강렬히 믿고 싶어 하기 때문이다.

붉은 청어는 종종 부조화에서 나온다. 해결책은 모든 단서, 즉 목소리 톤, 생리학적 변화 등 정말 작은 단서라도 나타나기를 기다리는 것이다.

3. 꿈속의 물고기

이 말은 어떤 코미디언이 모든 사람의 문제를 그들 꿈속의 물고기를 추적하여 원인을 밝혀낼 수 있다는 이론을 가진 어느 정신분석학자의 역할을 연기하는 라디오 코미디 프로그램에서 나온 말이다. 내담자가 들어오면 그는 "어젯밤에 꿈을 꾸셨습니까?"라고 묻는다.

"기억이 잘 안 나는데요."

"생각해 보세요. 틀림없이 꿈을 꿨을 거예요."

물론 훌륭한 환자라면 그 의사가 가는 방향을 따라 가는 길을 찾을 것이다.

"만약 이게 내가 좀 나아지는 데 도움이 된다면, 그렇습니다. 나는 꿈을 꾸었습니다."

"거기에 물고기가 있었나요?"

"아니요, 물고기는 기억이 안 납니다. 물고기는 없었습니다."

"음, 당신은 뭘 하고 있었나요?"

"길을 걸어가고 있었습니다."

"보도 옆에 웅덩이가 있었습니까?"

"모르겠습니다."

"하지만 거기 웅덩이가 있을 수도 있나요?"

"네."

"혹시 그 웅덩이에 물고기가 있었나요?"

"아니, 아니요."

"그 거리에 식당 같은 게 있었나요?"

그래서 고객은 마침내 식당이 있을 수도 있었음을 인정한다.

"식당에 생선 메뉴가 있었습니까?"

"네, 그 식당에 생선 메뉴가 있었을 수도 있는 것 같아요."

"좋아요! 그것이 내 이론을 확인해 주었습니다. 찾았습니다!"

NLP를 다루는 사람들이 이와 똑같이 할 수도 있다. 당신이 무의식적 레벨에서 상상하고 있지 않는 것이 확실한가? 특히 고객이 협조적일 때, 사람들은 고객의 내면으로부터 모든 종류의 것을 밖으로 부드럽게 이끌어 낼 수 있다. 협조적인 고객은 이론들을 전부 확인해 줄 것이다. 여기서의 해결 방안은 역시 생리학이라고 생각한다. 당신은 사람들이 말하는 것 혹은 당신이 생각하는 것을 믿을 수가 없다. 그러니 해결 방안은 고객이 행동적으로 보여 주는 것에 대해 준비하고 있다가 거기서 나온 아주 작은 단서들을 정밀하게 측정할 때다. 그것에 대해 이야기를 나누는 것이 아니라, 그 교착 상태를 발견하는 데 대한 두려움 없이 곧장 그 교착 상태로 뛰어드는 것이다. 교착 상태는 실패가 아니다. 성공이다.

4. 임계 질량

'임계 질량'이라는 용어는 전자와 원자가 연쇄 반응하는 데 필요한 최소 질량을 뜻하는 물리학 용어다. 당신은 이 특정 에너지의 한계 지점에 도달해야 한다. 당신이 그 수준에 마침내 도달하면 연쇄 반응은 시작된다. 그것은 간신히 무게를 지탱하고 있던 낙타 등을 마침내 무너뜨리는 마지막 지푸라기와 같다. 그렇지만 나는 사람들이 그 마지막 지푸라기를 쥐고 "이 지푸라기에 뭔가 마법이 걸려 있는 것이 틀림없어. 내가 밝혀낼 수 있어. 이건 그저 내 낙타 등을 무너뜨리는 일일 뿐이야."라고 말하는 것을 본다. 물론, 그 전부터 쌓여 있던 다른 지푸라기들이 없었다면 변화를 만들어 내지 못했을 것이다.

어떤 사람과 작업을 하면, 나는 여러 부분 부분을 재구성하고 종속 모형을 두려움으로 바꾸고 제한된 신념에 직면하는 등의 작업을 한다. 마침내 자원을 앵커하고 기존의 앵커들을 붕괴시킨다. 그러면 사람들은 "와, 지금 기분이 너무 좋아요."라고 말한다. 그때 청중에서 누군가가 손을 들고 왜 처음에 자원을 앵커하고 다른 것들을 건너뛰지 않았는지 묻는다. 그 방법은 아주 효과가 있다.

물론 그것이 그렇게 극적인 효과가 있는 이유는, 나머지 전부가 그것을 중심으로 커져 있었기 때문이다. 신념도 마찬가지일 것이다. 나는 신념을 찾아야 하는데, 어쩌면 하나 이상의 신념을 가지고 작업해야 할지 모른다. 그러므로 사람들이 반드시 하나의 신념으로 인해 한계에 도달하는 것이 아니라는 것을 인식하라. 당신은 하나의 신념 체계를 상대로 작업하고 있는 것이다. 이것이 여러분이 명심하기 바라는 이슈다.

A 신념은 'A'라는 그림이나 'A'라는 단어들의 조합이나 'A'라는 느낌이 아니라, 그 모든 것 사이의 관계다. 그리고 그것은 생각의 각기 다른 레벨이다.

우리가 신념을 해결함에 있어 방법은 그 속의 내용물을 꼭 제거하려고 하는 것이 아니라, 관계들을 재배치하는 것이다. 사람들은 동일한 경험을 가지고 매우 다르게 반응할 수 있다.

{ 핵 심 신 념 }

칼라와 함께 작업하기

신념 찾는 법을 탐색해 보자. 가장 좋은 방법은 시연하는 것이다.

칼라(Carla)의 경우를 살펴보자. 칼라는 자신이 해 온 일이 있었다고
말했다. 이는 흥미롭고 유익한 시연으로 만들 수 있다. 먼저, 우리는
신념을 찾는 데 있어 네 가지 문제를 염두에 두어야 한다. 연막, 붉은
청어 혹은 잘못된 단서, 꿈속의 물고기 그리고 마지막에 임계 질량이
되는 아이디어나 신념 체계 내의 모든 신념의 집합. 우리는 교착 상
태를 찾고자 한다.

교착 상태 찾기

R 칼라 씨, 우리는 그 내용이 무엇인지 꼭 알아야 할 필요는 없지
　만, 계속 올라오는 이 '뭔가'가 있다는 것과 당신이 그것을 머릿
　속의 통증으로 여기고 있다는 것을 나는 알고 있습니다. 당신이
　그것에 관한 작업을 하려고 했지만, 어제 당신이 NLP 연습을 하
　는 것을 생각했을 때에도 그것이 올라왔고 당신이 못하게 가로
　막았다고 말했던 것으로 압니다. 그렇다면 드러난 문제나 증상
　이 무엇입니까?

C 마치 리볼버 권총으로 머릿속을 쏜 것처럼 머릿속에 통증이 있습니다.
　머릿속에서 이리저리 움직이는 데 빼낼 수가 없습니다.

R 우리의 첫 번째 질문은, 이것이 신념의 작용일까요? 아니면 그
　냥 누통일까요? 그것은 누통 이상의 뭔가를 당신에게 표현하고
　있다고 추정되는데요. 머릿속에 있었던 것이 오래되었나요? 아
　니면 최근의 일인가요?

C 아니요. 전에도 이미 겪었던 일입니다. "해야 해."라는 상황이 닥치면 일어납니다.

R 당신이 뭔가 해야 할 때 말입니까?

C 네, 내가 이런 일을 하는 걸 좋아하지만, 내가 그걸 하지 않으면 안 되는 상황이 오면, 나는 어떻게 해 나갈지를 몰라 해요.

R 당신이 말하는 것은 상당히 일반적인 이슈로 우리를 안내하고 있습니다. 우리에게는 일종의 역설이 있습니다. 나는 그걸 하고 싶지만, 마찬가지로 어쩐지 그것을 해야 하기도 합니다. 그것은 이 일이 일어나기 시작할 때 그렇습니다. 그런데 어쨌든 나는 도출의 관점에서 구별하고 싶습니다. 우리는 어떤 문제를 가지고 작업을 할 때, 원인과 증상을 분리시키고 싶어 합니다. 질문은, '두통의 원인이 무엇입니까?'입니다.

많은 사람이 증상을 다루는 기술을 가지고 있지만 그 원인을 설명하지 못합니다. 다른 말로 하자면, 통증 조절 기술이나 통증을 가라앉힐 약을 가질 수 있지만, 통증의 원인을 치료하지 않으면 이 통증은 곧 재발할 것입니다. 누군가 체중 감량을 원할 때, 체중은 증상일 뿐입니다. 그것은 원인이 아닙니다. 비즈니스에서도 마찬가지입니다. 증상은 비즈니스에서 문제가 되며, 증상을 대충 수습하면 실제로 당신이 요구하는 방식으로 시스템의 전반적인 변화를 만들어 내지는 못합니다. 우리의 경우, 증상은 두통이고, 우리는 그것을 발생시키는 원인을 찾으려고 합니다. 그런 다음 우리는 그것이 신념 이슈인지 아닌지 알아내려고 합니다.

만약 그것이 신념 이슈라면, 그 신념은 무엇이고, 한 개의 신념인가? 자, 우리는 누군가 칼라 씨의 머릿속에서 총을 가진 것 같은 느낌을 가지고 있습니다. 실제로 칼라 씨가 "내가 머릿속에서 총을 가지고 있는 것처럼"이라고 말했고, 왼손으로 자신에게 그런 몸짓을 취했습니다.

R (칼라에게) 이것이 뭘까요? 당신이 '앞으로' 가는 걸 못하게 하는 당신 안의 어떤 부분이 있습니까?

C 아니요, 그렇게 생각하지 않아요.

R 이 총은 어디에서 온 건가요?

C 내가 나 자신을 겨누지 않으면 나는 다른 사람들을 겨누게 될 거예요.

R 흥미로운 진술입니다. 내가 흥미롭다고 느끼는 것은, 뭔가를 해야 한다는 단순한 느낌에 대해 당신이 과도한 반응을 하는 것 같다는 것입니다. 우리는 방금 어떤 문제를 대처하는 데 다소 균형이 맞지 않아 보이는 반응을 지금 찾았습니다. 이런 식으로 생각해 볼까요. 이 문제는 한동안 거기 있었던 것입니다. 당신은 당신 인생의 다른 시기에도 언젠가 한 번은 겪었던 일입니다.

우리는 '내가 이 고통을 혹은 이 총을 나 자신에게 겨누지 않으면, 누군가 다른 사람에게 겨누게 될 것이다.'라는 이 흥미로운 신념을 갖기도 합니다. 그것은 정말 신념이라고 할 만합니다. 그렇지만 가지고 있는 모든 신념은 아니라는 느낌이 듭니다.

이 신념에 뭔가 다른 것이 있는 것이 분명합니다. 이 일에 뭔가 다른 것이 있어야 합니다. 프로이트(Sigmund Freud)가 이런 말을 했습니다. "신념은 그 기원(근원)의 역사를 되풀이한다." 그래서 나는 이 단계에서 쓸 수 있는 최선의 전략 중 하나가 이 신념의 기원(근원)을 찾는 것이지 않나 생각합니다. 그렇다면 그 질문은 '우리가 어떻게 그 신념의 기원을 찾을 것인가?'입니다.

이미 말씀드렸듯이 우리가 하려고 하는 첫 번째가 교착 상태를 찾는 것입니다. 그래서 내가 하고자 하는 것은 기원을 역으로 거슬러 올라가 추적하는 것인데, 이때 먼저 내가 정확히 무엇을 거슬러 올라가려는지를 찾아야 합니다. 내가 **고통**의 근원을 찾아 거슬러 올라가려는지, 아니면 이 문제로 나를 괴롭히지 않으려면 다른 사람에게 전가시켜야겠다는 그러한 **신념**이 생긴 근원을 찾기를 원하는 것입니까? 그 단계에 도달하기 전에도 하고 싶은 건 잠시 숨을 돌려 교착 상태를 찾는 것입니다.

(칼라에게) 당신이 이러한 느낌이나 고통을 가지고 있다면 당신에게 아마 많은 문제라는 자원들이 있을 것입니다. 당신이 하고 싶지 않은 일을 하지 않아도 된다는 것을 당신은 압니다. 논리적으로 따지면 당신은 하지 않아도 된다는 것을 안다는 말입니다.

C 그것은 논리적이지 않아요. 논리로 그것이 된다면 내가 하는 일을 정말

로 즐기고 있기 때문에 나는 기꺼이 논리적으로 생각했을 겁니다.

R 그럼 왜 두통과 총을 놓아 버리지 않으세요?

C 그건 마치 내 머릿속에 갈고리가 장치되어 있어서, 내가 좋아하는 것을 하고 싶을 때마다 누군가 그 갈고리를 잡아당기고 싶어 하는 것 같아요. 꼭 그만하라고 하는 것처럼요.

R 잘 들으세요. "내가 좋아하는 것을 하고 싶을 때마다 제지당한다." 이것은 많은 사람이 흔히 겪는 문제입니다. 내가 그것을 하고 싶다는 사실이 나를 끌어당겨 제지시키는 방아쇠인 것입니다. 나를 끌어낸다는 생각을 그냥 흘러가게 무시한 적이 있나요? 그런 생각을 하지 않으려는 어떤 노력을 해 봤나요?

C 내가 좋아하는 일에 다가가고 싶을 때, 나는 눈을 감고, 내가 남아 있는 것이 보이지 않게 나 자신을 가능한 한 아주 작게 만들었어요. 하지만 이건 너무 영리해서 언제나 나를 잡아서 되돌려 놔요.

R 여러분은 칼라 씨가 '이것'에 대해 이야기하고 있다는 것을 보셨습니다. 칼라 씨가 말하는 정체성에 대해 생각해 보면, 내 안에 또 다른 정체성이 있다는 말입니다. 하나의 '그것'인 것입니다.

C 아니면 아주 조용히 있어야 해서 내가 좋아하는 걸 안 하는 척할 수 있습니다. 그것은 특히 내가 극장에서 일하고 있고 아동극을 창작한다는 사실 때문에 일어납니다. 나는 단지 나의 직감의 소리를 듣고 그냥 그 일을 할 수밖에 없습니다. 하지만 내가 그 일을 잘하나고 생각할 수는 없습니다. 그것에 대해 다가갈 수가 없고 그저 견디기만 합니다. 한 발 물러서서 그 일을 생각하고 여러 사항을 종합하는 행동을 할 수 없습니다.

R 당신이 하고 싶은 걸로 뭐든, 행동에 관한 예를 들어 주세요.

C 노래 부르기요.

R 무슨 노래를 부르고 싶은데요?

C 노래를 부르는 게 아니고 그냥 소리를 내는 거예요.

R 지금 할 수 있나요?

C 네. 할 수는 있는데, 소리 내는 것 이상은 못해요. 나는 이런 거 다 할 수 있어요. 그것이 무슨 의미인지는 알지만, 그것을 인식하지는 못해요.

R 한 걸음 더 나아가서, 내가 당신에게 해 보라고 하고, 당신이 노래한다면 당장 무슨 일이 일어날까요?

C 할 수 있을 거예요. 그렇지만 두려울 거 같아요.

R (그룹에게) 내가 원하는 건 교착 상태를 만들기 위해 더 멀리 가는 거예요.

(칼라에게) 음, 그다음 단계로 가죠! 당신은 좋아하는 걸 하고 싶을 때 당신에게 있는 갈고리 때문에 할 수 없다고 말합니다. 나는 당신의 그 갈고리가 보고 싶군요. 나는 주의를 흐리게 하는 엉뚱한 미끼인 붉은 청어를 쫓아가고 싶지는 않아요. 자, 그럼 당신이 하면 정말로 멋질 것 같고 또 정말로 하기를 원하는 것이 어떤 것인지 살펴보기로 해요. 바로 그 작업을 시작해 봐요.

C 나는 충동적으로 일을 할 수는 있습니다. 하지만 그 일에 대해 심사숙고하거나 차분하게 일을 처리하는 것은 전혀 못해요.

R 자, 그럼 생각을 좀 해 봅시다. 이건 참 재미있는 역설이네요. 왜냐하면 지금 하는 건 행동이 아니라 생각이잖아요.

가끔 그런 일이 사람들을 우롱하기도 합니다.

문제는 행동에 있지 않습니다.

당신이 특정 행동을 찾으려고 하면, 칼라 씨는 "그건 문제가 아니에요. 난 그건 할 수 있어요."라고 말할 것입니다. 여러분이 듣게 되는 것은 결과 레벨에 있는 것입니다. 칼라 씨는 아마 특정 결과를 얻을 수 있을 것입니다. 그녀는 "나를 위해 이것을 할 때, 문제가 생기게 된다."라고 말합니다.

나에게는 그것이 보다 정체성 차원의 문제로 여겨집니다.

이것은 '내가 하고 싶은 것과 내가 원하는 것'에 대해 생각하는 것입니다.

그리고 그것은 내가 칼라 당신이 지금 바로 하길 바라는 어떤 일, 즉 당신을 위해 하고 싶은 어떤 일에 대해 생각하는 것입니다.

C 하고 싶은 건가요? 아니면 되고 싶은 건가요?

R 되고 싶은 것입니다.

C 어떤 존재가 되고 싶냐고요? 내면에서 좋은 변화가 있는 것, 리듬과 소리를 듣는 것. 외부의 리듬과 소리를 받아들여 내면에서 그것들과 어울려 놀고, 다른 모습으로 그것들을 바깥으로 내보내고, 사람들과 그것들을 나누고, 가르치는 것이요.

R 당신은 이런 일을 생각할 수 있고, 이게 당신을 불편하게 하는 것 같아 보이지는 않는데요?

C 네, 불편하지 않아요. 이것들은 항상 저를 기쁨으로 채워 줘요.

R 다시, 문제는 어디에 있습니까?

C 몰라요. 모르겠어요. 뭔지 모르겠어요.

R 지금 그게 일어나고 있나요?

C 뭐가요?

R 그 문제요!

C 뭔가 놓친 게 있어요. 어쩌면 나는 내가 어떤 존재가 되고 싶은 것에 대한 책임을 지려고 하지 않는 것 같아요.

R 자, 다시요. 그냥 우리가 어디쯤에 와 있는지를 살펴보기로 하죠. 우리는 지금 증상이 일어나는 곳을 찾고, 어떻게 교착 상태에 다다르는지를 알아보려고 합니다. 당신이 제일 먼저 찾은 것은 단순히 행동 차원에 있는 것이 아니었기 때문에 다소 파악하기 힘든 것이었습니다. 그것은 "나는 이 행동을 하기를 원하지만, 거기에 도달할 수 없다."는 것이 아닙니다.

　그것은 "내가 그것을 할 준비를 갖추고 싶어 하면, 난 할 수가 없다."는 것에 가까웠습니다. 나는 엄청난 행동력을 가진 많은 사람을 압니다. 그들은 모든 종류의 일을 실제로 상당히 잘합니다. 그런데도 그들은 자신이 잘하지 못한다고 믿고 있습니다. 물론 그들이 지니고 있는 진짜 문제점이 무엇인지 모르기 때문에 아무도 그들의 그러한 믿음을 진지하게 받아들이지 않습니다. 그들은 무엇이든 할 수 있습니다. 그들은 능력을 가지고 있지만, 그것은 이슈가 아닙니다. 문제는 '그 사람의 마음이 어떠한가?'입니다. 내가 칼라 씨에게 들은 말은 "나는 책임지지 않는다면 그것을 할 수 있지만, 책임을 진다면 할 수가 없다."입니다.

(칼라에게) 당신은 책임을 질 수 있습니까?

C 책임을 떠맡아야 하는 경우라면, 나는 책임을 질 수 없습니다. 나는 어떻게 해야 할지 모르면서도, '해야 해.'라는 생각을 지울 수가 없습니다. 나는 그러한 책임을 나의 이점으로 전환할 수가 없습니다. 왜냐면 그러한 이익이 그 책임을 떠맡은 후, 책임을 떠맡는 동안, 아니 그 전에 나에게서 떠나 버리기 때문입니다. 그러한 이점만 빨려 나가는 느낌이 듭니다.

R 나는 이제 우리가 교착 상태에 가까워지고 있다고 생각해요. 당신은 앞서 썼던 것과 똑같은 몇 가지 몸짓과 목소리 톤을 쓰고 있습니다. 패턴을 발견한 것 같아요. 이것은 내가 다음으로 하고 싶은 것입니다.

{ 시간선: 시간에 개입하여 }

(로버트는 두 가지 목소리를 사용하는데, 청중에게는 정상적인 목소리로 말하고, 칼라에게는 부드럽고 매우 느린 최면적인 목소리로 말한다.)

R 칼라 씨, 지금 여기 당신 앞에, 바닥에 선이 하나 있다고 생각해 보세요. 이 선은 당신의 시간선입니다.

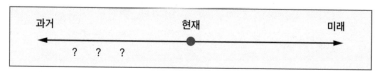

[그림 3-1] 시간선

  왼쪽으로 가면 과거이고 오른쪽으로 가면 미래, 즉 오른쪽은 당신이 가고 싶어 하는 곳이고 왼쪽은 이미 일어난 것입니다. 지금 당신은 여기 현재에 있고, 당신은 자신의 정체성의 일부를 빨아내는 '어떤 것'을 가지고 있습니다.

  내가 당신에게 미래 쪽을 향해 서서 잠시 이 가상의 선을 밟으라고 할 것입니다. 그리고 당신을 빨아내는 이 '총'을 자각하라고 이야기할 것입니다. 그런 다음 이 선을 따라 뒤쪽으로 걸어가기 바랍니다. 시간을 거슬러 과거로.

  의식적이든 아니든 간에 당신의 생애 중 어떤 사건이 이런 느낌과 관련이 있는지 알아채기 바랍니다.

  이러한 당신을 '빨아내는' 느낌이 시작된 하나의 사건 혹은 일련의 사건을 찾을 때까지 당신의 생애를 거슬러 올라가기 바랍니다. 그리고 그 선을 밟으면, 당신 인생의 경험 속으로 완전히 들어가길 바랍니다.

  (청중에게) 다시 말해, 시간에 대한 인식에는 기본적으로 두 가지 종류가 있는데 바로 시간 따라가기와 시간 안에 있기입니다. 시간 따라가기는 당신의 인생을 분리된 상태에서 보는 것입니다. 과거의 사건을 보거나 미래의 사건을 볼 때 나는 외부에 있을 수 있습

니다. 그 시간 속으로 들어갈 수 있고, 다시 살 수 있고, 특정 경험을 다시 할 수 있습니다.

　(칼라에게) 내가 당신에게 이 선을 밟고 뒤로 가라고 할 것입니다. 당신 인생의 사건들을 과거로 다시 경험하면서 가는 것입니다. 당신의 과거로 돌아가 당신이 누구인지에 관한 것을 빨아내는 그것과 연합된 첫 경험을 발견할 때까지 당신 인생의 사건들을 다시 경험하면서 가는 것입니다.

　(칼라는 시간선을 밟고 뒤쪽으로 걷기 시작한다.)

R 눈을 감아도 됩니다. 바로 여기가 현재입니다. 당신이 여기 서 있기 때문에 당신 앞은 미래이고 당신 뒤는 과거입니다. 이제 천천히 당신의 과거 방향으로 걷기 시작합니다. 뒤로 가는 걸음 걸음마다, 당신 인생에서 있었던 사건들을 통해 이 선과 이 총, 이 빨아냄의 느낌과 함께 당신을 과거로 데려갈 것입니다. 그런 느낌과 관련된 중요한 사건을 발견하면, 거기서 멈추고 잠시 그 안으로 들어가 머물면 됩니다.

　(청중에게) 자, 이제 여러분은 생리적 변화들을 관찰하길 바랍니다.

　(칼라에게) 시간 안에 있으면서 계속 뒤쪽에 과거로 가는 자신을 받아들이세요. 그 걸음걸음이 그때 그 사건에 점점 가까워집니다.

C 알 수가 없어요. 내게는 알 수 있는 권한이 없습니다.

R (청중에게) 이게 바로 하나의 신념입니다. "나는 알 권한이 없다."

C 나는 안다고 말할 권한이 없습니다.

R 이 달라진 점을 주목하세요. 그런데 여러분이 그녀의 접근 단서가 어디 있었는지 알아챘다면, 그녀가 문제 현상에 대해 생각할 때마다 그녀의 눈은 왼쪽 아래로 향했습니다.

C 어떤 경우라도 나는 결코 알 수 없을 거예요. 허락받지 못하니까요. 만약 내가 알고 있다면 나는 배신을 하고 있는 것이고, 내가 무엇을 잘못하고 있는지를 내가 모른다는 거예요.

R 계속 뒤로 가시기 바랍니다. 당신이 알지 못하는 사이에 당신은 과거의 그 사건으로 돌아갈 것입니다.

C 내가 아무것도 할 필요가 없다고요? (눈에 보일 정도로 떨면서) 무서워요.

R 당신이 그 느낌을 알아차리고, 그 느낌은 괜찮다는 것을 알기 바랍니다. 그리고 무엇인가 일어나는 일이 있으면 알아차리세요. 그런 다음에 일어났었던 일 이전으로 한 발자국 뒤로 물러나기 바랍니다.

C 뭔가를 뛰어넘어야 해요.

R 괜찮아요. 뛰어넘으세요.

(칼라는 상상의 장애물을 뛰어넘는다.)

R 자, 이제 칼라 씨는 그 사건이 벌어지기 전에 있습니다.

C 여전히 그 일이 벌어질 것을 알고 있어요.

R 괜찮아요. 좋아요. 그렇다면 그것이 당신에게 다가오기 전에 한 걸음 옮기거나, 아니면 그것이 미래로 가는 것을 보세요. 그렇게 하면 그것이 당신 앞의 미래로 가게 될 것입니다. 그 사건이

일어나기 이전에 가서 서 있으세요. 그리고 그것을 보세요. 그 것은 미래에서 벌어지고 있습니다.

C 마치 내가 태어나기 이전으로 가야 하는 것 같은데요. 이 일을 겪기 위해 태어나는 것처럼요.

R 그럼, 당신이 태어나기 전으로 한 걸음 물러나 봐요.

C 그럼 전 자유가 되겠네요.

(청중에게서 웃음이 터진다.)

(칼라도 웃는다.) 나는 엄마 배 속에서 나가야만 해요.

R 거기서부터 이제, 당신은 앞으로 일어날 이 사건을 볼 수 있습니다. 단, 당신은 그 사건과는 관계없습니다. 당신은 그 사건이 일어나기 전의 장소에 있습니다.

C 한 걸음 물러났을 때 두통이 사라졌습니다. 이제 나는 내 앞 저 멀리 있는 그것을 봐야 합니다. 그것을 없애 버리려고 하자 그것은 "안 돼, 안 돼."라고 하네요. 그것은 멀어져 가고 나는 해방감을 느낍니다. 그러나 다시 그것을 마주해야 해요, 그것이 곧장 다시 돌아오네요.

R 좋아요. 먼저 잠시 멈춰서, 그 자유의 상태 그대로 있으세요. 뒤로 걸음을 옮기고 그 사건을 보지 마세요.

C 그런데 그게 다시 돌아오고 있습니다. 그것과 어떻게 떨어지는지 모르겠습니다. 아무도 모르게 뭘 해 보려고 몰래 빠져나오고 싶을 때와 똑같아요. 내가 그길 인지하게 되면, 그게 와요.

R 일단, 잠시 그냥 그것으로부터 자유로워질 수 있는 곳으로 가길 바랍니다. 좀 더 뒤로 물러서면 가능할 거 같은데요.

C 당신이 그렇게 말해 버렸기 때문에 모든 사람이 알게 됐습니다. 그래서 다시 돌아와 나를 괴롭힙니다. 심지어 나를 어둠으로 몰아넣습니다.

R 그것이 당신을 잡을 수 없는 곳으로 걸음을 옮기세요. "그것은 올 수 없다." 이렇게 생각해 보세요. 지금 당신이 있는 곳에서 당신의 시간선상의 미래의 장소를 바라보세요. 바로, 그 사건은 아직 일어나지 않았습니다. 일어날 필요도 없습니다.

C 그럴 수 없어요. 그쪽으로 나를 끌어당기고 있거든요. 나도 그렇게 하려고 하지만 어떻게 해야 하는지 모르겠습니다.

R 그것을 가능케 하려면 어떤 신념이 필요할 것 같습니까? 당신을 자유롭게 하기 위해 필요한 그 신념은 무엇일까요?

C 내가 나 자신으로 있을 수 있는 권리를 가져야 할 것 같습니다. 또 그렇게 해도 괜찮아야 합니다.

R (청중에게) 이것은 확실히 정체성에 대한, 그리고 가치 있음에 대한 신념입니다. (신념에 대한 세 가지 형태의 문제점 중 하나는 정확하게, 당신은 가치가 없고 자격도 없다고 스스로 믿는 것이다.)

C 내가 어떤 누군가나 또는 사람들을 위해 뭔가를 해 주지 않아도 된다는 것도요.

R "나는 오롯이 내 자신으로서 있을 수 있는 권리를 갖는다." 먼저 여기서, 나는 그 일이 일어나기 전에 당신이 당신 자신일 권리를 가졌는지를 밝혀내고 싶습니다.

C 그런 권리를 가지고 있었지만, 나는 이것이 항상 너무나도 영리해서 늘 나를 뒤쫓아 올 것 같은 느낌을 가지고 있습니다. 혹은 내가 앞서서 끝

없이 더 빨리 더 빨리 달려야 하고, 그것이 항상 내 뒤를 쫓는 것 같은 느낌이 듭니다.

R 만약 당신이 자신의 있는 그대로의 모습으로 있게 된다면 어떤 일이 벌어지나요?

C 나는 뒤돌아서 이것을 없애 버릴 거예요.

R 그럼, 말 그대로 지금 당신의 시간선에서 뒤로 돌아선 다음 당신 뒤에 있는 그것을 없앨 수 있겠습니까?

(칼라는 시간선에서 출생 전의 경험에 직면하기 위해 돌아선다.)

C 안에 있으니 마음이 안정되네요. 여전히 고통스럽지만 견딜 수 있을 것 같습니다.

R 지금 당신이 맞닥뜨리고 있는 것은 당신이 태어나기 전의 상황입니다. 이것은 당신 뒤에 있습니다. 이런 식으로 뒤를 돌아 그 사건을 보면서 "그래, 나는 오롯이 나인 그대로 존재할 권리가 있어!"라는 말의 의미를 알 수 있나요?

C 빛이 생기기 무섭게 나는 샌드위치처럼 사이에 끼어 버리고, 내가 어떤 것에 접근하면 곧장 그걸 죽여 버려요. 당신이 나에게 하라고 하는 것을 해 보고 싶다는 느낌을 가지고 있습니다. 이것에서 벗어나고 싶습니다. 하지만 나는 사방으로 갇혔습니다. 이건 당신보다도 훨씬 영리하네요!

(청중이 웃는다.)

R 한번 보자고요. 난 이런 노선을 좋아합니다. 우리는 마침내 교착 상태를 발견했습니다! 먼저, 잠깐 선 밖으로 나오세요. 내가 무엇을 할 수 있을지 이것은 아직 모릅니다! 난 아직 어떤 것도

시작하지 않았습니다. 우리는 여기서 교착 상태를 찾고 있었습니다. 이것은 신념의 고전적인 예인데요, 어떻게 작용하는지 여러분이 볼 수 있습니다.

난 당신이 교착 상태에 도달하기를 바랐습니다. 당신이 경험하고 묘사한 것이 교착 상태입니다.

C 그건 사방에서 나를 향해 와요.

R 그것은 행동과는 관계가 없습니다. 내 말은, 이 모든 감정과 생각은 우리가 아는 것처럼 현실과 전혀 관계가 없습니다.

C 내가 어떤 시간 안에 있든 갇혀 있습니다. 어디든 나를 따라옵니다.

R 근데 그게 뭐다? 나에게는 지금 여기서 일어나고 있는 것이 정체성 관련 신념의 좋은 예입니다. 그것은 반드시 외부현실의 구체적 세상과 관련 있을 필요는 없습니다. 그것은 당신 자신의 정체성의 내적 세계와 관련 있는 거죠.

{ 시간을 따라가기 }

R 이제 여기, 이 시간선 밖으로 나와, 우리가 했던 모든 것을 보기 바랍니다. 이런 두려움이 있었습니다. 당신이 뛰어넘어야 하는 '이것'이 있었고, 당신은 여기로 다시 돌아왔습니다. 당신은 잠시 동안이나마 그것 이전의 시간으로 돌아가 봤고, 자유로움을 느꼈습니다. 그러고 나서 그것에 대해 생각했고 경험했습니다. 더

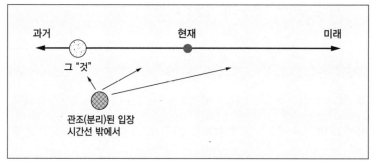

[그림 3-2] 시간을 따라가 부정적인 사건 보기

멀리 떨어진 거리의 과거를 향해 돌아섰을 때 조금 나아졌습니다. 하지만 그것은 다시 당신을 샌드위치처럼 짓눌렀습니다. 난 당신이 이 모든 것을 외부에서 바라보면 좋겠습니다. 아시겠죠?

이것은 어디에서 왔죠? 저기 뒤에서 왔나요? 아니면 여기 어디쯤에서 온 건가요? 아니면 이것은 이곳저곳 돌아다닐 수 있는 건가요?

(로버트는 시간선 곳곳을 가리킨다.)

C 내 생각에 여기 어딘가에서 온 것 같고요(부정적 경험), 내 뒤에 달라붙어 있습니다. 그러나 그건 숨어서 어디를 가든 나에게 붙어 있습니다. 나의 마음이나 몸에 붙어서 나를 따라옵니다. 마치 거머리 같습니다. 만약 떼어내면, 두 배로 더 바짝 다가와서 완전히 내가 지쳐 버릴 때까지 뒤덮어 버리거나, 아니면 내가 떼어내서 짓밟고 죽여야만 해요. 나는 아주 빨리 도망치고, 내가 가고 싶은 곳에 노달하면 그것이 나를 기다리고 있는 것을 발견합니다.

R 이제 여러분은 신념과 함께 일어날 만한 것들에 대해 들을 것입

니다. 그것은 그녀에게 작동하는 방식이고 교착 상태입니다.

진행하기 앞서, 우리가 그것의 분리된 표상을 찾는 것에 지금 주목하세요. 그녀가 시간선 위에 있을 때, 그것 안으로 더욱 사로잡혔습니다. 이제 그녀는 이 모든 것의 밖으로 나왔고, 그것과 그녀의 관계는 이전과는 다릅니다. 이 안에서 나는 그녀가 그것의 내부와 연합되길 바랐습니다. 여기 밖에선 우리는 그것을 보면서 그것과 분리되었습니다. 그것은 우리에게 두 가지 관점, 두 가지 입장을 줍니다.

칼라 씨가 시간선 위인 여기에서 연합되었을 때, 매우 중요한 것을 말했습니다. "그것이 당신보다 더 영리하다."

이것은 다음 두 가지 측면에서 매우 중요한 의미를 가집니다. 첫째, 이것은 나에 대한 그녀의 관계성에 관한 설명입니다. 그녀는 그녀의 부정적 사건을 가지고 뭔가를 하려면 여기서 나와의 관계에서 신뢰가 있어야 한다고 말합니다. 다시 말해서, 그녀는 평생 그녀를 괴롭혀 온 문제를 안고 있었고, 나는 그녀를 돕기로 되어 있습니다.

그런 상황에서 사람들은 자주 이렇게 말할 것입니다. "이걸 가지고 당신이 나를 도울 수 있을 거라 생각하나요? 내가 당신을 그것 안에다 집어넣을 거예요. 당신한테 이 신념을 주입해서 당신이 어떻게 처리하는지 보겠습니다. 나보다 더 잘 할 거 같아요? 자, 지금 해 보죠." 바로 말 그대로 그런 것입니다. 그리고 우리는 아직 시작도 하지 않았다는 거죠. 둘째, 이 '것'은 어떤 특정 레벨에 있는 신념입니다. 당신은 그 레벨에서 매우 똑똑해야 합니다. 그건 논리의 레벨이 아니라 신념 레벨입니다.

{ 두 분아(分我)의 만남 }

다시 말해서, 칼라 씨는 우리에게 두 가지를 말하고 있습니다. 하나는 그 문제를 해결하기 위해 우리한테 어떤 종류의 자원이 필요한지에 대한 언급이고, 또 하나는 내가 시연 대상과 맺는 관계 그리고 그 관계가 중요하다는 점에 대한 언급입니다. 이 두 가지 모두 교착 상태를 심화시킬 수 있습니다. 칼라 씨는 "내가 말한 걸 할 수 있기를 바라요."라고 말했습니다. 그리고 여전히 그녀의 다른 한 부분인 분아(分我, part)는 "아, 그래요? 나는 둘 다와 관련되어야 해요."라고 이곳에서 말하고 있습니다. 분명히 여기서 놓치고 있는 '것', 즉 '그것'은 그녀의 다른 부분인 분아입니다. '그것'은 평생 그녀가 떼어내고 부수고 없애 버리려고 했던 것입니다. 그러나 그것은 절대 사라지지 않습니다. 그것은 그녀의 정체성 일부분입니다.

(칼라에게) 그것은 당신과 관계가 없는 것이 아니에요. 당신의 일부 맞습니다. 이게 바로 당신이 그것에서 벗어나지 못하는 이유이며, 그것이 당신에게 말하고 있는 것입니다. 실문은, 그것을 가지고 이제 '당신은 무엇을 어떻게 해야 하는가?'입니다.

C 누구랑요? 무엇을요?

R 당신을 못살게 구는 당신의 다른 하나하고요.

C 나라고요?

R 전에 그것에 대해 관심을 가져 본 적이 있는지 모르겠네요.

C 무엇을요? 여기서 그것이 뭔지 모르겠습니다.

R 그렇습니다. 나는 여러분을 믿습니다. 지금 칼라 씨가 무슨 말을 하는지 들립니까? 그녀는 지금 이해를 못하고 있습니다. 이것은 언제나 그녀가 아닌 다른 하나였던 것입니다.

내 생각에 이것은 당신의 일부입니다.

그리고 질문은 그것을 어떻게 없애느냐가 아니라 그것이 당신의 인생에서 어떤 역할을 하는가입니다. 우리는 많은 측면에서 너무나 두려웠던 어떤 일이 여기서 다시 일어난 것이라고 말씀드릴 수 있습니다.

이때, 이 부분의 어느 한쪽이 발전했거나 어쩌면 쪼개져 나갔거나 하는, 어떤 일이 벌어진 것입니다. 우리는 당신을 이중구속의 상황에 계속 있게 하는 것이 아니라 이것이 다시 하나가 되도록 하는, 보다 더 유용하고 강력한 새로운 관계에 꼭 들어맞는 방법을 찾길 원하는 것입니다.

(청중에게) 항상 그녀는 뭔가 놓치고 있다고 느낄 것입니다. 내가 내 다른 일부를 내 뒤에 내버려 두려고 하면, 그것은 놓치는 것입니다. 그것은 나의 전부이며 내가 무시하는 나의 삶입니다.

여기 이곳이 우리가 도달한 신념 체계입니다.

현재 그곳에서는, 그것이 "난 알 수 없어. 그것에 대해 이야기할 수 없어."가 됩니다.

과거 여기에서는, 그것이 "난 그걸 없앨 수 없어."가 됩니다. 그것은 일련의 신념의 지옥입니다. 나는 그것을 없앨 수 없어, 난 그것을 알 수 없어. 그리고 이야기할 수 없어. 이것들이 우리가 다루어야 할 신념입니다. 우리가 이것을 끝낼 때쯤 여러분은 이것이 이러한 신념의 전형적인 예라는 것을 알게 될 것입니다. 이것은 신념에 관한 아주 중요한 몇 가지 요점을 설명해 줄 것입니다.

그건 그렇고, 우리는 이미 몇 가지 중재를 개입하기 시작했습니다. 나는 사실상 이미 다른 신념을 세우기 시작했습니다. 그렇죠? 여기 밖에서, 나는 말했습니다. 문제는 그녀의 한 부분인 분아라고요. 그것은 전에 그녀가 전혀 관심을 가지지 않았던 것입니다. 주목할 점은 그것이 그녀의 다른 신념과 다른 레벨에 있는 신념이라는 것입니다. "난 그걸 없앨 수 없어. 난 그것에 대해 이야기할 수 없어."가 아니라, 그것보다 차라리 나는 그녀가 이렇게 믿도록 요청하고 있습니다. "이것은 **나**다. 내 정체성이다."

C 만약 내가 그 안에서 행복한 것을 듣는다면 그리고 그것이 내 것이라면 갖겠습니다.

R 그녀가 '이 모든 것'을 없앨 수 없다고 말할 때, 그녀가 왼손을 사용했다는 것에 주목하세요. 지금 그녀는 오른손을 사용하고 있습니다. 이제 여러분은 이 불균형을 볼 수 있을 것입니다.

{ 신념 체계는 어떻게 작동하는가 }

(칼라는 여전히 시간선 밖에 있다.)

R 잠깐 탐사의 시간을 가져보겠습니다. 여기 이 밖에서 하기 바랍니다. '그것'이 생긴 곳인, 이 시간선상의 여기, 이곳에서 무슨 일이 일어났습니까? 그녀가 그곳에 가까이 다가갔을 때 여러분은 그녀가 몸을 떠는 것을 볼 수 있었을 것입니다. 난 그녀가 일부러 그런 척을 했다고 생각하지 않아요.

그 안에서 일어난 사건의 분리된 이미지를 볼 수 있습니까?

C 아니요. 눈을 감고 갔기 때문에 볼 수 없습니다. 보고 싶지도 않아요. 그런데 지금은 보고 싶습니다.

R (청중에게) 그녀의 정체성의 두 부분에 대해 언급했던 내 요지를 여러분이 인지하고 있다고 봅니다. 자, 여러분은 방금 한 그녀의 진술에 약간의 갈등이 들리시나요?

(칼라에게) 당신에게는 볼 수 있는 부분과 볼 수 없는 부분이 있는 것 같군요.

당신이 여기 사건 밖에서 그 사건을 볼 수 있으려면 어떤 자원이 필요할까요?

C 일정한 거리에서 떨어져 봐야 할 테고, 그것을 보는 것이 내가 아니었으면 좋겠습니다. 나를 보고 있는 것이 내 자신이 아닌 것처럼 행동할 수 있어야 합니다.

R 들으셨습니까? 이는 아마 그녀가 일어났던 그 일을 모른 채로
존재하기 위해 믿고 있는 것임에 틀림없습니다.

그 당시 당신은 몇 살이었죠?

C 네 살에서 일곱 사이입니다.

(청중에게) 분명히 네 살에서 일곱 살 정도된 이 아이에게 트
라우마적인 사건이 일어난 것입니다. 네 살에서 일곱 살 사이의
나이는 정체성에 유연성이 아주 풍부한 때입니다.

어떻게 한 아이가 충격적인 사건을 다룰 수 있을까요?

두 가지 아주 일반적인 전략이 있습니다. 첫째, 이건 나한테 일어난
일이 아니야. 다른 사람한테 일어난 일이야. 내가 그렇게 만들 거야.

둘째, 그 일을 본 것은 내가 아니야. 기억하는 것도 내가 아니야. 내
가 그렇게 만들 거야.

어느 쪽이건 흥미로운 이슈를 만듭니다.

"난 절대로 그걸 해결 못해. 난 그걸 진짜로 본 게 아니기 때문이
야. 그걸 진짜로 본 사람은 내가 아니야. 혹은 내가 그것을 본다 해
도, 그건 진짜로 나에게 일어난 일이 아니야."

이제 여러분은 정체성 이슈가 당신에게 어떻게 영향을 주는지 들
을 것입니다.

[여기서부터, 로버트는 분리/관조에 대해서 상소알 것이고 종속 보형
(sub-modalities)을 생각할 것이다. 이는 마치 당신이 사건에 더 가까이 다
가가기 위해 공포증을 다루는 것과 비슷한 것이다.]

(칼라에게) 그런데 만약 이 밖에서 우리한테 다른 선택지가 있다면 어떨까요? 만약 우리가 여기에 스크린 같은 것을 설치하고 당신이 보는 것이 좀 더 영화와 같았다면 어땠을까요? 아마도 당신은 그것을 더욱 흐릿하게 만들어서 누가 그 안에 있는 것인지 정확하게 볼 수 없을 거예요. 아마도 흑백 무성 영화 같을 거예요. 그것을 아주 빨리 돌릴 수도 있습니다. 여기에 대해 **집중하는 모든 것은 누가 그 영화에 관련되어 있냐예요. 나는 무슨 일이 일어났는지에 대해서는 신경도 쓰지 않습니다.**

C 내가 그 이미지를 만들어 간다는 느낌이 듭니다.

R 바로 그것입니다.

C 아마 내가 이 모든 것을 만들어 내는 것 같아요.

R 그것은 아주 강력한 발언이군요. "아마 내가 이 모든 것을 만들어 낸 것처럼 느껴요." 물론 그건 또 다른 방어 전략입니다. 나에게 일어나지 않았든지, 아니면 내가 만들어 냈든지. 이건 '붉은 청어'인가요? 아닌가요? 어떤 것이 보입니까?

C 내가 보여요.

R 또 누가 있나요?

C 어떤 남자요.

R 또 그 외에는요? 당신의 어머니? 부모님? 당신과 그 남자뿐입니까?

C 집에 저 그리고 주변의 다른 사람들과 함께 있는 그 남자가 있습니다. 그 남자는 항상 문과 벽을 뒤로 하고 서 있습니다.

R 거기 사람들이 있네요. 그럼 그 사람들은 무슨 일이 일어나고 있는지 아나요? 모르나요?

C 그 사람들은 몰랐습니다. 나중에 그들이 일이 있었다는 것을 알고 그 일이 무슨 일인지 알아내려고 해요.

R **그것은 언제 끝나죠? 그것이 끝나는 시점까지 당신이 한 번 쭉 돌려봤으면 좋겠습니다.**

C 한때 내가 힘이 있었기 때문에 몇 년간 지속되었습니다.

R 그 집에 있었고, 무슨 일이 있었는지 알아내려고 하는 그 사람들이 그 일을 알아내려고 하는 건 언제인가요? 이 모든 세월의 마지막에만? 아니면 매번?

C 끝 무렵입니다. 다른 아이들도 있었습니다. 그들은 더 일찍 알아요.

R 그럼 그들은 아무것도 할 수 없나요?

C 그들은 그게 재미있다고 생각해요. 나도 그랬고요.

R 매우 흥미롭군요. 그것이 당신이 가지고 있는 유일한 신념입니까?

C 무엇에 관해서 말입니까?

R 이 사건에 관해서요. 거기서 일어나고 있는 것에 관해서요.

C 나는 거짓말을 하고 있습니다.

R 누구에게요?

C 나 자신에게요.

R 무엇에 관해서요?

C 나는 아무것도 모른 척하고 있습니다.

R 당신이 무엇을 모른 척했나요?

C 내가 그걸 좋아하거나 혹은 사랑한다는 것이요.

R 그러니까 그것을 좋아하는 당신의 한 부분이 있고, 그것이 옳지 않다고 생각하는 당신의 다른 한 부분이 있다는 것을 알았나요?

C 그것이 옳지 않다고 말하지는 않았습니다. 그렇게 말하는 것은 다른 사람들의, 어른들의 시선입니다.

R 어른들의 시선이라고요?

C 그들의 시선입니다, 그들의 말이 아니고요.

R (청중에게) 여러분, 지금 그녀가 뭐라고 했는지 들었습니까? 그 것은 그들의 시선에 있다고, 그들의 말이 아니라는 말이요.

C 그들은 알기 때문이에요. 그런데 그걸 믿을 수는 없어 해요. 감히 그것에 대해 말을 하지도 못합니다. 그래서 나는 버려진 느낌을 받아요.

R 우리는 이것을 밝혀나가기 시작합니다. 그리고 우리가 하고자하는 것은 이제 어떤 자원을 개입하는 것입니다.

　　여기서 우리는 단 하나의 신념만 있는 것이 아니고, 또 한 가지 일만 진행되는 것이 아니고, 어쩌면 서너 개보다 더 많은 일이 일어나고 있는 어떤 상황을 맞이합니다. "다른 아이들과는 그것은 재미있다. 나는 그것을 좋아한다는 사실을 부인하면서 자기 스스로에게 거짓말을 하고 있다."

　　다른 쪽에서는 무슨 말을 하고 있나요? 그것을 좋아하지 않는다고 말하고 있나요? 그것이 그 거짓말인가요?

C 난 아무 말도 하지 않아요.

R 그럼 아무 말도 하지 않음으로써 거짓말을 하고 있나요? 아무 말도 하지 않음으로써 거짓말에 가담하고 있는 건가요?

C 네.

R (청중에게) 여기 청각적 접근에 주목하세요. 언어적 요소들이 그녀 자신과 또는 다른 아이들과 연관된 것으로 보입니다. 어른들의 시각이 들어옵니다. 하지만 말은 하지 않고 그녀는 그들에게 버림받았다고 느끼게 됩니다. 그 어른들은 알아요. 그러나 그것을 믿을 수는 없습니다. 물론, 다른 사람이 한 사람 있습니다. 그 관련된 남자, 이 사람은 어떻습니까?

C 그는…… 내가 매우 좋아하는 어른입니다.

R 그럼, 이 남자는 당신이 좋아하는 사람이군요. 그의 신념은 무엇입니까? 그 남자의 시선도 다른 사람들과 같습니까? 당신이 자신에게 거짓말을 하는 것처럼 그도 그 자신에게 거짓말을 합니까? 그 남자도 다른 아이들처럼 그것이 재미있다고 생각합니까?

C 그 사람은 마치 놀고 있는 것처럼 행동해요.

R 그가 마치 노는 것처럼 행동한다고 했는데, 그럼 다른 어른들한테 아무 말도 하지 않습니까?

C 안 해요. 그는 놀고 있습니다.

R (청중에게) 그럼 한번 우리가 얻은 것을 다시 검토해 봅시다.

앞에서 우리는 감각적 표싱들의 분자를 가지고, 그것을 상호작용하는 서로 다른 감각들로 분해했습니다. 지금 여기에 또 다른 분자가 있는데 이 분자는 앞서 우리가 작업했던 분자와는 크기도 유형도 다릅니다.

이것은 정체성들의 분자이고, 관계 내 신념의 분자입니다.

여기 뒤쪽에 모든 유형의 사람과의 관계가 있었습니다. 이는 정체성들의 분자와 같습니다.

나는 칼라 씨가 어떤 방식으로 혹은 전혀 모르는 방법으로, 그 체계의 각 분아와 자신을 동일시했다고 보입니다.

그것은, 그녀의 한 분아는 그녀를 버렸던 어른들의 시선입니다.

그녀의 한 분아는 자신에게 거짓말을 한 아이입니다.

그녀의 한 분아는 아마도 그냥 놀고만 있는 한 사람입니다.

그녀의 한 분아는 재미있어 하며 비밀을 가지고 있는 그 다른 아이들입니다.

내 생각에 이것이 어디든 그녀를 따라다니는 이유는 그 답이 여기에서 특별히 어떤 행동을 하는 것에 관한 것이 아니기 때문입니다. 그 답은 우리가 여기 어느 한 사람에게 가져다줄 수 있는 어느 하나의 것이 아닙니다.

그것을 그토록 강력하게 만드는 것은 그 체계가 스스로를 먹이로 삼기 때문입니다. 모든 분아의 행동이 역기능적 체계를 유지하기 위해 서로를 지탱해 주고 있습니다.

이것은 거짓말 위에 거짓말 위에 거짓말 위에 서 있는 것입니다. 모든 분아가 그들 자신에게 거짓말을 합니다. 그 남자도 거짓말을 하고 있고, 작은 여자아이도 거짓말을 하고 있고, 어른들도 거짓말을 하고 있습니다. 일부러 그렇게 하고 있기 때문이 아니라, 그들은 자신도 어쩔 수가 없어서입니다.

내 질문은, '**그 체계를 바꾸기 위해 어떤 자원들이 필요한가?**' **입니다.**

자신에게 이 일이 어떤 의미가 있는지 이해할 정도의 큰 지혜를 요구하는 상황을 맞은 네 살에서 일곱 살 아이에게 필요한 자원은 무엇일까?

(칼라에게) 아마 지금은 칼라 씨에게 그것을 해결할 것을 허용할 만한 지혜가 있으리라 생각합니다. 아마 지혜만이 아니라 용기, 어쩌면 다른 자원들도 있을지 모릅니다.

C 그럴 수 있을 것 같습니다.

R (청중에게) **여기 밖에서, 칼라 씨는 이제 다른 신념을 가집니다.** '여기 밖에서'라고 해서, 우리가 다시 그 선으로 돌아가면 그녀가 이 새로운 태도를 똑같이 유지할 것이라는 의미는 아닙니다. 또한 우리가 개입되고 분리된 정체성을 통합해야 한다는 것을 의미하지는 않습니다.

C 내가 아이들과 함께 해오며 썼던 정체성은 그 작은 여자아이의 기쁨과 즐거움이었습니다. 하지만 그 상황에 있었던 여자아이는 아닙니다. 네, 다른 아이였습니다. 그래서 나는 계속 그것을 피하려고 노력했습니다. 그 작은 여자아이는 자유롭지 못했습니다.

R 그렇기 때문에 그것이 지금 당장 우리가 진짜로 인지해야 하는 당신의 한 부분이었던 것입니다. 절대로 포기하지 않았던 당신

의 한 부분이었습니다. 어디든 따라다니는 당신의 한 부분입니다. 그것이 말해요. "나는 네가 잊도록 내버려 두지 않을 거야. 넌 잊을 수 없어. 이것은 인생에서 중요한 거야."라고.

이건 진짜입니다. 그 내용이 사실인지 아닌지 나는 개의치 않아요. 진짜인 것은 관계이고 사람들 사이의 그 거짓말입니다. **진짜인 것은 그것이 누군가에게 무엇을 할 수 있다는 것입니다.** 그것을 아는 당신의 일부인 분야가 있다는 것입니다.

{ 각인이론 }

표준적 NLP 기법에 자원을 들고 자신의 과거로 다시 돌아가는, **개인사 바꾸기**(changing personal history)라 불리는 것이 있다. 이 기법은 대개 어렸을 때는 없었으나 어른이 되어 개발된 능력을 활용한다. 그러나 여기서 우리는 자신의 능력을 바꿈으로써 해결되는 것과는 다른 상황을 갖고 있다. 왜냐하면 **그 이슈는 그 체계가 필요한 자원만큼, 당신 개인에게 필요한 자원은 그렇게 많지 않기 때문이다.** 우리는 그 개인을 치유하는 것이 아니라, 그 개인의 관계를 치유해야 한다.

몇 년 전 나는 티모시 리어리(Timothy Leary)와 세미나를 진행하고 있었다. 리어리는 NLP에 관심을 보였는데, 그는 확실한 변화를 이끌어 내는 데에는 NLP가 LSD(Lysergic acid diethylamide; 마약과 관련

없음)보다 더 큰 잠재력을 갖는다고 생각했기 때문이다. 그가 옳았다! 애당초 그가 LSD에 관심을 보였던 이유는 LSD가 뇌를 재프로그램 할 수 있는 상태로 들어가게 만들 수 있고, 또 그것이 그가 **각인** (imprints)이라 불렸던 것을 재프로그램 하는 걸 도울 수 있다고 생각했기 때문이다.

각인은 당신의 개인사에 있었던 몇몇 트라우마적 사건만을 말하는 게 아니다. 각인은 **신념** 혹은 **정체성 형성 경험**이다. 그것은 트라우마적이어야 하는 게 아니다. 이것은 정체성의 반영이다. 재각인 (reimprints) 프로세스는 리어리와 한 이 작업에서 비롯된 것이다.

'각인'이라는 단어는 오리들이 부화하는 그 순간부터 새끼 오리들을 연구했던 콘라트 로렌츠(Konrad Lorenz)로부터 기인한다. 그는 오리들이 부화를 하면 하루 정도 '어미와 같은 대상(mother-figure)'을 찾으려고 한다는 것을 알아냈다. 새끼 오리들은 어미를 결정할 단 한 가지 특정 종속 모형만 찾아다녔다. 어미가 해야 할 것은 오로지 움직이는 것이었다. 움직이는 것이 있으면 새끼 오리들은 그것을 따라다니려고 했다. 예를 들어, 새끼 오리들은 로렌츠가 걸어 다니는 동안 그를 따라다니려고 했다. 하루 정도쯤 지나서 새끼 오리들은 어미의 각인을 마쳤을 것이다. 각인 기간이 끝난 후에는, 가령 당신이 진짜 어미를 다시 데려오더라도 새끼 오리들은 진짜 어미를 무시하고, 끝까지 이 늙은 오스트리아 신사만 따라다닌다는 것이다. 그래서 그는 그를 따라다니는 새끼 오리들을 데리고 돌아다녔다. 아침에 그가 눈을 떴을 때, 새끼 오리들은 둥지에서 나오는 대신, 현관에 있는 그의 장화 주변에 모여 웅크려 있곤 했다.

그들은 심지어 이 새끼 오리들 중 한 마리에게 풍선을 각인시켰다. 풍선을 잡고 주변을 돌면 그 새끼 오리는 풍선을 따라다녔다. 풍선에 각인이 생긴 이 새끼 오리가 어른 오리가 되었을 때, 그것은 같은 종인 오리에게 구애하거나 짝을 맺으려 하지 않았다. 처음부터 끝까지 그 주변의 사물에 구애 활동을 하고 짝을 지으려고 했다. **이것은 새끼 오리가 자라면 어미에 대한 각인이 짝에 대한 각인으로 이동함을 보여 준다.**

난 리어리가 생각했던 것처럼 이 현상이 인간에게도 어느 정도 나타난다고 생각한다. 만약 어린 여자아이가 아버지에게 신체적 학대를 받았다면, 그 각인은 그녀가 자라면서 매우 흥미로운 패턴을 만들어 낸다. 그녀가 하고 싶은 것이고, 이성적으로 알고 있는 것임에도 그녀는 종종 스스로를 남성과 폭력적인 인간관계 속으로 몰아갈 것이다. 그 각인은 남자와 관계를 어떻게 맺을 것인가에 대한 원형과 같은 것이기 때문이다. 만약 어린 여자아이가 어머니에게 학대를 받았다면, 그녀가 어른이 되었을 때 어떻게든 자신의 아이를 학대하는 상황에 처하고, 또 그런 자신을 혐오하지만 그 이유는 모를 것이다. 이것은 당신의 초기 경험이 단지 감정에 영향을 주는 것만이 아니고, 그 초기 경험은 관계에 대한 아주 깊은 역할 모델을 형성한다는 것을 의미한다.

살면서 그런 역할을 억지로 떠맡게 되는 어떤 전환기가 있다. 당신이 그 역할을 좋아하든 좋아하지 않든, 그것은 당신이 맡는 유일한 역할이 될지도 모른다. 당신은 이 역할 모델을 가지고 2차 입장 (second position)으로 가고, 어떤 면에서 그들의 입장이 되는 것이다. 이 깊은 역할 모델 형성 프로세스의 힘을 정말 충격적으로 알게 된 것은 내가 인후암을 앓고 있는 한 여성과 작업하고 있었을 때다. 회복 과정 중에 그녀는 아주 강력한 교착 상태에 있었고, 그러다가 드디어 "내 목이 나한테서 떨어져 나간 거 같아. 내 몸이 내 것이 아니야."라는 말을 뱉고 말았다.

나는 그녀에게 그 감정에 집중하고 그녀의 과거사로 돌아가 보게 했다. 그녀는 즉시 아주 어릴 때의 기억으로 들어갔다. 다음은 그녀가 묘사한 방식이다. "나는 작은 소녀예요. 엄마는 나를 잡고 흔들고 있어요." 그녀가 이 얘기를 할 때 그녀의 모든 생리적 신호는 공격적인 엄마였지, 무기력한 소녀가 아니었다. 그녀의 목소리는 증오와 폭력으로 가득했다. 나는 생각했다. '그녀는 작은 여자아이로 퇴행한 것이 아니구나.' 그런 행동을 가지고 그 소녀를 흔들고 있던 엄마로 퇴행했던 것이다.

당신은 단지 하나의 자원을 소녀에게 가져다주는 것으로는 이 경험을 해결할 수 없을 것이다. 그녀의 모든 신경 생리는 엄마를 배경으로 짜였고, 그녀는 엄마가 되는 중이다. 전형적인 개인사 바꾸기는 그것을 다루지 않는다. **그녀는 엄마의 역할을 자기 자신에게 짜 넣었다.** 그것이 당신이 좋아하는 것이든 아니든, 당신에게 의미 있는 사람들로부터 학습한 역할을 짜 넣을 것이다.

정신분석가들은 이것을 **공격한 자와의 동일시**로서 다룬다. 세상의

모델을 형성하기 위해 당신에게 의미 있는 사람들의 모델을 만들어
낸다. 당신이 역할 모델을 형성할 때 그것에 연합(개입)하는 것이 가
능하다. 특히 그것들이 당신의 정체성에 영향을 가질 때 말이다. 그
러고 나면 그것이 당신 인생의 가장 강력한 체제가 될 수 있다. 보세
요. 당신이 어렸을 때, 당신은 가족 체계 내 하나의 역할과 자신을 동
일시한다. 어른이 되면 어떻게 되나? 당신은 누구인가?

　엄마에게 신체적 학대를 당했던 한 여성으로서 그녀는 나에게 다
음과 같은 말을 내놓았다.

　"나는 어린아이로 이런 사건을 기억했을 때, 나는 항상 그 아이와
동일시했어요. 무서웠어요. 지금은 어른이 되었기 때문에 그것을 기
억하면, 생리적으로 엄마가 되는 것이 더 쉬워요. 나는 더 이상 그 아
이가 될 수 없어요. 그래서 그 공포만큼 격심한 분노를 경험해요. 나
는 지금 어른이고, 나는 엄마예요. 그리고 나는 그 아이예요."

　(칼라에게) 내가 말하는 것은 그 역기능 체계에 갇힌 그 사람
들이 적은 아니라는 것입니다. **학대한 사람을 학대하는 것으로
학대를 해결하지 못합니다.** 당신은 그냥 그들이 했던 일을 떠맡
아 할 뿐입니다. 그 '적'은 그 시스템이고 그 관계입니다. **그리
고 당신은 총으로 그 관계를 쏘거나 죽일 수 없습니다.**

　그것은 문제를 해결하는 방법이 아닙니다. "나는 나 자신이나
다른 누군가를 총으로 쏘아야 한다."라고 믿을 필요가 없습니다.

　해야 할 질문은 어딘가 다른 곳에 그 탓을 계속하기 위해 '다

시 탓하기'를 하는 그런 질문이 아닙니다. 진정으로 해야 할 질문은 '무엇으로 그 역기능적 관계를 진정으로 해결할 것인가?' 하는 것입니다.

이것은 공포를 가지고 있고 격심한 분노를 가지고 있고, 이것은 좋아하기도 하고 재미있고 비밀도 가지고 있습니다. 불신과 부인도 가지고 있습니다. 여기 그것들의 전체 체계가 있습니다. 칼라 씨에 대한 우리의 요지는 이 각인이 당신을 떠나지 않을 것이고, 그것은 당신의 한 부분이라는 것입니다. 바로 지금 이 각인은 당신 사명에서 하나의 의식적인 부분이 아니라는 것입니다. 당신의 이 분아는 살면서 당신을 앞으로 나아가지 못하게 할 것이고, 인간이나 당신 자신에 대해 당신에게 너무 많은 것을 가르쳐 주었던 당신 생의 그 시간을 무시하거나 억압할 것입니다.

C 이렇게 생각해 봤습니다. 그것을 없애기 위해 연습을 해야겠다고요. 그러고 나니까 '나는 정직하지 않다.'고 말하는 또 다른 나의 부분이 나타나는데, 그건 내가 그것을 없애 버리고 싶지 않다는 느낌을 가지고 있기 때문이에요.

R 그녀가 말하고 있는 것은 그녀의 한 분아가 앞으로 나아가고 그것을 없애 버리고 싶다는 것입니다. 칼라 씨, 신에게 감사드리고 싶습니다. 부정직한 걸 원하시 않는 당신의 한 분아가 있어서요. 당신의 그 분아는 중요합니다.

그럼 다음 질문은, 만약 우리가 사람들을 죽이거나 그들을 감옥 같은 곳에 가둬서 문제를 해결할 수 없다고 한다면, '**그 남자와 같은 사람에게 무엇을 할 것인가?**'입니다.

이것이 NLP가 가지고 있는 신념과 메시지에 관한 모든 것이라고 생각합니다.

정말로 나는 칼라 씨에게 그녀가 이 상황을 해결할 수 있는 자원이 있어야 한다고 말할 자격이 없습니다. 만약 내가 자원을 제공할 수 있다면, 적어도 그것은 그 체계에서 벌어지고 있는 것만큼 강력하고 효과적인 것이어야 합니다. 사람들은 NLP가 조작적으로 되는 것을 우려합니다. 하지만 **당신이 최소한 총을 쏘는 것만큼 강력한 것을 가지고 있지 않다면, 당신은 대안을 제안할 자격이 없습니다.**

우리는 이 역기능적 체계를 날려 버릴 수 있는 도구와 기술, 신념이 있어야 합니다. 반드시 그것을 없애 버려야 한다는 뜻이 아니라, **그것을 건강하게 만들 수 있는 해결책을 찾아야 한다는 것입니다.**

(칼라에게) 당신은 이것이 건강하지 않다는 것을 오랫동안 알고 있었습니다. 그리고 당신의 뇌는 이를 건강하지 않은 상태로 지속되게 내버려 두지 않을 것입니다. 여기서 벌어졌던 은닉과 기만을 자꾸 또 만들어 내도록 내버려 두지 않을 것입니다.

C 그것들은 여기에 얽혀 있습니다. 왜냐하면 내가 그 상황에서 느낀 즐거움은 내가 무대를 창작하면서 가졌던 그 즐거움과 같은 것이기 때문입니다. 그래서 나는 그 즐거움도 창작의 즐거움도 가질 수가 없습니다.

R 보이시죠. 다시 이중구속입니다. 이것이 '즐거움'의 기준에 대
한 각인입니다.

만약 내가 기쁨을 가지면 어떻게든 이 부정적인 관계를 다시 만듭니
다. 내가 창작을 통한 기쁨을 경험하기 위해 건강하지 못한 관계가 되
는 것을 원하지 않습니다.

건강하지 못하게 만드는 것이 그 즐거움입니까?

내가 보기에 기쁨은 이 시스템을 건강하지 못하게 만드는 것
이 아닙니다. 이것은 이 시스템에 대한 내 신념이 아닙니다. 내
말은 '적은 즐거움에 있는 것이 아니다, 적은 당신이 아니다.'라
는 것입니다.

그럼 무엇일까요? 이 시스템 안에는 여러 사람이 있는데, 내
생각에 칼라 씨가 동일시할 수 있다고 생각하는 사람 중의 한
사람입니다. 그녀가 그 사람들과 동일시하겠다고만 한다면, 이
걸 활용해서 진행시켜 봅시다.

앞서 말씀드린 내용에 사람들이 자신의 부모와 동일시한다는
것이 있었습니다. 내가 알기로는 부모에 대한 고민을 안고 있는
사람들은, 부모님 사후에 오히려 그 문제가 더 심각해집니다.
확실히 진짜 부모님과는 아무 상관이 없는 것이죠. 실제로 부모
님 사후에 더욱 격렬해지는 이유는 시스템의 그 부분을 완전히
자신에게 내면화해야 하기 때문입니다. 따라서 우리는 칼라 씨
의 문제를 그녀가 내면화했던 시스템의 모든 부분에서부터 풀
어야 합니다. 내가 보기에 그건 문제를 야기했던 그들 중 어느

한 사람이 아닙니다. 그것은 시스템에서, 즉 관계에서 누락된 어떤 것입니다.

그 어떤 것은 그 남자에게서 누락된 것이었고, 그 어떤 것은 그 작은 여자아이에게서도 누락된 것이었습니다. 그녀는 자신이 가진 것을 토대로 할 수 있는 최선을 다했습니다. 그 어떤 것은 그 아이와 친구들에게서도 누락되었습니다. 그 여자아이는 버려졌습니다.

C 당신이 그 여자아이 그리고 다른 아이들에게도 그 어떤 것은 누락되어 있다는 말을 하니까, 지금 막 알아차린 것이 있습니다. **나는 그들을 보호해 주고 싶어 해요. 나는 그건 사실이 아니라고 말해요. 그리고······.**

R 진행을 계속하기 전에 여쭤 볼게요. 당신이 "그건 사실이 아니야."라고 말을 하기만 하면, 그들을 보호하는 건가요? 당신은 그들을 보호하고 있나요? 아니면 일이 계속 일어나도록 두었던 어른들처럼 되려고 하는 건가요? 그렇다면 정말로 그녀를 어떻게 보호할 생각인가요?

C 무엇으로서요? 어른으로서요?

R 지금 바로 그걸 정해 보세요. 그녀는 "나는 그 여자아이를 보호해 주고 싶어."라고 말해요. 그런데 뭘 어떻게 해서요? 거짓말을 해서요? "그건 사실이 아니야."라고 말해서요? 그렇게 하면 그녀가 보호되나요?

C 아니요. 그녀를 보호해야 하는 사람은 부모님이에요.

R 그럼, 그 부모님에게 가 보죠. 정말로 그 여자아이를 보호할 수 있으려면 부모님은 뭘 해야 할까요?

보세요, 그녀는 부모님이 했던 것을 반복하고 있습니다. 불신, "그것은 사실이 아니야." 이것은 그저 상처를 그 자리에 계속 남게 할 뿐입니다. 부모님이 가지고 있지 않은 것 중에 어떤 것이 필요했을까요?

(칼라에게) 그것이 당신이 생각하는 부모가 취해야 하는 태도입니까? 그것이 그러한 문제를 가진 다른 아이에게 당신이 하려는 것입니까? 당신이라면 어떻게 하겠습니까? 어떤 자원이 필요합니까?

C 우선 조심할 거예요. 내 어머니는 이 사실을 아셨습니다. 어머니는 이 남자가 이랬다는 걸 알았습니다. 그랬는데도 이 남자를 주시하지 않았고, 나한테 가까이 가지 못하게 하지도 않았고, 나한테 조심하라고 말도 해 주지 않았습니다. 그냥 일이 일어나지 않기만 바랐습니다. 이런 일이 일어날 수 있다는 것을 수치스럽게 여겼습니다.

R 어머니가 갖고 있지 않았던 어떤 자원을 가져다주어야 할까요? 그 특정 사건이 일어나기 훨씬 이전에 무언가를 할 수 있도록 하려면 말입니다.

당신이었더라면 좀 더 신경 썼을 거라고 말했습니다.

이것이 능력의 결과를 서술한 것임에 주목하세요. 당신에게 이 모든 것이 필요하다고 생각하기 때문에 나는 모든 레벨을 올라가면서 다 다룰 것입니다.

주의 깊게 행동하려면 **어떤 능력**이 필요한가요? 당신의 어머니가 그 아이에게 행동했던 대로 하지 않기 위해서, 당신의 어머니는 몰랐지만 당신은 알고 있는 그것은 무엇입니까?

C 나는 내 안에 있고 내가 직면하고 있는 현실을 두려워하지 않습니다.

R 그녀는 사실상 한 단계를 뛰어넘어(즉, 능력 레벨을 넘어서) 신념 레벨에 도달했습니다. "난 이것을 인정하는 게 두렵지 않아." 하지만 나는 이 해결책 역시 정체성 레벨에서 뭔가 요구하는 게 있다고 봐요. 당신 어머니가 그렇게 말할 수 있으려면 내면에 필요했던 것이 무엇일까요?

C 현실에 맞서기.

R 그녀가 현실에 맞서려면 어떤 자원이 필요했고, 내면에 어떤 것이 필요했을까요? 만약 이 문제가 아니었더라도, 당신이 현실에 맞서야 했던 시간들이 또 있었습니까?

C 네, 있었습니다.

R 칼라 씨 내면의 무엇이 그렇게 할 수 있도록 했는지 생각해 보길 바랍니다. 그것을 경험해 보길 바랍니다.

C 나는 내 힘을 믿었습니다.

R 칼라 씨가 이 밖에서 자신의 힘을 진정으로 믿었던 사건을 시간선상에서 찾기 바랍니다. 그런 다음 그 사건으로 들어가 당신 내면에 있는 그 힘에 진심으로 다가가세요. (칼라는 시간선 위를 밟는다.) 당신의 그 힘을 믿고, 진정으로 그 힘과 접속하기를 바랍니다.

여기서부터 이렇게 해 보기를 바랍니다. 당신의 내면에서 나오는 그 느낌, 그 신뢰감, 그 힘의 바깥으로 에너지를 만들거나 혹은 하나의 색깔을 만드세요. 그런 다음 그 기억 속 당신 어머니에게 그 에너지나 색깔을 비춰 주길 바랍니다. 그래서 여기에서 당신은 지금 그 빛을, 그 신뢰를, 그 힘을 그때의 어머니에게 주고 있습니다. 당신이 가진 이 자원을 어머니가 가졌다면, 그 상황에서 어머니가 어떻게 했을지 당신이 보기를 바랍니다.

C 먼저 그녀가 발견되었기 때문에 갑자기 엄청 화를 냅니다. 나는 그렇게 못하겠습니다. 다리에 힘이 없어요.

R 그녀가 무엇을 하는지 보길 바랍니다. 그냥 보세요. 잠시 그녀를 내버려 두세요. 그녀는 무엇을 합니까?

C 그녀는 내가 어디서 이 힘을 얻었는지 의아해합니다.

R 여기서 어머니가 당신을 보고 있습니까? 먼저 당신의 어머니가 그 힘이 어디서 나왔는지 알기 전에 당신이 그 힘을 사용하길 바랍니다. 당신을 보기보다 그 시스템을 보게 하고, 거기서 해야 할 것을 하게 하세요.

이 힘과 신뢰감을 가진 지금 어머니는 무엇을 하나요?

C 어머니는 조용히 그 남자에게 말을 걸려고 해요. 그리고 그 남자에게 당신이 하려는 일이 뭔지 안다고 말해요.

R 어떤 일이 일어날까요?

C 어머니는 이 남자를 사랑해요. 하지만 자신의 힘으로 뭐든 할 것이고, 자신이 할 수 있다는 것을 안다고 말해요.

R 계속하세요. 천천히 하세요.

(긴 침묵)

C …… 딸을 보호하기 위해서요. 그는 꼭 알아야 해요.

(칼라가 조용히 흐느껴 운다.)

R 어머니가 그렇게 말할 때 그 남자는 무엇을 합니까?

C 그는 평화로워요. 왜냐하면 그도 매우 어리기 때문입니다. 그런 것은 이 가족에게는 존재하는 것이 아니기 때문에, 그도 그렇기 때문에 가족 중 아무도 그것을 인정하지 않습니다. 그는 자신이 틀렸다는 것만 압니다. 그는 내 어머니를 위협이라고 생각하지 않습니다. 그냥 그에게 평화를 가져다준 것이고, 그의 길을 가도록 인도해 준 것입니다.

R 이것이 당신이 찾는 어떤 총보다 얼마나 더 강력한지 알겠습니까?

C 네.

R 그녀의 어머니가 그렇게 행동할 때 그 여자아이는 무엇을 배웁니까?

C 만약 이게 아주 초창기에 벌어졌다면, 그녀는 주변에 있는 그녀의 사촌들과 놀고, 사실 그것으로 시험해 보고 싶기도 했고, 더 이상은 모르겠습니다.

R 알겠습니다. 그녀가 실험해 보고 싶었다고요?

C 많이는 아닙니다.

R 우리는 그 작은 여자아이에게 가기 이전에, 그녀의 어머니가 이 힘을 가졌는지를 알고 싶습니다. 어머니는 실험을 해 보고 싶은

그 여자아이에게 어떻게 대응했고, 어떤 상호관계를 맺었나요?

C 어머니는 여자아이에게 인생에는 많은 종류의 즐거움이 있다고 설명합니다. 어린아이에게 있는 즐거움과 어른들에게 있는 즐거움이 있다고요. 나는 그 어린 여자아이가 이해할 수 있었는지 모르겠습니다. 하지만 어머니는 아이가 이해할 수 있게끔 했습니다. 그 작은 아이는 여자라는 것을요.

R 이제 그녀의 어머니를 보고 있고, 그 목소리에 담긴 힘을 듣고 있는 그 여자아이를 보기 바랍니다.

C 처음에 그녀는 부끄러웠습니다. 그런데 어머니가 미소를 지었고 작은 여자아이를 두 팔로 끌어안아요.

R 어떤 일이 일어났죠?

C 따뜻하다…… 부드럽다……투명하다…… 많은 웃음, 온화한 웃음이다. 평화가 넘쳐요. 그 여자아이는 계속 놀고 있습니다. 그녀는 여전히 종종 그 남자를 두려워합니다. 그녀가 여전히 그것을 원해서 그래요.

R 그 이야기는 그 어머니가 힘을 가졌고 그 남자에게 말을 한 다음에도 그렇다는 건가요?

C 전 이미 잊어버렸습니다. 그 남자는 변했습니다. 주위를 둘러보았을 때 그가 변했는지 나는 사실 크게 확신은 없습니다.

{ 시간선으로 다시 개입 }

R 가장 먼저, 여기 그 남자가 있습니다. 그녀는 말해요. "내가 확신이 있는지 잘 모르겠습니다." 우리가 지금까지 해 왔던 것을 한 단계 더 발전시켜 보고 싶습니다. 그녀가 확신이 없을 수 있는 한 가지 이유는 우리가 어느 정도 바깥에서 그 사건을 가지고 이 모든 걸 했기 때문입니다.

이 부분에 대해 마무리 짓기 위해서 우리는 이 신뢰감과 힘을 가지고 갈 것이고, 시간선상에서 나는 당신이 당신의 어머니가 되어 보게끔 할 것입니다. 당신 어머니의 역할로 들어가 그 작은 여자아이와 그 남자를 볼 것입니다.

모든 개입을 경험해 보기 바랍니다. 그 안에서 할 수 있습니다. 그것을 큰 소리로 할 필요는 없습니다. 그러나 어머니가 무엇을 하는지 당신이 보았던 것을 당신이 경험하길 바랍니다. 마치 당신이 그 작은 여자아이와 함께, 그 남자와 함께하는 것처럼 말입니다. 먼저 자원, 이 힘을 가지고 갑니다. 한 번 더 당신 안의 그 힘에 접근하세요.

(로버트가 앵커한다.)

C 다시 겁이 나요.

(로버트가 다시 앵커한다. 그의 목소리는 변했다. 그는 이제 그녀의 어머니에게 말하고 있다.)

R 좋습니다. 그 느낌과 그 빛 그리고 그 목소리를 가지세요. 거기로 들어가세요. 당신의 가면을 벗고 당신이 사랑하는 그 남자에게 이야기할 수 있습니다. 당신은 딸을 보호하기 위해서는 당신의 힘으로 무엇이든 할 것이라는 걸 그가 인지하도록 할 수 있습니다. 당신이 그에 대한 감정을 인정한다 하더라도 그는 그것을 알아야 합니다. 그는 당신의 힘을 존경하고 당신에게 배울 수 있기 때문에 당신은 그에게 평화를 주는 방식으로 그렇게 할 수 있습니다. 당신은 당신의 힘을 느끼고, 그것은 당신이 그에게 말을 할 때 더 커집니다. 왜냐하면 그가 좋아한다는 것이 당신에게 보이기 때문입니다. 그 역시 그 힘을 느껴야 합니다. 그런 다음 딸을 향해 돌아서고 딸에게 이야기합니다.

그녀는 당신의 힘 안에서 평화를 찾을 수 있습니다. 그런 다음에 이 시간선에서 현재로 올라가십시오. 왜냐하면 그 어린 소녀는 당신, 그녀의 엄마가 그 당시만 꼭 그렇게 하려고 해서 했던 것이 아니라는 것을 알아야 하기 때문입니다. 그 남자는 자신을 진정으로 변화시키기 위해 이런 대화가 좀 더 필요할지 모릅니다. 그리고 당신의 딸은 자신이 버려진 것이 아니라는 것을 알 수 있는 그런 대화가 좀 더 필요합니다. 소통은 단기 학습이고, 학습은 장기 소통이라고 합니다. 나는 거기에 많은 진실이 있다고 생각합니다. 현재 시점까지 그 힘을 가지고 있는 어머니로서 시간을 죽 걸어가길 바랍니다.

천천히 하세요. 그녀가 자라는 동안 그 힘을 나누고 소통하면서 딸 옆에 있어 줍니다. 현재 지점까지 시간을 갖고 천천히 걸으시기 바랍니다.

C 많은 기억이 되살아납니다. 이 어린 소녀는 자라면서 할 수 있는 많은 어리석은 짓을 했고 힘들게 했어요.

R 그래도 어머니가 신뢰감과 힘 그리고 소통 능력을 가지고 거기 있었다면, 아주 다르게 발전되었을지 모릅니다. 지금 당신이 할 수 있는 것이 바로 그것입니다.

(칼라가 웃는다. 그녀의 얼굴에 화색이 돈다. 그녀는 이제 자신감을 가지고 걷는다.)

빨리도 천천히도 할 필요가 없습니다. 그냥 적절한 속도로 그런 기억을 지나며 현재 지점까지 걸어오는 데 기억들을 순서대로 놓으면서 걸으십시오.

(칼라가 빛의 길에 있는 것처럼 시간선을 따라 천천히 걷는다.)

이제 당신은 그녀에게 당신의 힘을 보여 줄 수 있고 그래서 그녀가 당신의 힘을 통해 배울 수 있습니다. 그 힘과 신뢰의 빛은 진정으로 온기를 가져다줄 수 있습니다.

C 네.

(칼라가 시간선의 현재 지점에 도착했다. 그녀의 몸은 올곧고, 눈은 정면을 바라보며, 깊고 부드러운 숨을 내쉬며, 미소는 넓게 번진다.)

R 이곳이 멈추기에 적당합니다.

(청중에게) 여러분의 끈기와 지지에 감사드립니다.

{ 재각인 작업 }

이 시연은 재각인 기법 이상을 보여 주었다. 일반적인 교착 상태와 신념, 그것을 다루는 법에 대해 시연했다. 예를 들어, 우리는 연기 자욱한 연막이 어디서 생기고 어떻게 드러나는지에 관한 몇 가지 좋은 사례를 얻었다.

붉은 청어: 그 남자

우리는 또 어떤 것이 붉은 청어일 수 있는지에 대한 몇 가지 사례도 얻었다. 그 남자에 초점을 맞출 수도 있었지만, 그 남자는 이 시스템을 해결하는 데 어머니만큼 중요하지 않았다. 어떤 사람은 그 전체 체계가 아니라 그 아이와 그 남자의 관계에만 초점을 맞출지도 모른다. 실제로 한 가지 이슈나 한 가지 신념으로 인한 문제는 관계들의 체계로 인한 문제만큼 그렇게 많지 않았다.

난관을 자원으로 전환하기

난관—"그것은 항상 내 주변에 있고 난 그것으로부터 도망칠 수 없다."—으로 보이는 것이 매우 강력한 자원이 될 수 있다는 것을 기억하라. 문제가 항상 내 주변에 있었던 것처럼 자원도 언제나 있었다. 다시 말해서, 자원이 고통의 자리를 대신하면 고통이 어디에나 있었던 것처럼 그 자원은 어디에나 있다. '그것'이 어디에나 있었던 것처럼 말이다.

정체성 분자: 선별의 필요성

이 시연은 신념에 관한 몇 가지를 보여 준다. 즉, 고객과 맺은 관계가 신념에 어떻게 관여하는지, 최초의 문제, 최초의 난관을 만든 분자가 어떻게 해체되고 재조직되어야 하는지에 관한 것이다. 그런데 이 분자는 단순히 시각적, 청각적, 촉각적 표상의 분자가 아니라 관계와 정체성의 분자다.

먼저 우리는 내면에 있는 각인의 경험에 접근하고, 그러고 나서 각인의 경험 밖으로 나와 각각의 포지션을 분명하게 한다. 그런 다음 그것을 자원으로 가져온다. 우리는 여전히 같은 요소들을 사용하지만, 다른 구조와 다른 관계에서 사용한다. 나는 우리가 재각인에서 했던 것과 이전 단원에서 검토했던 '실패를 피드백으로(failure into feedback)' 기법으로 했던 것을 평행선으로 그리고 싶었다. 단순히 시각적, 청각적, 촉각적 표상만 가지고 그것들을 접근 단서로 놓는 것이 아니라 우리는 다른 정체성을 가지고 그것들을 공간적으로 구분했다. 그래서 현재에 혼란스러운 것이 없도록 했다.

그것이 바로 근본적인 재각인의 목적이다. 관계된 분자를 찾으라. 그 분자에서 벗어남으로써 체계에 속한 개개인이 서로에게 상처를 주는 대신 서로를 지지하는 관계로 재정리할 수 있도록 말이다.

{ 과정의 단계 }

1. 교착 상태 찾기

먼저 현재에서 증상에 관한 표현을 최대한 찾을 수 있는 만큼 많이 찾는다.

교착 상태는 어디에 있는가: (증상에 관한 표현)

다시 말해, 변화하거나 전진하는 것을 막는 것은 무엇인가?

2. 연합(개입)된 시간선을 만들기

나는 물리적인 시간선을 만들어 작업하는 것을 좋아한다. 왜냐하면 분자가 조직되도록 해 주고 분리된 상태를 유지하게 해 주는 접근 단서들에 감각을 대입하는 것과 같은 것처럼 시스템의 요소들을 조직할 수 있게 도와주고 구분할 수 있도록 도와주기 때문이다. 마음에서는 다른 시간대의 이런 모든 사건을 하나의 홀로그램으로 함께 엮는 일이 종종 일어난다. 당연히 그것은 가끔 압도적으로 느껴질 수 있다.

이 모든 것을 한꺼번에 다루는 것이 훨씬 쉽다. 또한, 이전에 설립된 제한된 믿음은 또 다른 믿음 그리고 또 다른 믿음을 만들어 낸다. 그러니 만약 우리가 맨 처음 신념으로 돌아가 그것을 이동시킬 수 있으면, 다른 모든 것은 스스로 재배열되기 시작한다. 그렇게 하는 것이 현재에 있는 이 신념을 가지고 작업하려고 애쓰는 것보다 훨씬 쉽다. 그것은 도미노와 같을 것이다. 당신이 성장하면서 하나씩 하나씩 넘어뜨리게 된다.

3. 트랜스 유도 탐색하기

난관이나 증상의 표현을 찾는다. 시간선 위에 올라서서 그 증상이 당신을 과거로 돌아가도록 놔둔다. 교착 상태와 연관된 사건들을 제자리에 하나씩 남기면서 맨 처음 사건에 도달할 때까지 놔두라. 이것은 의식적이지 않아도 된다. 마음속으로 그려볼 필요도 없다. 매우 흔하게, 시간선을 거슬러 올라가다 보면 어디쯤에서 무슨 일이 일어났는지 알 수 있을 것이다. 이것이 무엇인지 확신할 수 없어도 그것이 중요한 것이었다는 건 알고 있다.

그러면 된다. 당신은 그 지점을 표시하고 계속 가기만 하면 된다. 항상 의식적이지 않아도 된다. 그것이 물리적인 시간선의 큰 장점이다. 대부분의 경우 당신은 의식적으로는 몰라도 물리적으로는 안다. 그렇게 당신은 최초의 사건을 찾을 때까지 거슬러 올라간다. '아마도 이게 첫 사건이구나.' 하는 느낌만 있을 것이다. 당신은 그것이 중요하지 않다는 것을 어떻게 알까? 우리는 객관적 현실에 대해 이야기하고 있는 것이 아니다. 우리는 그것보다 훨씬 더 중요한 당신이 어떻게 행동하는지를 진짜로 결정하는 주관적 현실에 대해 이야기하고 있는 것이다.

4. 사전–각인 관점의 위치 파악하기

그렇게 해서 우리는 각인이 일어나기 전으로 걸음을 옮기려고 한다. 그것은 때때로 중요하다. 나는 그것을 많은 공포증에서 찾았다. 가령, 사람들은 계속 되풀이되는 '영상'을 가지고 있다. 그 영상은 언제 시작될지도 모르고, 언제 끝나는지도 모른다. 그래서 이렇게 하면 된다. "사건이 일어나기 전인 당신이 안전하다고 여겨지는 시간으로 가십시오. 그 사건이 다 끝난 후, 당신이 안전했던 시간을 찾으십시오."

그것은 양쪽에서 안전하게 묶여 있고, 당신은 그것이 끝났다는 것을 알고 있으며, 나아가 그 사건을 막을 수 있는 변화를 만드는 것이 가능한 시작점이 있다는 것도 알고 있다. 나는 이것을 '안전 샌드위치 만들기'라고 부른다. 예를 들어, 우리가 칼라의 각인이 생기기 전의 장소를 찾고 있었던 것을 기억하는가? 그녀는 거기를 건너뛰어서 그 일이 일어나기 전으로 갔다. 그래서 우리는 각인과 연합된 기간 전에 왔던 장소를 확립했다.

이 '안전 샌드위치'가 항상 문제를 해결하지는 않을 것이다. 물론 그것은 칼라에게 일어난 일이다. 그녀는 각인 전 시간을 설정했다. 그러나 그녀가 시간선에 있는 한 그 사건은 여전히 그녀를 찾을 수 있다. 분명 그렇다. 우리가 사건에 의해 형성된 신념을 좇고 있기 때문에, 나는 그 사람을 각인 경험에 개입된 상태로 두려고 한다. 그것이 우리가 시간선상에 잠시 서 있었던 이유다. 나는 그 경험으로 생긴 신념이나 일반화를 그 사람이 말하게 하려 한다.

칼라가 가졌던 몇 가지 믿음은 이러하다.

- 난 그것에 관해 말할 수 없다.
- 난 그것에 대해 알 수 없다.
- 난 그것으로부터 도망칠 수 없다.

이것은 우리가 알아야 할 중요한 신념이었는데, 알아야 할 것은 일어났던 일의 내용이 아니라 사건이 만든 신념이 어떤 것이냐 하는 것이다. 이 단계에서 우리는 아무것도 고치려고 하지 않는다. 우리는 그저 신념을 찾고자 할 뿐이다.

5. 클라이언트를 시간선으로부터 분리시키기

우리는 분리를 하는데, 이 단계에서 바깥으로 나오도록 말 그대로 시간선 밖으로 물러나게 하는 것이다. 그래서 우리는 이제 그 속에 있는 것이 아니다. 우리는 시간선 밖에서 보고 있다. 여기가 사건이고 여기가 사건 전이고 여기가 사건 후다. 즉, 나는 메타 포지션에 있는 것이다. 또한 나는 이 위치에서 어떤 다른 신념이 있는지 찾아내고 싶다. 왜냐하면 이 관점은 그 개입된 관점과 다르기 때문이다.

이 경험 안에서, 이러한 믿음이 있을 수 있다. "아, 나는 착한 아이고, 난 기쁨을 주고 있어." 하지만 분리된 포지션에서 당신은 이렇게 생각할 수 있다. "그건 역겹고 수치스러워." 이 시간선상의 신념은 분리되어 관조된 포지션의 신념과는 다를 수 있다.

한 관점에서 발달한 신념으로부터 모든 문제 공간을 이해할 수 없다. 그래서 총체적 신념 체계인 것이다. 그것이 당신이 여러 신념을 가지고 싶어 하는 이유다. 때때로 분리된 위치에 있는 신념 또한 매우 풍부한 자원이 될 수 있다. 당신이 당시 가지고 있던 세상에 대한 제한적 관점으로 당신이 가지고 있던 최고의 자원으로 대응했다는 것을 문득 알아차릴 수 있다.

6. 교착 상태의 긍정적인 의도 찾기

이 단계에서 당신은 교착 상태의 긍정적인 의도를 찾고 싶을 것이다. 우리가 여기 밖에 있을 때, 내가 "'이것'은 당신의 한 부분이다. 그것은 긍정적인 의도를 가지고 있다."라고 했던 말을 기억하는가?

메타 포지션의 관점에서 나는 그 교착 상태의 긍정적인 목적(아마 그것은 나를 보호하거나, 내가 뭔가 중요한 것을 잊는 것을 막아 주는 건지 모른다)을 찾고자 한다. 칼라의 경우에 그것은 "나 자신에게 부정직해지지 않기 위함 그리고 한계를 설정하기 위함"이었다. 한계를 설정하는 방법은 여기서 진행하고 있던 신념 이슈의 일부였다. 그 각인 관계에 있던 각각의 사람은 한계가 있어야 했다.

그 아이는 창의적이어도 되는지, 한계 속을 탐험해도 되는지 알아야 한다. 그 어머니는 자신이 돌보는 사람들의 행동에 한계를 정할 수 있어야 한다. 그 남자는 자신의 한계를 알아차려야 한다. 놀이의 한계는 무엇인가?

이것이 적절한 한계가 어디인지에 관한 모든 것이었다. 우리는 특정 체계 내에서 (생태) 환경과 조화로운 상태를 유지하면서 어디까지 멀리 갈지를 아는 기준을 어떻게 정할까? 여기 밖으로 나와서, 우리가 분리를 하고 또 메타 포지션을 취할 때, 우리는 그 경험 내에 있었던 다른 주요 인물들을 확인하고 그 사람들 각각의 의도를 분명히 이해하고자 한다는 것을 인지해야 한다.

어떤 면에서는 진정으로 악마적이고 사악한 의도를 가진 사람들은 아무도 없었다. 즐거움을 추구하는 것이 사악한 의도는 아니다. 사람들은 즐거울 권리가 있다. 문제는 '생태 환경과 조화롭게 즐거움을 가지도록 하는 한계는 과연 어디인가?'인 것이다.

나는 칼라의 체계 내에 나쁜 사람이 있었다고 생각하지 않는다. 그렇지만 그들에게 추가 자원이 필요했던 것은 확실하다.

7. 필요한 자원 발견하기

이제 우리가 해야 하는 질문은 어떤 자원이 있는지를 발견하고 각 레벨에서 각기 다른 개인들은 어떤 자원이 필요했는지, 또 어떤 자원이 없었는지를 찾는 것이다. 이러한 레벨은 중요하다. 왜냐하면 종종 당신이 "당신에게 필요했던 것이 무엇이었나?"라고 물으면, "나는 거기 있을 필요가 없었다. 난 어디 다른 곳에 있어야 했다."라는 대답이 돌아오기 때문이다.

그것이 환경적(environmental) 자원이다. 분명히 타당하다. 하지만 당신이 필요로 하는 것의 전부는 아니다. 당신은 환경 내에서 변화를 확립해 줄 행동적 자원이 필요할지 모른다. "당신이 다른 어딘가에 있을 수 있게 해 줄 수 있는, 무언가를 할 것을 필요로 했던 행동적 자원은 어떤 것인가? 다른 환경을 얻기 위해서는 당신에게 어떤 것이 필요했나?"

물론 행동적인 것을 하기 위해서 당신은 내면의 지식이 있어야 한다. 당신은 더 넓은 관점을 가져야 할 필요가 있을지 모른다. 어쩌면 당신도 가지고 있지 않았거나, 당신의 부모님도 가지고 있지 않았고, 관련된 누구도 가지고 있지 않았던 능력이 당신에게 필요할 것이다.

사람들이 이렇게 말할 때가 있다. "자신이 그 사람을 죽이거나 도망치거나 둘 중 하나만이라도 했어야 했다." 물론 이것은 그냥 행동이고 이 행동은 언제나 총체적 시스템에 가장 적절하고 환경과 조화로운 선택은 아닌 것이다. 당신이 행동 레벨에 있을 때, 선택할 것이 있다는 것은 중요하다. 당신은 당신에게 적절한 선택지를 실제로 좀 더 많이 줄 수 있는 가능성을 확보하기를 원한다. 그래서 다른 선택지들을 만드는 능력은 구체적인 행동보다 더 포괄적이다.

"내 어머니는 그 사람에게 뭔가 말했어야 해요." 내가 이렇게 말했을 수도 있다. 그것은 무언가를 말하는 행동이다. 그렇다면 내가 무엇을 말할지 알아야 했던 능력은 어떤 것인가? 나는 커뮤니케이션 스킬이 필요할 수도 있고, 여기에서 몇 가지 훌륭한 NLP 아이디어가 필요할 수도 있다.

"만약 내 어머니가 NLP 전략이 있었다면 훌륭했을 것이다."

그러한 상황에 직면할 수 있고 또 필요한 말을 할 수 있도록 하기 위해서 신념 레벨, 어쩌면 정체성 레벨에서도 자원이 필요할지 모른다. 그런 의미에서 나는 칼라의 사례에서 그 힘이 나왔던 곳은 신뢰감, 자신에 대한 믿음, 자신의 정체성을 느끼는 것, 한계의 설정이었다고 생각한다. 정체성을 가지는 것과 여러 정체성으로 다른 사람을 대하는 것은, 내 생각에 칼라의 시스템 내부에서 일어났던 아수 흥미로운 일 중의 하나였다.

칼라의 어머니가 그 남자에게, "나는 너를 인정한다, 너를 사랑한다. 그러나 나는 모든 힘을 다해 내 딸을 지킬 것이고, 너는 그것을 알아야 한다."라고 말했을 때, 나에게는 그것이 진정한 사랑이었다. 그것은 일방적으로 의존하거나 서로 의존하는 것이 아니었다. 정말 그것은 인정해 주는 것이었다. 사람들이 누구 다른 사람과 그렇게 할 수 있을 때, 어느 한 사람이 판단 없이, 미움 없이, 순수한 정체성으로 표현할 수 있을 때, 둘 사이에 좋고 나쁨의 판단이 아닌 존중과 인정으로 가득 차는 강렬한 순간이 될 것이다. 그것이 행동에 변화가 올 만큼 그 사람에게 평화를 가져다준 것이다.

다시 돌아와서, 우리는 이 단계에서 어떤 자원이 필요했는지 찾는다. 어쩌면 당신은 모든 레벨에서 자원이 필요했을지도 모른다. 나는 모든 상황에서 모든 레벨에 다 갈 필요가 있다고 생각하지는 않는다. 확실히 칼라의 각인은 큰 상황이었고, 당신이 많은 삶에서 찾을 수 있는 것보다 더 큰 것이었음을 이해했다고 생각한다. 하지만 세세한 내용을 무시하면, 그녀의 각인은 모든 사람이 그들 삶의 어느 시점에서 — 자신으로부터 숨거나 자신의 유약함이나 현실로부터 숨지 않고 — 직면해야 할 이슈였다.

만약 누군가가 "나는 이것과 저것만 알면 돼." 혹은 "우리 엄마는 그런저런 지식이 있어야 했어."라고 말한다면, 물론 그것은 능력이다. 새로운 능력이 필요한 전부일 때도 있을 것이다. 또 어떤 사람이 이미 신념과 정체성의 자원을 가지고 있더라도, 정보만 없을 때도 있을 것이다. 또 정보는 가졌지만, 그들이 자신에 대한 믿음이 없어서 그것을 부인하기도 할 것이다. 그렇다면 당신이 필요한 자원을 찾고 있을 때에 중요한 것은 "어느 레벨에서 그 자원을 필요로 하지?"라고 묻는 것이다. 그리고 각 지각의 입장에 맞는 필요한 자원을 찾는 것이다.

다양한 지각의 입장을 가지는 능력은 상담 치료 못지않게 다른 영역에서도 중요하다. 당신이 비즈니스 리더인데 직원들이 어떻게 느끼고 생각하고 믿고 있는지 전혀 모른다면, 당신은 결코 훌륭한 리더가 되지는 못할 것이다. 왜냐하면 당신은 그들 입장이 어떤지 전혀 모르기 때문이다. 성숙한 진짜 어른은 부모가 되는 것이 어떤 것이고 아이가 되는 것이 어떤 것인지를 안다. 그들은 현실을 하나의 포지션에서만 보지 않는다. 어떤 의미에서는 이것이 우리가 이야기하고 있던 것이다. 어린아이에다 어른, 이 둘 다 우리의 부분들로 존재한다.

내가 세 번째 포지션인 3차 입장(시간선과 시스템 밖의 메타 포지션)에서 여기를 들어가면, 나는 시스템에 연관된 개인들 누구에게도 주지 않았던 정체성 내 포지션으로 간다. 그러면 나는 관계에 대해 자각을 할 수 있게 된다. 우리가 필요로 했던 자원과 그것이 어떤 레벨에 있는지를 확인한 후에, 우리는 개인이나 그 대상에 있는 그 자원에 접근하려는 것이다. 어머니가 그 자원을 가지지 못했던 것은 문제가 되지 않는다. 그 아이가 그때 그 자원을 가지지 못했던 것도 문제가 되지 않는다. 중요한 것은 그 자원이 존재하고, 시연 대상인 클라이언트가 지금 그것에 접근할 수 있고 그 자원을 느낄 수 있다는 것이다. 설사 그것이 당신 인생에서 찰나의 순간이 있다 하더라도 그것을 집을 수 있다. 그리고 당신이 그것을 각인 경험에 집어넣는다면, 그것은 스스로 더 많은 것을 만들어 내기 시작할 것이다. 마치 겨자씨처럼 자라날 것이다. 요지는 사건이 일어났던 현실에 대해 시연 대상을 속이지 않는 것이다.

그들은 실제로 일어났던 일을 항상 기억할 수 있다. 그래서 이 기억을 상처로 간직하기보다, 그래서 그 기억을 떠올릴 때마다 혼란과 무기력으로 다시 퇴행하기보다, 오히려 당신은 그 기억에 해법을 가져온다. 그러니까 당신은 정말로 일어났던 일을 기억할 수 있는 것뿐 아니라, 당신은 그에 대한 해법도 기억한다. 그 해법은 실재한다.

개인사에 대해 기억할 때 중요한 것은 당신에게 일어났던 경험의 내용이 아니라는 것이다. 당신은 당신의 자원이다. 그것이 삶의 실체다. "나는 내 과거와 같아야 한다."가 아니다.

나는 내 개인사에서 배웠던 신념이고 능력이고 행동이다. 이것이 실제(reality) 다. 그래서 나는 실수를 반복하기보다 실수에서 배우고 있다. 칼라의 기억은 그녀가 겪은 혼란과 부인만큼 그녀에게 힘과 평화를 줄 수가 있다.

8. 자원 전환하기

그리하여 대상이 완전히 그 자원을 진정으로 경험할 수 있는, 시간선의 그 장소에 이 필요한 자원을 앵커할 때, 우리는 그 자원을 각인 경험 속에 가져오고, 시간선상의 자원 지점에서 그것(각인 경험)이 변하는 것을 보고자 한다. 이 자원 전환을 성공적으로 해낼 때 자주 사용하는 한 가지 방법은 대상에게 특정한 색깔이나 빛의 질감으로 자원을 상상하게 한 후, 그 빛을 시간을 거슬러 그것이 필요했던 시스템 내 인물에게 보내는 것을 상상하게 하는 것이다.

이것을 거리를 두고 하는 한 가지 이유는, 만약 그것에 문제가 있다면, 우리는 대상이 각인으로 다시 연합하기 전에 또 다른 자원을 언제나 추가할 수 있기 때문이다. 그 인물이 각인으로부터 아직 분리되어 있고, 그 인물의 시간선에서 그것에 연합되지 않았을 때, 우리는 그 자원을 테스트한다. 우리는 그 시스템 내 관계가 어떻게 변할 것인지 지켜본다. 우리는 먼저 그것들을 바깥에서 바라보려 한다. 이대로 다하고 나면, 나는 그 새로운 자원이 효과 면에서나 (생태) 환경 면에서나 조화롭다는 것을 알게 될 것이다.

9. 실용적인 관계로 연합(개입)하기

그런 다음 연합(개입)한 포지션으로 인한 변화를 완전히 경험하는 것이 필요하다. 이것은 당신이 자원을 가지고 다른 주요 인물이 되는 대상이 되어 보는 이유다. 그리고 그들의 지각 포지션 내부로부터 보는 것이 어떤 것인지 알아차리는 것이다. 칼라의 상황에서는 몇 명의 인물이 있었다. 우리는 다른 사람들의 자원을 가져올 수도 있었다. 기본적인 궁금증은 "그 체계를 바꾸는 것을 성취하기 위해 필요한 결정적인 것은 무엇인가?" 하는 것이다. 칼라에게 가장 결정적인 요소는 그녀의 어머니였다. 만약 어머니가 변했더라면 모든 것도 똑같이 변했을 것이다.

모든 사람과 전부 마무리 지을 때까지 우리는 몇 번이고 다시 돌아가 그 아이와 다른 어른들에게 더 많은 자원을 주고 그렇게 반복하고 반복할 수 있었다. 그러면 제게 내 각각의 인물 역시 해법의 일부가 되었을 것이다. 예를 들어, 나는 그 남자에게 자원을 가져가서, 말 그대로 칼라가 그 남자의 관점으로 경험해 보는 것도 중요하다고 생각한다. 칼라는 그것을 통해 많은 것을 배울 수 있었기 때문이다.

두 가지 이유에서, 공격자에게 자원을 가져가는 것이 때로는 유용할 때가 있었다. 첫째, 아이가 그 사람에게 필요한 자원이 어떤 건지 안다면, 아이는 그런 상황이 미래에 일어나는 것을 막을 수 있다. 왜냐하면 아이는 적절한 방식으로 액션을 취하는 데 필요한 것을 가지고 있거나 혹은 가지지 못한 사람들을 알아볼 수 있을 것이기 때문이다. 만약 아이가 남자들은 모두 나쁘다고 생각하는 삶을 살아간다면, 아이는 자원을 가진 사람과 그렇지 못한 사람 사이에 어떤 차이가 있는지 결코 배우지 못할 것이다. 만약 내가 자원을 놓고, 보고 듣고 느낄 수 있다면, 나는 그 사람들 주위에 있을 때 누군가에게 그것이 있는지 없는지를 느낄 수 있을 것이다.

둘째, 현실에서 어떤 사람한테 그것이 없으면 그 사람한테서 자원을 끄집어 내거나 그 사람에게 자원을 가져다줘서 그를 변화시키는 것이 가능할 수도 있다는 점이다. 하지만 누군가 판별할 수 있는 지식을 갖추기 전까지 그는 항상 변화의 희생자가 될 것이다.

10. 현재로 돌아오기

다시 각인으로 돌아가서, 우리는 그 자원이 각인 경험 후에 오는 각각의 관련 상황을 어떻게 바꾸고 영향을 주는지 보고자 한다. 일종의 '도미노 효과' 안에서 이후의 이런 경험이 그 새로운 자원으로부터 배운 것을 뒷받침해 주는지 보기 위해, 우리는 시연 대상으로 하여금 시간선상에서 현재를 향해 걷도록 한다. 시연 후 칼라가 나한테 한 말처럼 당신이 많은 변화를 만들 때 상당히 피로해질 수도 있다. 그런데 그것이 당신이 그 일이 변할 수 있는 기회를 갖게끔 해 줘야 하는 이유다. 그래서 다음 단계로 가기 전에 멈추고 쉬는 것이 아주 좋은 생각인 경우가 많다.

재각인에서 중요한 것은 역할 모델을 찾고, 각인과 개인의 '원형'을 발견하는 것이 재각인의 목적이라는 점이다. 그런 다음 그것을 없애고 부인하고 그것과 싸우려고 애쓰는 대신에, 그 역할 모델을 페이스(pace)하고 리드(lead)하라고 한다. 그것을 먼저 인정하라. 그리고 이끌라.

어떻게 보면 칼라의 총에 관한 메타포는 그 시스템에 엮인 모든 사람이 각자 자신의 머리에 총구를 겨누고 있었다고 볼 수 있다. 그 아이는 상황을 즐겼고, 그런 다음에는 수치심을 느꼈다. 어머니는 모른 척했고, 그런 다음에는 수치심과 죄책감을 느꼈다. 그 남자는 어쩔 줄 몰랐다. 어느 한순간에 그도 자신의 머리에 총구를 겨누기 시작한 것이 분명하다.

모두가 똑같이 행동했다. 뭔가 조치를 취하기에는 너무 늦을 때까지 그 시스템 내 문제를 무시하고, 그런 다음에는 죄책감과 수치심을 느꼈다. 이와 똑같은 식의 역기능적 패턴이 비즈니스 상황이나 사회적 시스템 안에서도 일어날 수 있다. 저자가 중독은 사람들이 '거짓말을 해야겠구나.' 하고 느끼는 것을 둘러싸고 발생한다고 주장하는, 『중독된 소식(The Addictive Organization)』이라는 재미있는 책이 있다.

강한 정체성의 필요성을 인식하는 것은 전체적으로 상황을 다르게 만들 수 있다. 이것은 이 기억을 해결해 줄 뿐만 아니라, 긍정적인 준거를 만든다. 그래서 지금 그리고 미래에, 칼라가 "내가 이것에 직면하거나 혹은 저것을 통제해야 하는 건지 잘 모르겠어."라는 느낌이 들기 시작하면, 칼라는 그녀 내면에서 작업이 필요한 곳을 알게 될 것이고, 그녀가 필요한 자원은 인정하고 소통하고 적절한 한계를 설정할 수 있는 힘과 평화임을 알게 될 것이다.

{ 재각인 기법 요약 }

각인이란 한 사람이 신념이나 신념 덩어리를 형성하는 과거의 중대한 경험이나 경험의 장면이다. 각인 경험 역시 주요 인물의 무의식적 역할 모델링으로 수반하는 경우가 많다. 재각인의 목적은, 개인사를 바꾸는 NLP 기법처럼 단순히 감정적 이슈를 해결하는 것이 아니라, 신념을 바꾸는 데 필요한 자원과 이미 형성된 역할 모델을 새롭게 갱신하는 데 필요한 자원을 찾는 것이다.

1. 교착 상태와 연합된 특정 증상(느낌이나 단어 혹은 이미지일 수도 있는)을 확인하라. 대부분의 사람이 불편하기 때문에 그 증상을 피하고 싶어 한다. 하지만 피하는 것은 한계를 해결하지 못할 것이라는 것을 잊지 않는 것이 중요하다.

클라이언트로 하여금 그 증상에 집중하게 하고, 시간선에 올라서게 하라(미래를 향해서). 그리고 교착 상태와 연합된 느낌과 증상 혹은 느낌이나 증상이 생긴 최초의 경험에 도달할 때까지 뒤로 천천히 걷게 한다. 클라이언트로 하여금 연합되고, 퇴행된 상태에 머무르게 하면서, 그가 그 경험에서 일반화한 사실이나 신념을 말로 하게 하라.

2. 클라이언트를 맨 처음 각인 경험 전의 시간을 향해 뒤로 걷게 하라. 그 후 클라이언트가 시간선에서 발을 떼게 한 뒤, 현재로 돌아와 각인 경험을 '메타 포지션(meta position)'에서 돌아보게 하라.

　클라이언트에게 그 초기의 경험이 그의 삶에 어떤 영향을 끼쳤는지 알아차리도록 요청하라. 이어서 그 각인 경험의 결과로 만들어진 다른 일반화된 사실이나 믿음을 말로 표현하게 하라. (신념은 '사실이 있은 후에' 형성되는 경우가 많다.)

3. 각인 경험에서 생긴 증상이나 반응의 긍정적인 의도나 부차적인 소득을 찾으라. 또한 각인에 포함된 또 다른 주요 인물들을 확인하라. 사실상 증상은 다른 주요 인물들을 역할 모델링하면서 생길 수 있다. 마찬가지로 그들의 행동에서도 긍정적인 의도를 찾으라. 이것은 그 경험에 속한 다른 주요 인물에 연합하는 것과 그들의 관점에서 그것을 보는 것으로 마무리될 수 있다.

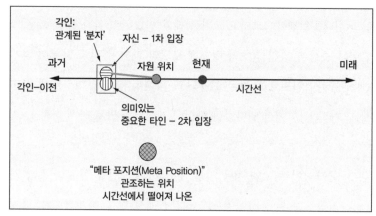

[그림 3-3] 재각인 기법의 지도

4. 각인 경험에 포함된 사람들 개개인에 대하여:

   a. 당시로 돌아가 필요했으나 그때 없었던, 하지만 클라이언트 가 지금 쓸 수 있는 자원이나 선택을 확인하라. 클라이언트나 주요 인물이 그 당시 가졌던 능력에 대해 당신이 스스로를 한계 지을 필요가 없다는 것을 기억하라. 클라이언트가(다 른 주요 인물이 아니라) 지금 그런 자원을 쓸 수 있기만 하면, 당신은 그들이 그 경험을 바꾸게끔 도울 수 있을지 모른다. 클라이언트가 시간선상에서 그 자원을 가지고 했던 가장 강 력한 경험이 존재하는 곳에 올라서게 한 후 그것을 앵커하 라. [그 자원이 적절한 로지컬 레벨(logical level)에 있음을 확실 히 하라.]

   b. 다른 주요 인물들에게 그 자원을 '전송'하라. 이것은 시간선 과 다른 사람의 내면을 거꾸로 가로질러 비춰질 수 있는 한 줄기 빛을 상상함으로써 해낼 수 있다. 이 자원이 전체 시스

템의 역학을 어떻게 바꾸는지 인지하라.

c. 그 자원을 앵커하고 있으면서, 그 클라이언트로 하여금 시간선 밖으로 나오게 하고 각인 경험을 향해 뒤로 걷게 하라. 그리고 그 자원이 필요했던 그 사람의 포지션이 되어 보게 하고, 그 필요했던 자원을 편입시켜서 그 사람의 관점에서 그 각인 경험을 다시 겪게 한다.

d. 클라이언트에게 각인 경험 밖으로 나오도록 시간선에서 발을 떼고 나오게 요청하라. 그가 그 경험을 통해 만들기로 지금 선택할 수 있는 일반화한 사실을 갱신하고 수정하라.

이 과정을 각인 경험에 포함된 주요 인물들 각각에게 반복하라.

5. 클라이언트에게 자신만의 관점에서 필요했을 자원과 신념 중 가장 중요한 것을 찾아 확인하라고 요청하라. 그 자원을 앵커하고, 그 각인이 일어나기 전의 시간선상의 위치로 다시 돌아가 그것을 취하게 하라. 클라이언트는 자신의 더 어린 자아에게 그 자원을 가져다주고, 재각인을 통해 일어난 변화를 경험하면서 현재를 향해 시간선을 계속 걷게 하라.

이 과정을 자신에게 시도하라. 이는 과거에 기인한 주요 관계를 인정하고 새롭게 하는 데 중요하다. 예를 들면, 내가 암 투병 중인 어머니와 작업을 하고 있었을 때, 어느 시점에서 흥미로운 이슈 하나가

떠올랐다. 이모와 외할머니 모두 유방암으로 돌아가셨다는 것이었다. 어떤 사람은 충실하기 위해, 충성심과 가족에 대한 소속감을 유지하기 위해, 그들이 가족의 패턴을 따라야 한다는 이런 재미있는 생각을 가지고 있었다. 이런 것이다. "내 모델이나 내 멘토인 그런 사람보다 더 나으면 난 누구지?"

더군다나 그들의 가족의 패턴을 넘어서면, 그들에게는 롤 모델이 없다. 그들은 스스로 해야 한다. 내가 보기에 사람들은 미지에 직면하느니 죽는 게 낫다고 생각하는 때가 많은 것 같다. 확실히 이 부분은 당신이 당신 마음 밖에다 이것을 놓고 종속 모형을 사용함으로써 풀 수 있는 상황이 아니다. 그래서 나는 어머니에게 메타 포지션을 취하도록 요청했다. "과거의 이모나 외할머니를 보기만 하지 말고, 어머니의 정체성을 알고 어떻게 해야 되는지 알고 싶다면, 미래의 순간에 어머니를 보고 어떻게 해야 할지 결정하는 어머니의 딸을 보세요." 그것이 문제를 좀 더 넓은 시각으로 보게 도와주었다. 그것은 어머니한테 매우 강렬한 경험이었고, 종종 결정을 내릴 때마다 사용하였다.

나는 각인 문제가 비즈니스 상황에 있는 사람들에게 종종 생긴다는 것을 발견했다. 노동자 계층 가족에 있는 이가 성공의 기로에 서 있고 갑자기 그가 사무직 자리로 진급을 할 거라고 상상해 보자. 당신은 심각한 위기가 올 수 있다. 왜냐하면 그는 가족 양식과 문화 정체성을 부셔야 하기 때문이다. 성공은 실패만큼의 위기를 만든다. 노동자 계층에 있는 이 사람은 처음 일을 시작했을 때, 어쩌면 그는 성공한 사람을 보면서 이렇게 말했을지 모른다. "그들은 아무것도 몰라. 그들은 그냥 얼간이들이지."

그가 갑자기 자신도 그 성공한 사람 중 한 사람이 되었음을 발견했을 때의 놀라움을 한 번 상상해 보라.

이런 관련 문제가 다른 많은 방식으로 우리 삶으로 들어온다. 나는 그 힘과 그런 역할 모델을 갱신할 필요성에 대해 알아차리고 그래서 그들이 지지자가 되는 것이 중요하다고 생각한다. 왜냐하면 언젠가 당신도 그 역할 중 하나를 시작하게 될 것이기 때문이다.

{ 연습 }

이제 당신만의 시간선을 그리라. 시연을 따라오면서 어쩌면 당신은 이미 당신의 이슈가 어디에 있는지에 대해 생각이 떠올랐을지 모르겠다. 당신의 무의식적 마음은 분명히 그렇다. 현재 당신이 겪고 있는 고군분투든 교착 상태든 혹은 증상이든 뭐든 잡으라. 시간선을 밟고 서라. 최초의 각인과 정체성, 그것으로 만들어진 신념을 찾으라. 그런 다음 그 각인 이전으로 뒤로 간다. 시간선에서 발을 떼고, 각인 안의 결정적인 관계를 보라. 그 체계 안에서 각각의 주요 인물들의 긍정적인 의도와 필요했던 사원를 찾으라.

그 상황이 다소 복잡해 보인다 해도, 당신이 최소한 한 사람의 다른 주요 인물이라도 찾을 수 있고, 그에게 자원을 가져다주고, 그 체계를 갱신할 수 있다면, 이것은 아주 강력한 연습이 될 것이다. 때때로 당신은 하나만 해야 할 때가 있고 그것이 잠시 통합되도록 시간을 줘야 하기도 한다. 그것이 할 일의 전부일지도 모른다. 질문 있는가?

Q 무의식이 말하도록 두면서 당신이 과거로 다시 들어갈 것이라고 말할 때, 당신이 정확히 뭔가 있고, 이미지가 있음을 확인하는 고요한 한순간이 있는가?

R 이것을 하면서, 이미지를 가질 필요가 전혀 없다. 칼라 씨와 함께할 때 우리는 시간선에서 발을 떼기 전에 이미지를 가지고 시작하지 않았다는 것을 기억하라. 때때로 당신이 각인 경험에 연합되었을 때, 이미지는 전혀 없을 것이다. 하지만 당신이 밖으로 나오면 이미지를 얻기 시작한다. 어느 한쪽이 객관적으로 맞는 것이 타당한 게 아니다. 당신은 당신이 보는 것이 진짜로 일어난 일인지 너무 오래전이라 완전히 왜곡된 기억인지 모를 수도 있다. 나한테 중요한 것은 진짜 현실이 아니라 왜곡된 것이다.

Q 그런데 이미지가 있는가?

R 종종 있다. 이렇게 말할 수도 있다. "선명한 이미지는 볼 수 없지만 어떤 일이 일어났었는지 느끼거나 알 수는 있다." 당신이 얽힌 관계에 대해 말할 수만 있으면, 선명한 이미지는 없어도 된다.

{ 연습 후 }

R 나누고 싶은 질문, 코멘트, 경험이 있는가?

Q 그 사람이 메타 포지션에 있었던 특정한 때에 나는 자원이 부족하다는 인상을 받은 적이 있다. 하지만 그 사람은 충분히 좋다고 했다. 그래서 나는 확실히 하기 위해서, 그 사람에게 그녀의 시간선으로 돌아가라고 했다. 그녀가 그녀의 경험을 직면했을 때 그녀는 이렇게 말했다. "그것은 충분하지 않아요." 나는 계속 진행하기 위해 그녀를 시간선에서 나오게 했다.

R 아주 좋다. 이것은 실패를 반면교사 삼아 당신의 경험을 피드백으로 사용한 것이다. 자원을 추가하기 위해 즉시 물러나는 방법을 쓴 것은 참 좋았다. 가끔은 두 가지, 세 가지 자원을 결합해야 할 때가 있다. 이것이 '꿈속의 물고기'가 그 이미지로 들어가는 때다. 클라이언트는 꿈속 자신만의 물고기를 가지고 있을지 모른다. 분리된 포지션에서 그는 말한다. "와! 나 해법을 찾았어." 하지만 그가 다시 각인에 연합하면 부족했음을 알게 된다. 그래서 당신이 이렇게 말했던 것이다. "그게 꿈속의 물고기가 아니라는 걸 확실히 체크합시다."

   다시, 나는 당신이 당상 그것을 얻지 못하면 의미가 없다는 사실을 인정하길 진심으로 바란다. 왜냐하면 당신은 당신이 갈 수 있는 곳과 자원을 얻을 수 있는 곳의 맥락을 가지고 있기 때문이다. 그것은 프로그래머나 대상 둘 다에게 발견이고, 통찰이고, 피드백이고, 자원이다. 그것이 성공이다.

{ 신념과 로지컬 레벨 }

Q 신념 체계나 신념의 장면이 이전의 신념으로 인해 묶여 있거나 유발될 수 있나?

R 그렇다.

Q 이 사례에서 그 신념은 아주 어린 시기로 돌아갔다. 신념은 "나는 존재할 자격이 없어, 권한이 없어."였다. 정체성과 어떤 관계일까?

R 이런 신념은 분명히 정체성에 관한 것이다. 사실상 이러한 것은 정체성을 형성하는 아주 기본적인 신념이다.

만약 내가 소속되지 않은 곳에 있다는 초기 신념으로 시작한다면, 나는 그에 관한 증거를 찾을 것이다. 만약 내가 부모님에게 체벌을 받고 있다면 그것이 증거라고 말할 것이고, 만약 부모님이 나에게 좋은 말을 한다면 "엄마 아빠는 거짓말을 하는 거야, 날 바보 취급해."라고 말할 것이다. 그래서 그런 종류의 신념으로 시작하는 것은 이후 벌어지는 모든 것을 어떻게 해석할지 결정하는 틀을 만든다.

만약 '여기는 내가 소속된 곳이다.'라는 신념으로 시작한다면, 부모님이 해 주는 좋은 말은 그 신념을 강화시키는 것이 된다. 부모님에게 꾸지람을 들으면, "부모님이 왜 그러는지 궁금할 것이고, 여기서 내가 배워야 할 것이 있는 게 틀림없어."라고 말할 것이다. 이 때는 그것을 내 정체성에 관한 것이 아니라, 행동에 대한 것으로 받아들인 것이다.

{ 각인들 그리고 발전의 순서 }

어떻게 보면 그런 종류의 신념은 보편적이라 할 수 있다. 사람들이 그런 신념을 형성할 특정한 시기가 있다. 내가 티모시 리어리(Timothy Leary)와 하고 있던 작업에서 우리는 발달 모델(developmental model)에 대해 연구하고 있었다. 특정 각인 타입은 당신이 특정한 개발 순서를 추적할 수 있는 특정 이슈와 관련 있다. 장면은 매슬로(Maslow)의 욕구위계이론과 다소 관련되어 있지만, 그것은 몇 가지 중요한 차이점이 있다.

첫 번째 단계는 생존과 관련된 생물학적 지능 레벨에 있는 각인과 관련되어 있다. "내가 살아남을 수 있을까?" 어린아이로서 당신이 파악해야 할 첫 번째는 당신의 기본 생물학적 기능을 어떻게 관리하는가다. 가장 단순한 유기체라 하더라도 생존을 학습해야 한다.

다음 단계는 감정적 각인 발달과 관련되어 있다. 나는 누구에게 속해 있는가? 내 소속은 어니인가? 무엇이 내 영역인가?

그다음은 지적 각인의 발생과 관련되어 있다. 나는 똑똑한가? 나는 생각할 수 있는가? 나는 손재주가 좋은가? 이 단계는 한편으로 능력과 관련이 있다. 여기서는 기호들을 이해하고 그것들을 효과적으로 처리하는 능력의 발달을 포함한다.

그다음은 사회적 각인과 관련된 것이다. 타인과의 관계 속에서 내 역할은 무엇인가?

그런 다음 당신은 심미적 각인이 발달하는 단계에 진입한다. 그때가 당신이 그것들이 진짜로 무엇인지에 대해 깨닫기 시작하는 때이고, 마침내 아름다움과 형태에 대한 지각이 가능해지기 시작하는 때다. 무엇이 아름다운가? 무엇이 즐거운가?

마지막은 메타 레벨(meta level)에서 각인을 발달시키는 단계인데, 이 메타 레벨은 당신이 영적 혹은 정체성 레벨의 각인이라 부를 수 있는 것으로, 앞선 모든 단계 쪽으로 당신의 자각, 즉 어웨어니스(awareness)를 가지고 되돌아가는 곳이다. 무엇이 이런 나를 만드는가? 어떤 방법으로 나 자신을 성장하게 할 수 있는가?

{ 직장생활/회사에 비유해 보기 }

조직 문화와 비즈니스도 같은 단계를 거친다고 생각한다.

첫째, 내가 살아남을 수 있을까? 무엇이 내 분야인가? 그런 다음 나는 더욱 똑똑해져서 시장과 다른 회사를 어떻게 다룰지 배우기 시작한다. 그리하여 나는 사회적으로 눈뜨게 된다. 그 회사는 마침내 상품의 품질에 진정으로 영향을 미칠 — 살아남도록 해야 할 필요성 때문이 아니라 상품 그 자체의 아름다움 때문에―미적 자각 레벨에 도달할 것이다. 그러고 나서 그 자체의 내적 구조를 확장하고 성장시키기 위해 스스로를 평가하기 시작한다.

만약 부정적인 각인이 그러한 단계에 하나라도 있으면, 그 부정적인 각인이 다음 단계로 넘어가기 어렵게 만든다. 한 군데의 약한 연결이 사슬 전체를 약하게 만든다. 만약 그 시스템 쪽으로 압력이 가해졌다면, 자꾸 이 특정 단계로 다시 퇴행할 것이다. 왜냐하면 이 단계에서 할 일을 끝내지 못했기 때문이거나, 아니면 그 단계에서 배우거나 발달시켰어야 하는 자원이 누락되었기 때문이다.

Q 이러한 각인 단계에 중요한 나이대에 대한 대략적인 생각을 말해 줄 수 있나?

R 일반적으로, 아주 어린 나이의 아이들은 생존 단계에 있다고 생각한다. 하지만 아직 아이들이 유대감 형성을 시작하기엔 이른감이 있다.

첫째, 어머니와 유대를 형성한다. 그런 다음에 좀 더 큰 조직의 구성원과 유대를 형성한다. 가령, 아버지나 형제 등등. 사람들은 종종 초등학교 시절에 지적 단계의 각인을 습득하게 된다. "내가 다른 아이들에 비해 똑똑한가요?" 등등. 그런 다음 십대 초기, 즉 청소년기에 접어드는데, 청소년기에는 자신의 사회적 이미지에 내해 신경을 많이 쓰게 된다. 사회적 인식에 대해 신경을 아주 많이 쓴다. 심미적 각인은 대학 1~2년생(college level) 즈음에 나타나고, 뒤이어 메타 레벨이 온다. 이것은

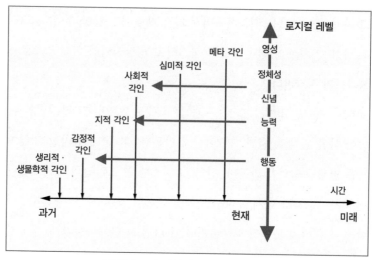

[그림 3-4] 각인과 로지컬 레벨 단계

매우 일반적이다. 문화적 시스템이나 가족 시스템 그리고 환경에 따라, 사람들은 더 일찍 각인 경험을 하기도 한다.

Q 당신이 그런 어떤 경험으로 돌아갈 때, 당신은 "난 존재할 자격이 없어."와 같은 하나의 신념으로 돌아간다. 당신은 메타의 관점에서 그 사람에게서 자원을 가지고 오고, 상황 속에 있는 인물들 한 사람 한 사람에게 그것을 주입한다. 그 사람이 그것을 느끼면 현재로 돌아와도 되고, 현재에서 당신은 그것을 가지고 하나의 사건 다음 또 하나의 사건을 재차 경험한다. 내가 궁금한 것은 그것이 그 최초의 신념과 연결된 신념 체계를 바꾸는지 여부다.

R 당신이 말한 그런 믿음이 **핵심 신념**(core belief)이라는 것이다. 핵심 신념은 그다음에 오는 것들에 영향을 줄 아주 보편적이고

기본적인 신념이다. "여기가 내가 속한 곳이 아니라면 내가 똑똑하든 말든 누가 상관해? 내가 왜 사회적 역할을 원하겠어?" 그것은 다음에 일어날 모든 것에 영향을 끼칠 것이다.

Q 나는 클라이언트로 이 연습을 했다. 내 모든 과거가 내 앞에 있을 때, 내가 그것을 온전히 다 경험하지 못했다는 사실에 나는 깨달음을 얻었다. 그래서 그 전에 가졌던 기쁨과 즐거움을 찾기 위해 미래에 등을 돌려야 했다.

R 그 위치에서 미래를 보고 있었을 때, 당신은 자원이 풍족하다고 느끼도록 각인을 바꿀 수 있었나?

Q 이것 전부 메타 위치에 있기 전이었다.

R 관점이 어떻게 당신이 어떤 것에 대한 모든 경험을 바꾸는지 잘 보라. 나는 그런 느낌을 만들었던 사건을 다시 경험하면 똑같은 느낌에 다시 접근할 수 있다. 하지만 내가 시간선 밖 메타 관점에서 똑같은 사건을 보고 있다면, 나는 그것을 다르게 지각하고 그들은 다른 식으로 영향을 받는다.

내가 시간선 위의 같은 일을 인지하기는 하지만, 그 사건 전, 사건 후, 사건이 일어난 그 시간에 따라 사건의 내용은 같아도 느낌은 다르다. 그 변화는 사건들을 보는 내 포지션에서 나온다. 그것은 이 과정이 어떤 것인지 아주 잘 보여 준다.

{ 메타 프로그램과 시간선 위의 위치 }

어떤 면에서는, 재각인에 관한 맥락은 당신에게 메타 프로그램(meta program) 패턴과 분류 스타일을 바꿀 수 있는 방법을 제공하는 것이기도 한다. 예를 들어, 당신은 한 사람을 시간 안에, 시간을 통해, 멀어지게 또는 가까워지게 하고 현재에서 과거로 분류하거나, 또는 과거에서 미래로 그리고 현재에서 미래로 분류하도록 쉽게 영향을 줄 수 있다. 당신은 그 사람이 스스로, 타인에 의해서, 맥락에 의해서 분류하도록 할 수 있다.

당신이 가지고 있는 이 특정 모델은 변화가 요구하는 맥락을 만드는 한 묶음의 차원이다. 변화는 지각 레벨과 이 맥락 내 시간 틀(time frames)이 교차하는 곳에서 생긴다. 그래서 우리는 첫 번째 축에 시간을 두고, 두 번째 축에 로지컬 레벨, 즉 정체성, 신념, 능력, 행동 그리고 환경을 둔다. 그다음에 전부 메타 프로그램에 관련한 자아, 다른 사람들, 메타 포지션인 지각적 포지션이 세 번째 축에 놓인다.

내가 가지고 있는 이 구조의 내부는 필요한 자원을 찾으러 갈 장소를 나에게 제공해 주는 내 삶의 맥락과 관련된 공간, 게슈탈트다. 그 모든 차원의 교차 지점은 변화를 만들도록 해 준다. 물리적으로 서 있는 이 맥락과 관련된 공간은 사실상 그 시간에 내가 작동시키고 있는 메타 프로그램을 옮길 것이다.

Q 당신이 답한 내용은 내 질문에 대한 대답인 것 같다. **이런 트라우마**

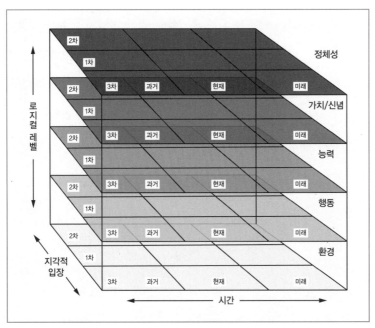

[그림 3-5] 메타 프로그램을 위한 맥락적 작업 공간

적 경험이 메타 프로그램들을 확고히 할까?

R 그렇다. 습관적인 메타 프로그램 패턴은 아마 이보다 이른 시기에 내가 갈 다른 포지션이 뭔지 몰랐기 때문에 형성된다. 어쩌면 내가 메타 프로그램 지각을 한 적이 처음이었기 때문에 형성되는 것인지도 모른다. 당신이 말한 것처럼 그것은 확고해진다. 그것은 굴 속에 든 모래조각처럼 된다. 진주의 나머지 부분은 그 모래 알갱이를 둘러싸는 층들 내부로 다시 갈 때까지, 그 각인 주변을 형성하기 시작한다. 그래야 우리는 그 모래를 조금 옮길 수 있고, 한층 더 아름답고 정교한 진주를 키울 수 있다. 이 과정을 통해 우리는 개인의 과거사를, 즉 다른 사람들과

원활한 관계 맺음을 위해 과거와 관련된 신념의 이슈를 작업했다. 우리가 다른 사람과 평화롭고, 우리 과거와도 평화로울 때, 그때가 스스로와 평화롭고, 미래에 직면하도록 할 때다. 이것이 우리가 다음으로 향할 곳이다. 재각인과 관련된 우리 작업에 결론을 내리자면, 모든 중요한 포인트를 합치자는 것이다.

{ 시간선과 재결정 과정 }

누군가 나에게 '나는 뚱뚱한 사람이다.'라는 믿음을 가진 사람과 어떻게 작업하는지 물어보았다. 그것은 정체성과 관련된 핵심 신념이다. 자, 그럼 그러한 핵심 신념을 어떻게 바꿀까? 어떻게 그 사람이 새로운 정체성을 받아들일 준비를 하게끔 할까? 우선 그 정체성이 형태를 잡기 시작했던 모래 알갱이에 해당하는 핵심 신념을 찾으려고 할 것이다. 그리고 그 사람이 최초로 그러한 결정을 내린 곳으로 돌아간다. 아마 나는 그 신념 이전에 다른 여러 핵심 신념이 있다는 사실을 발견하게 될 것이다. 그런 다음 물러나와 그 사람이 그러한 결정을 내렸을 때의 환경을 찾고자 할 것이다. 어떤 때는 당신은 그 사람의 어머니가 비만이었음을 발견할 것이다. "난 엄마처럼 되어야만 했다." 또 어떤 때는 그 사람의 어머니가 마른 체형이었음을 알게 될 것이다. "난 절대로 엄마처럼 되지 않을 거예요." 때로는 "아무도 날 돌봐 주지 않아. 그러니 나 혼자 먹고 살아야 해."일 때도 있다.

나는 어떤 신념과 상황이 그의 정체성에 관련해 그러한 결정을 이끌어 냈는지 찾고자 한다. 그런 다음에 우리는 그 과거의 상황에 새 자원을 가져와 그 사람이 알아차리도록 한다. "이것은 내가 한 결정이다. 이것이 과연 가장 적절한 결정이었는가? 이러한 것들 전부가 합쳐져 도달한 결정인가? 아니면 단순히 그 당시 내가 가지고 있던 한정된 관점과 자원 때문에 도달한 결정인가?"

그런 후 그 새로운 결정을 현재에 가져온다. 우리는 오래된 분자를 파괴한다. 하지만 우리는 분자를 구성했던 이 요소들을 그 사람이 적절하고 생태 환경에 조화롭게 미래로 향하도록 이끌어 줄 방식으로 다시 합쳐지도록 재배치해야 한다. 때로 나는 새로운 신념을 구축하기 위해 새로운 능력을 구축하기도 한다. 그 사람이 오래된 신념으로부터 풀려나기 전까지는, 그 사람은 새로운 능력을 수용하고 배울 준비조차 되어 있지 않다.

{ 가상의 벼룩들 }

한 사례가 있다. 몇 년 전 내가 데이비드 고든(David Gordon)과 함께 강박증을 가진 한 여성을 위해 작업을 하고 있을 때다. 그 여성은 자신의 몸에 벌레들이 있다고 믿었다. 그 벌레들을 실재하는 가상의 벼룩이라고 불렀는데, 아무도 그 벌레들이 실재한다고 받아들이지 않았기 때문에 가상이었다. 하지만 벼룩들은 실재했다. 그 여성의 몸에 벌레들이 있으면, 그녀가 그것을 느꼈기 때문이다. 그녀는 그 벌레들을 무시할 수 없었다. 그 벌레들은 그녀에게 침범당하고 있다는 끔찍한 느낌을 주었다.

그녀는 벌레들로부터 자신을 보호하기 위해 뭐든 해야 했다. 그래서 그녀는 운전용, 옷 입기용 등 72켤레의 각기 다른 장갑을 준비했다. 그녀는 항상 자신의 팔보다 긴 소매의 옷을 샀고, 살을 긁고 또 긁어서 언제나 피부가 빨갰다. 그녀는 진짜로 그 상황에 갇혀 옴짝달싹 못하고 있었다.

벼룩이 가상의 것인 만큼 그 벌레들에게는 몇 가지 흥미로운 옵션이 주어졌다. 예를 들면, 모든 사람에게 벌레가 있다는 것, 특히 그 여성의 부모님에게 있다는 것이다. 그녀는 물론 그녀의 부모님을 진심으로 사랑했지만, 부모님한테 가장 많은 벌레가 있는 만큼 부모님과 그렇게 많은 시간을 함께 보낼 수가 없었다. 그 벌레들이 가상인 만큼 벌레들은 전화기를 뚫고 나올 수도 있었다. 그래서 부모님한테서 전화가 오면 벌레들이 수화기를 통해 흘러나왔다. 그것이 그녀가 믿는 신념이었다.

물론 많은 사람이 그런 것 전부가 말도 안 되는 것이라고 그녀를 납득시키려 시도했다. 데이비드와 나는 그녀의 종속 모형과 전략을 알아내기 위해 그녀와 라포를 형성하려고 많은 것을 했지만, 이 신념을 문지방 너머로 보내기에 성공한 것은, 내가 그녀의 신념 체계에 보조를 맞추기 시작했을 때였다. 나는 "그래요. 이런 벌레들이 있군요. 하지만 내가 보기에는 당신이 그 벌레한테서 도망치는 데 온 삶을 다 바치는 것처럼 보여요. 당신은 그 벌레들을 없애려고 시도하고 있어요. 당신은 항상 그 벌레들과 멀리 떨어지려고만 해요. 그런데 그건 그 벌레들을 처리하는 데에는 별 효과가 없는 방법 같군요. 누가 실재하는 가상의 벼룩 때문에 생긴 당신의 실재하는 가상의 알레르기를 치료해 준 적이 있나요?"

"내가 보기에 그건 모든 알레르기 증상과 일치합니다. 어떤 사람은 공기 중의 꽃가루에 알레르기가 있어요. 그 사람은 꽃가루를 볼 수 없지만 코에 있다는 것, 느낌이 안 좋다는 것을 느껴요. 그런데 그 사람은 언제나 꽃가루한테서 멀어지거나 꽃가루를 피해 숨어야 하는 것은 아닙니다. 그 알레르기 증상을 감소시키도록 면역 체계를 치료할 약이 있거든요." 그렇게 말하고 나는 병에서 플라세보 약을 꺼내서 설명했다. "이 약은 실재하는 가상의 알약입니다. 이것들은 가상의 것이에요. 왜냐하면 이 안에 실재하는 약 성분이 없기 때문입니다. 그렇기는 하지만 이 약은 실재합니다. 이 약이 당신의 알레르기를 치료하고 당신의 기분을 바꿔 줄 거니까요."

우리가 그녀의 신념 전략의 종속 모형에 대한 모든 것을 알았기 때문에 그 약이 어떻게 작용할 것이고, 그녀가 어떻게 느낄 것이고, 그 약이 그녀의 민감한 종속 모형에 따라 어떻게 달라질 것인지를 내가 묘사하기 시작했다. 물론 그녀는 어떤 논리적 허점도 찾지 못했다. 가상 재미있었던 것은 그녀가 나흘 후에 다시 왔을 때, 그녀는 정말로 두려워하고 있었다는 것이다. 그 이유는 그 실재하는 가상의 알약이 정말로 약효가 있었기 때문이다.

그녀는 자리에 앉아 이렇게 말했다. "내가 어떤 옷을 사야 할지 어떻게 알까요? 내가 부모님을 대할 방법을 어떻게 알까요? 나를 만지도록 허용해 줄 사람을 어떻게 알까요? 내 주변을 둘러싼 세상 속에서 내가 무엇을 할지 어디로 갈지 어떻게 알까요?"

당신은 우리가 그 허점을 메우기 위한 전략을 구축하도록 그녀에게 도움을 주지 않았다면, 그녀는 생태학적 이유로 다시 강박 관념에 가야만 했을 수도 있음을 깨달아야 한다. "난 여기 있고, 미지의 세계는 떠났다."

그녀는 이 믿음이 그녀의 의사결정 역량의 많은 것을 대체했다고 말하고 있었다. 이것은 중요한 피드백이었다. 분명히 문제는 아니었다. 그래서 그녀는 마침내 결정을 내리는 전략이 무엇인지에 대해 들을 준비를 갖추었다. 우리는 과거로 가서 그녀가 이 모든 능력을 구축하는 것을 도왔다. 우리는 그녀가 들고 온 "내가 어떻게 알까요?"라는 질문에 대한 대답에 사용할 만한 기준과 이러한 기준의 근거를 찾는 방법에 대해 탐험했다. 또한 그녀는 15년간 강박 관념을 가지고 있었기 때문에, 우리는 또한 그녀가 개발했던 어떤 의사결정 자원을 가져왔고, 그것들을 이런 벼룩들을 구축하기로 결정했던 어린 소녀로 다시 데리고 갔다. 요점은 신념, 능력 등과 같은 모든 레벨이 한 사람의 총체적 시스템 구성에 전부 참여한다는 것이다.

{ 사랑 }

우리가 어떤 목적을 위해 관계에 관한 우리의 이번 탐구를 다른 사람들에게 가져오면서, 내가 당신에게 전하고 싶은 자원과 이슈가 하나 있다. 그것은 바로 사랑이다. 분명히 우리 삶은 사랑과 우리가 사랑하는 것들로 빚어졌다. 오늘 아마 우리는 "자신과 같이 타인을 사랑하라."라는 말이 의미하는 것에 대한 더 넓은 통찰을 얻었을 것이다.

사랑에는 다양한 유형이 있다. 우리는 대개 처음에는 행동에 기반을 둔 사랑으로 시작한다. 어쩌면 그것은 성적인 것 혹은 내가 살아남게끔 누군가가 돕고, 나는 그들이 살아남게끔 돕는 식의 서로 돌보아 주는 것에 기반을 둔 사랑일지 모른다. 그런 다음에 아마도 우리는 무엇을 생각하는지, 어떤 사람인지, 무엇을 아는지 때문에 누군가를 사랑하기 시작한다. 그들의 몸 혹은 그들이 타는 차가 어떤 차인지 혹은 돈을 얼마나 버는지 때문에 누군가에게 끌리는 것이 아니라, 우리는 그들의 마음 때문에 관심을 갖기 시작한다. 신념과 가치를 나누기 시작할 때 사랑의 더욱 깊은 레벨이 시작된다. 그다음 당신의 정체성을 나누는 레벨이 있다. 당신이 가지는 우정이나 인관관계는 그들이 믿는 것이나 가진 것 때문이 아니라 그들이 어떤 사람인가 때문이다. 그리고 우리에게 그 모든 것 너머에 있는 사명의 유형으로 뛰어오르는 시간이 온다. 그것은 사랑의 영적 유형이다. 이것은 관계의 발전 면에서나 관계의 끝맺음 면에서나 둘 다 중요하다고 생각한다.

관점에 따라서는 영적 레벨에서의 관계는 끝이 없다. 자신이 사랑한 사람의 죽음을 경험한 사람은, 더 이상 그 사람의 정체성, 행동, 신념 등을 직접적으로 경험할 수 없을 때, 그 단계에 도달하게 된다. 두 사람의 연결은 이 영적 레벨로 옮겨질 필요가 있다.

나는 사랑했던 사람의 죽음 또는 관계의 끝에서 상대방의 행동을 떠맡는 사람들을 보았다. 그것은 때때로 당신이 관계의 끝에서 가지길 원할 어떤 의식의 매우 유용하고 중요한 부분이다. 그 사람이 존재할 때는 그들이 시스템의 그 부분을 충족시킨다. 하지만 그들이 더 이상 거기에 없을 때, 당신은 당신 자신에게 이제 존재하지 않는 사람의 능력까지 제공해야 한다. 때로는 어떤 신념과 가치가 더 강화되기도 한다. 혹은 당신이 이 재각인 과정에서 발견할지 모를 많은 것처럼 이런 주요 인물들의 정체성의 한 측면을 계속 떠맡을 수도 있다. 그것이 관계의 모든 레벨을 통합할 수 있는 비탄이라는 것을 뚫고 나아가는 데 중요한 하나의 과정이라고 생각한다.

몇 년 전 부친에게 뇌졸중이 왔다. 예상치 못한 일이었고, 아버지의 나이는 겨우 쉰일곱 살이셨다. 아버지의 상태는 심각했고, 겨우 몇 시간도 더 살기 힘들 거라고 했다. 우리 가족은 아버지를 보기 위해 모두 병원으로 달려갔다. 우리는 아버지를 살리고 치료하는 데 도움이 될 만한 모든 것을 하기 시작했다. 암에 걸린 어머니와 했던 작업과 다른 건강 문제를 다룬 경험을 가지고, 나는 내가 쓸 수 있는 범위 내 모든 힘을 다하려고 애썼다. 아버지는 그날을 무사히 넘기셨고 이후 며칠을 더 버티셨다. 그렇기는 해도 뇌졸중이 오면, 사실상 상황은 시간이 지남에 따라 더욱 악화되어 간다. 뇌는 부풀어 오르는데 두개골은 확장되지 않아, 두개골 안쪽에서 바깥으로 뇌가 미어져 나오는 느낌이 오기 때문이다. 이것은 체온, 호흡, 혈압 그리고 심장 박동까지 정말로 우리의 모든 생명 기능을 어지럽힌다. 이는 흥미로운 역설이다. 우리 몸은 스스로를 치유하기 위해 애쓰는 과정에서 실제로 스스로에게 해를 입히기 때문이다. 이 모든 것을 구성하고 있는 두뇌도 손상되는 일부분인 것이다.

아버지의 상황 역시 점차 악화되어 갔고, 의사는 그가 혼수상태에 있고 이제는 우리가 하는 말을 들을 수도 없다고 말했다. 물론 우리는 희망을 가지고 우리가 할 수 있는 어떤 일이라도 하려고 시도했다. 여전히 우리가 하는 말도 들을 거라고 믿었다. 그래도 아버지의 몸은 점점 약해져 갔다. 원래 몸무게의 4분의 1이나 체중이 줄었다. 뇌졸중으로 인해 눈도 보이지 않게 되었고, 몸의 오른쪽을 전혀 쓸 수 없었고, 왼쪽 역시 컨트롤할 수가 없었다. 항상 강하고, 통제력 있고, 어떤 것에도 위축되지 않았던 아버지였다. 그런 아버지의 약해진 모습을 보는 일이 나에게 힘든 것은 당연했다.

5일째, 6일째 되는 날에 정말로 상황이 나빴다. 그건 마치 힘들만큼 힘들게 함께 달리려고 애썼는데도, 진흙 뻘에 얼굴을 박고 빠진 느낌이었다. 우리는 스스로를 겨우 끌어올려 우리가 가진 것 전부를 거기에다 다시 쏟아부어도 또 빠지고 또 빠지기만 했다. 어머니와 누이와 나는 아버지와 계속 함께 있으면서 아버지에게 아버지가 여전히 여기 계신다는 일종의 신호를 계속 달라고 했다. 아버지가 계속 살아 계시기를 모두 한마음으로 바랐다.

갑자기 자신의 힘으로 소변도 볼 수 없었고, 앞이 보이지도 않았고, 몸이 약해질 대로 약해진 아버지는, 왼손을 들어올려서 내 귀를 잡아 자신의 입으로 가져가서는 알 수 없는 이상한 소리만 내는 것 외에는 거의 아무것도 할 수 없었다. 내가 듣기엔 그 소리는 "안녕." 또는 "잘 있어."라는 소리 같았다. 그 이후로 아버지는 앞이 보이지 않는 어둠 너머로 손을 내밀고 더듬어, 누이의 손을 찾았고 자신의 손 위에 누이의 손을 올렸다. 또 어머니의 손을 찾아 누이의 손 위에 올렸고, 우리의 다른 손 전부를 포개 올렸다. 그것은 아버지가 한 마지막 의식적인 행동이었다. 그건 내가 세상에서 본 가장 아름다운 것이었다.

그날 밤 어머니는 꿈속에서 아버지를 보았다. 꿈에 나타난 아버지는 어머니와 사랑에 빠졌던 시절인 열여섯 살 소년이었다. 꿈속에서 어머니는 아버지가 멀리 가고 있는 것을 볼 수 있었는데, 어머니는 당연히 아버지가 가지 않기를 바랐다. 어머니는 아버지가 남아 있거나, 아니면 함께 가기를 바랐다. 처음 그녀는 화가 났고, 그러고 나서는 슬펐다.

하지만 어머니는 아버지가 다시 열여섯 살이 되어서 어딘가로 가는 것이 너무 행복해 보여서 아버지를 여기 있으라고 잡을 수 없었다고 말했다. 아버지는 어머니에게 돌아서며 어머니는 아직 때가 되지 않아 따라올 수 없는 곳으로 간다고 하셨다. 어머니가 아버지를 다시 보기 전까지 긴 시간처럼 느껴질 수 있지만, 아주 커다란 시간 범주 안에서 그것은 거의 없는 거나 마찬가지인 시간일 것이다. 아버지와 어머니가 다시 함께할 때는 영원이 될 것이다.

이것은 나에게 긍정적인 각인이다. 내가 삶의 마지막 행동에 관해 생각할 때, 만약 내 몸이 완전히 망가지고 고통 속에 있다면, 실제로 쓸모가 없는—확실히 아버지는 완전하게 자신이 소비되는 모든 권리를 가졌었다—만약 그 방식으로 모든 일을 끝내고 통합할 마음의 현존 상태를 유지할 수 있다면, 만약 내 물리적 존재를 마무리하면서 그런 것을 할 수 있도록 NLP에서 배운 모든 것을 쓸 수 있다면, 그러면 그것이 내 삶을 만들고 그 가치를 깨닫게 할 것이다. 그것이 내가 NLP에서 얻고 싶은 것이다.

그 시간—당신 현실 전체가 변화하고 있고, 당신이 할 수 있는 일이 아무것도 없고, 일어날 수 있으나 절대로 꿈꾸지 않았던 일들이 일어나고 있을 때—그때 "당신이 할 수 있는 유일한 것은 자기 자신 안에서 온전해지는 것이다." 카를로스 카스타네다(Carlos Castaneda)의 돈 후앙(Don Juan)의 말이다.

{ 사랑으로서 명상 }

사랑의 유대는 결코 끊어지지 않는다. 그것은 단지 다른 레벨로 이동하는 것이다. 잠시 눈을 감고 늘 함께하지는 않지만, 당신이 관심을 두는 사람에 대해 생각하라. 꼭 죽은 사람이거나 지난 과거의 사람이어야 하는 것은 아니다. 오랜 기간 함께하지 못한 사람이어도 괜찮다.

당신이 그 사람에 대해 어떻게 생각하는지 알아차리기를 바란다. 당신의 마음속 어디에서 당신은 그 사람을 보는가? 당신의 마음속에서 무슨 말을 듣고 있는가? 선명한 장면인가? 거리는? 밝기는? 그러고 나서 과거에 있었던, 친구 한 명이나 사물 한 가지 중 하나를 떠올리라. 이 사람 혹은 이 사물이 이제 당신과 같이 있지는 않더라도, 당신은 항상 함께 있는 것처럼 느낀다. 그것이 당신이 과거에 가졌던 장난감일 수도 있다. 당신은 그것을 생각할 때 슬픔 없이 그것을 소중히 여긴다. 그것이 친구여서 당신이 어디에 있든 당신과 함께한다고 항상 느낀다. 당신이 이 사물 혹은 이 사람을 마음속에서 어떻게 보고 듣는지 알아차려서 언제나 당신과 함께할 수 있기를 바란다.

관심을 가지고 신경을 쓰지만 함께하지는 못하는 그 사람의 기억을 가지고, 당신이 항상 함께한다고 느끼는 그 사람 혹은 그 사물의 기억의 특성과 일치하도록 그 기억의 특성을 바꾸라. 어쩌면 당신은 그 이미지를 더 가까이 가져올지도 모른다. 어쩌면 당신 뒤나 왼쪽에서 그 이미지를 보는 것이 아니라, 그 이미지의 위치는 당신의 가슴속일지 모른다. 또, 더 가깝고 더 생생하게 보이게 만들어 주는 색깔이나 밝기의 어떤 특징이 있을 수도 있다. 소리에도 독특한 특성을 지닌 목소리나 톤, 템포, 깊이가 있을 수도 있다.

당신이 당신의 마음, 가치와 신념, 정체성 안에서 그 사람의 그 기억이 자신의 자리를 찾도록 허용하고 있는 동안에, 잠시 사랑의 느낌을, 순수한 사랑, 무경계의 사랑의 느낌을 떠올리라. 그 사랑은 양적 개념이 없다. 주는 것도 받는 것도 아닌 그저 있을 뿐인 그런 사랑이다.

그 사랑이 어디에서 오는지 알아차리라. 당신의 내면 깊은 어떤 곳에서 오는가? 당신 가슴속에서 오는가? 당신 주변의 모든 것에서 오는가?

순수하고 반짝이는 빛의 모양으로 사랑을 시각화하기 시작하라. 그 사랑이 당신 주변과 내면을 밝히고 빛나게 하라. 그런 다음 그 빛을 잡으라. 그것을 반짝이는 은빛 실로 만들라. 당신이 관심을 쏟는 그 사람의 가슴과 당신의 가슴을 그 실로 묶으라. 이제 이 빛의 실이 그들이 어디에 있든지, 아무리 멀리 떨어져 있다 해도, 어떤 시간에 있더라도 그들의 가슴과 당신의 가슴을 연결할 수 있다는 것을 당신은 알고 있다.

이 실은 아무리 많은 사람이라도 연결할 수 있고, 절대로 끊어지는 일도, 빛이 소진되는 일도 없다. 당신은 여기 앉아 있는 자신을 봄으로써 당신이 만나는 당신, 그 주변의 둘러싼 많은 실과 연결된 당신 가슴을 볼 수 있다.

지금 실이 오는 것을 느끼라. 그러면 실의 빛은 확장되고 더욱 빛나서 당신 주변의 모든 공간을 채울 것이다. 그 빛의 밝기로 우주를 채울 수 있다는 것을 기억하라.

이 방 안에서 자신을 느끼라. 가장 중요한 것은, 자신을 사랑한다는 것을 느낄 수 있냐고 확신하는 것이다. 잠시 동안, 당신의 가슴이 당신 안에서 박동 치고 있음을 느끼라.

당신은 완벽한 사람이고, 완벽한 존재임을 기억하라. 당신은 하나의 정체성으로 존재할 수 있고, 한 개인으로 존재할 수 있음을 잊지 말라. 당신만의 개성, 독특함을 느끼라. 아마 오늘 밤 당신은 당신 가슴에 다른 사람들이 어떻게 그런 실들을 붙였는지를 알아내고 깨닫게 될지도 모른다.

당신의 자각 주변에 아무것도 없도록 잠시 동안 이 방에 머물라. 그저 존재하라. 그 존재, 그 소리, 당신의 몸, 당신 주변의 공기와 빛, 당신 몸 전체에 산소와 생명을 가져다주는 당신 폐를 채우는 그 공기를 향해 가능한 완전히 감각을 스스로에게 허용하라. 당신 주변의 다른 사람들, 다른 존재들, 개개인들, 특별한 사람들을 자각하라. 눈을 뜨고 방을 가득 채우는 그 빛을 지각하면서 여기 이곳에 완전히 존재하라.

04

상반된 신념에 대한 통합

이 장에서 우리는 갈등하는 신념의 통합을 다룰 것이다. 우리의 정체성이나 신념 체계의 특정 부분을 그들이 서로 지지하는 것과 같은 방법으로 우리가 어떻게 이들을 함께 다루는지를 탐구할 것이다. 신념 변화의 과정에 대한 내가 좋아하는 비유 중의 하나는, 씨 뿌리는 사람과 씨앗에 관한 예수의 말씀이다.

씨 뿌리는 사람은 자신이 여러 곳에 씨를 뿌린다고 말한다. 씨앗은 이미 자신의 내부에 정체성의 기적을 가지고 있어, 자신의 성장의 경로를 스스로 제공할 수 있다. 씨앗을 심는 사람이든 정원사든 씨앗을 성장하게 할 필요가 없다. 씨앗은 자신의 내부에 생명의 기적을 품고 있다. 그러나 씨 뿌리는 사람은 돌아가는 상황에 대비해 준비를 해야 한다. 우화에서는 씨앗을 깊지 않은 땅에 심으면, 새들이 멀리 잡아채 간다고 한다. 또 씨앗이 바위가 많은 땅에 떨어지면 일단 뿌리는 빨리 자라지만, 태양에 노출되면 뿌리는 바위 때문에 깊이 들어가지 못하고 식물은 시들어 버리고 만다. 만약 씨앗이 잡초들이 있는 토양에 떨어지면, 뿌리는 자라지만 잡초들과 같은 공간에서 경쟁하기 때문에 도중에 사그라진다. 씨앗은 깊고 비옥한 토양에 떨어져야만, 자랄 수 있고 열매를 맺을 수 있는 것이다. 이는 새로운 신념과 정체성 개발을 의미하는 데 훌륭한 비유가 된다.

심각한 병을 가진 사람이 "나는 내가 건강해질 수 있다고 믿는다."라고 밀힐 수 있다. 중중 그 신념은 도양도 없고 깊이도 없을 때기 있다. 그저 사람들에게 말만 할 뿐인, 공허한 희망에 불과하다. 풍부한 표상이 없다면, 그 사람이 회복하고 좋은 상태가 되기 위한 시각적,

청각적, 신체 감각적인 내면의 지도를 가지고 있지 않다면, 신념이 자랄 충분한 깊이를 가진 토양이 없는 것이다.

그때 누군가 와서 "얼마나 어리석니, 당신은 당연히 나을 수 없어. 현실을 똑바로 봐. 당신한테는 희망이 없어."라고 말한다면, 그것은 얕은 땅에 떨어진 씨앗을, 즉 신념을 콕 집어 물고 가는 새와 같다. 그 사람의 신념은 꺾이고, 자신이 의심했고 확신하지 못했음을 인정하게 된다. 만약 씨앗이 바위가 많은 땅에 떨어졌다면, 과거에서 온 한계가 가득한 각인들이어서 사실 몇 가지 표현이 있고 그 신념을 수용할 만한 그 사람 내부의 몇몇 부분이 있다 하더라도, 그 신념의 뿌리는 저항을 만나게 된다. 그 뿌리는 어느 정도는 자랄 수 있지만 과거에서 온 바위들인, 오래된 분자들이 있을 것이기 때문에 그 사람이 경험하는 삶의 풍부함을 통해서 끝까지 자라야 이 새로운 정체성의 뿌리를 유지할 수 있다.

자주 변화에 얽혀서 오는 어려움으로 인한 압박에 짓눌릴 때, 그 새로운 신념은 시들어 가기 시작한다. 실제로 뿌리 전체를 취함으로써 신념을 유지하는 과거에서 온 이 오래된 바위, 즉 오래된 분자가 있는 것이다. 때때로, 만약 그 씨앗이 다른 씨앗들과 같이 떨어진다면, 그 씨앗들은 정말로 정원을 채울 정체성이 누구의 것일지를 놓고 경쟁하기 시작할 것이다. 한 개의 씨앗과 다른 한 개의 씨앗은 성장하기 위해 서로 비옥한 토양에서 영양분을 흡수할 것이다. 이렇게 당신은 같은 공간에서 둘이 살아남으려는, 갈등하는 정체성을 가지게 된다.

우리는 이전 두 장에서, 우리의 신념이 잘 자랄 수 있는 토양을 만들기 위해 능력의 토양을 구축하는 방법과 오래된 신념의 바위를 부수는 방법을 공부했다.

{ 정체성 수준에서 조화 }

이 장에서 우리는 신념 레벨만큼 정체성 레벨에서도 조화를 이룰 것을 확실하게 하고자 한다. 그래서 우리는 같은 공간을 차지하고 있는 두 개의 다른 부분을 가지려는 시도는 하지 않을 것이다. 우리는 종종 한 사람의 개인사를 깨끗하게 작업한 후에도, 여전히 그는 과거의 그런 신념에서 발전된 정체성을 이루는 부분을 지니고 있다는 것을 발견하게 된다. 그 오래된 바위와 흉터들이 이제 거기 없어도, 여전히 각인을 통해 자란 자아의 그 부분을 전체 정체성으로 통합할 필요를 느낀다. 예를 들어, 나는 조현병을 앓았던 한 여성과 작업한 적이 있었다. 그녀는 수차례 입원 치료를 받았고, 그것이 그녀에게 상당한 트라우마가 된 경험이었다. 나는 그녀의 삶에서 일찍이 부인하고 묵인하였던 무언가인, 상당히 트라우마적 각인을 발견했다. 우리는 그것을 재각인했고, 그것은 그녀에게 아주 강력한 변화를 가져왔다.

그녀는 지금의 현재로 왔었고, 그 각인에서 풀려난 큰 안도감을 느꼈다. 하지만 몇 주가 지난 뒤 그녀는 흥미로운 경험을 하기 시작했다. 그녀는 아주 극심하게 무관하고 엉뚱하다고 느끼기 시작했다고

말했다. 그건 이제는 더 이상의 의미가 없는, 이전의 그 각인을 둘러

싸고 구축되었던 정체성의 모든 측면과 모든 행동 때문이라고 했다.

그녀는 스스로를 보호하기 위해 완벽하게 이러한 방어 메커니즘을

세웠던 것이다. 그래서 그것들을 꼭 잡고 견뎌 내려고 정신병원에 가

려고 했었던 것이다. 이제는 그녀가 그것을 되돌아보면, 더 이상 그

럴 필요가 없다는 것을 깨달았다.

　그녀는 자신의 정체성의 이 분아(分我)와 이 행동이 서로 어떤 관계

가 있는지 몰랐었다. 그녀는 현재로서는 완전히 불필요해 보이는 존

재의 전반적인 방식을 발전시켰던 것이다. 목표에 대한 감각을 느끼

기 위해 존재의 오래된 방식으로 돌아가려고 하지는 않았지만, 더 이

상 어떤 목표도 없는 그녀의 전반적인 부분을 여전히 다루어야 했다.

이제 그녀는 왜 사람들이 그것을 미친 행동으로 생각했는지 알 수도

있게 되었다.

　그녀가 한 것은 무엇이었나? 그녀는 단지 던져 버릴 수 없는 이 분

아를 가지고 있었던 것이다. 이 모든 능력, 그런 행동 방식은 여전히

그녀 정체성의 한 부분이었다. 질문은 바로 "현재와 미래에 관련한 하나

의 방식으로 어떻게 그녀의 행동으로 그것들을 통합하였는가?"이다.

　나는 그녀가 자신의 이 분아에 있는 긍정적인 가치를 찾는 작업을

시작하게끔 했다. 그래서 그녀가 미래로 그것을 통합할 수 있었다.

나는 다음 시연에서 우리가 했던 몇 가지 방식으로 넘어가 볼 것이

다. 내 이야기의 요점은 큰 변화를 만드는 것, 오랜 시간 있어 왔던 문

제를 해결하는 것, 또 한 사람을 또 다른 중대한 국면 혹은 과도기를

맞게 하는 것이다. 그녀의 새로운 자아와 오래된 자아는 아직 조정되지도 통합되지도 않았다.

처음에 어머니의 유방암 문제를 다루었을 때, 내가 어머니에게 일어나고 있는 것을 알려야 했던 맨 처음 것은 어머니의 정체성이 아주 조화롭지 않다는 것이었다. 이것은 암이 주는 비유를 생각해 보면 아주 흥미로운 것이다. 암은 당신의 한 부분이다. 당신 정체성의 한 부분이고, 통제되지 않고 제멋대로 날뛰는 당신 몸의 한 부분이기도 하다. 이것은 당신의 일부이면서도 일부가 아니다.

우리가 앓는 많은 중증 질환—최소한 현재 의학으로 치료 불가능한 것들—은 몸에 대한 정체성의 이슈와 관련이 있다. 또한 몸의 정체성 관련 이슈는 개인의 정체성, 특히 면역 체계와 관계가 있다. 면역 체계는 그 정체성을 책임지는 몸의 부분이다. 면역 체계는 자아 아닌 것에서 자아를 구별해서 자아 아닌 것을 제거한다. 관절염, 알레르기, 암, AIDS 같은 질환뿐만 아니라 심장 질환이나 당뇨병과 같은 유형조차 전부 면역 체계가 일으킨 착각이 작용한 질환이다.

이들 질병은 어떤 때는 몸의 침략자를 침략자로 인식하지 않고, 또 어떤 때는 자신의 몸 스스로를 침략자—관절염, 루푸스, 다중 경화증 같은 질환에서—로 인식하기도 한다. 관절염의 경우, 면역 체계가 몸의 마디 부분을 공격한다. 다중 경화증에서는 자신의 신경 체계를 공격하고, AIDS의 경우 면역 체계가 자기 자신인 면역 체계를 공격한다.

그런 식의 건강 문제를 가진 사람들과 작업해 온 내 경험상, 어떤 면에서 그러한 건강 문제가 자신의 개별 심리적 정체성에서 일으키는 일종의 갈등과 상당히 유사했다. 확실히 사람들이 자기 자신과 갈등을 빚을 때, 건강이란 목표를 향해서 자신이 가지고 있는 모든 자원을 완전히 조직하지 못한다.

나와 어머니의 갈등은 아주 흥미로운 경우였다. 그녀의 암이 발전한 것은 막내아들(다섯 자녀 중 막내)이 집을 떠나면서였다. 어머니는 30년이 넘게 어머니라는 이름으로 지내오다가, 갑자기 이제 이 엄마라는 정체성이 존재하지 않게 될 시절이 되어 버린 것이다. 어머니는 역할을 중심으로 만들어진 정체성인 어머니라는 개념을 자신의 정체성의 한 부분으로 가지고 있었다. 그 오랜 시간 내내 다른 이들은 그녀를 어머니로 분류했다. 그녀는 자기 자신을 한쪽으로 제쳐 두고, 어머니로서 아주 훌륭하게 가족을 돌보았다. 하지만 그 오랜 시간 어머니의 성장이 허용되지 않았던, 그녀가 스스로 분류한 누군가의 어머니가 아닌 그녀의 또 다른 자아정체성은 여전히 존재하고 있었다.

자식들이 곁을 떠나기 시작하고, 자신을 위해 쓸 시간이 생기자 어머니가 여유 시간에 실제로 했던 것은 간호 관련 일거리를 시작하는 것이었다. 어머니는 다시 다른 사람들을 돌보았다. 어머니라는 존재가 하는 일을 알고 있었던 그녀의 분아와 자신을 위해 뭔가를 하고 싶었던 그녀의 분아 사이에 갈등이 있었다. 어머니는 여행을 가고 싶어 했다. 그녀는 어딘가로 가기를, 무언가를 하기를 원했다.

문제는 이 어머니라는 정체성이었다. 이 타자 지향적 신념 시스템인 어머니라는 정체성은 정말 자기가 하고 싶어 하는 것을 찾는 자기 지향적 정체성이 이야기하는 것은 이기적이라고 말했다. 어머니가 생각하는 사명도 진짜 그녀의 것이 아니라고 했다. 당시 어머니의 사명은 다른 사람들을 돌보는 것이었다. 자기 지향적인 측면은 타자 지향적인 측면이 순교자가 되는 것이라고 믿었다. 그것은 항상 다른 사람들이 어머니의 삶을 통제하게 하는 것이었고 결코 그녀가 하고 싶은 것을 하도록 내버려 두지 않는 믿음이었다.

재미있는 일은 누군가 어머니와 같은 정체성으로 갈등에 빠져 있을 때에 일어날 것이다. 어떤 조그만 일도 갈등의 출발일 수 있다. 이 세상의 모든 일은 나빠질 수 있는데, 누군가가 완전히 조화로운 상태이면 그는 그 일을 아주 잘 처리할 수 있다. 하지만 조화롭지 않은 상태이고 자신의 내부에서 갈등을 겪고 있다면, 아주 작은 일로도 스트레스가 촉발될 수 있다. 달리 표현해 보면, 만약 누군가가 자신의 손톱을 부러뜨렸다고 하면 그는 자신에게 이렇게 소리 지를 것이다. "이 바보 같은 놈, 하는 일마다 멍청한 짓만 하는구나. 오늘 하루도 전부 망쳤어."

스트레스를 만드는 일은 외부에서 일어나는 일이 아니다. 스트레스, 특히 질병으로 인한 스트레스는 바깥에서 일어나는 일에 어떻게 반응하느냐에 기인한다. 어머니의 경우, 어머니가 "아, 만약 내가 오늘 저녁 외식한다면 뭔가 좋은 일이 있을 거야." 이렇게 말을 하면, 다른 한쪽에서는 이렇게 말할지도 모른다. "안 돼, 돈을 아껴야지. 아이들이 그 돈이 필요해질지도 몰라." 아니면 "그러는 건 너무 이기적이야." 그래서 어머니는 저녁을 집에서 먹기로 한다. 그러고 나면 그녀의 다른 부분인 분아가 나설 것이다. "봐, 넌 아무것도 안 해. 행복하지 않잖아. 다른 사람들 생각만 하느라, 정작 너는 아무데도 갈 수가 없잖아."

당신이 뭔가 결정을 내리는 일, 그것은 전부 당신 정체성의 기능이다. 그리고 진짜 당신이 누구인지에 대해 갈등을 가지고 있다면, 어느 쪽을 선택해도 옳지 않다. 만약 당신이 이쪽을 선택하면 당신은 다른 쪽에서 오는 스트레스를 받는다. 또 스트레스를 받은 그쪽을 선택하면 이쪽에서 나쁜 기분을 느낀다. 그래서 당신은 올바른 결정을 내릴 수는 없다고 느낀다.

어머니가 미래를 보고 자신이 관에 누워 있는 장면을 상상했을 때, 사실 오히려 더 평화로워 보였다. 당신이 살아갈 의지를 세우는 것에 대해 이야기하면, 당신은 그 사명에 맞는 미래에 대한 이미지를 가져야 한다. 만약 그 사람이 살아 있는 것만큼 죽어 있는 것을 본다면, 그때 당신은 어떤 종류의 토양에 씨앗을 심겠는가?

이러한 갈등은 이제 정말로 과거에 관한 것이 아니었다. 그것은 "나는 누구인가? 내 사명은 무엇인가? 함께 일할 이 두 가지 정체성이 나 자신의 부분들로서 합류하도록, 이에 대한 답을 어떻게 얻을까?"

그들 각각은 그런 점에서 다른 한쪽을 죽이려고 제거하려고 애썼다. 그래서 우리가 작업하려고 한 것은 조화로운 삶을 위해, 그렇게 갈등하는 신념을 내 부분들로 취하는 방법이었다. 앞서 말했던 것처럼 생명을 위협하는 질병에서 회복한다는 '차도'라는 말을 영어로 're-mission'이라 부르는 것은 우연이 아니다.

{ 갈등에서의 신념 }

우리가 하고자 한 작업은 서로 갈등하는 두 개의 정체성 혹은 신념 체계가 어떻게 조화를 이루도록 하는가다. 두 개 혹은 그 이상의 신념이 갈등하는 행동으로 이끌 때 신념 체계 안에서의 갈등임을 이해했다. 이런 식의 상황은 종종 진퇴양난의 상태인 '이중구속(double bind)'(해도 욕먹고 안 해도 욕먹는 상태)을 만들어 낸다.

가장 심각한 갈등은, 갈등하는 신념이 스스로를 부정적으로 판단하는 정체성 문제를 포함하고 있을 때 일어난다. 이런 종류의 갈등은 거의 항상 불신, 증오, 자신에 대한 두려움과 얽힌 문제의 시작이 될 것이다. 대부분의 그런 신념 갈등에서 우리는 논리와 감정, 합리성과 직관, 어린이와 어른, 과거와 미래, 변화와 안정과 같은 반대 측면들에 주목한다. 이것은 도교에서 말하는 이원성인 그 유명한 음과 양이다.

{ 갈등 규명하기 }

나는 신념을 끌어내는 몇 가지 다른 방법을 보여 주려고 한다. 우리는 다시 시간선으로 갈 것이나. 갈등은, 새로운 나 아니면 비밀스러운 나와 현재의 나 아니면 나의 다른 부분 중 하나 그 사이로, 즉 새로운 정체성의 발달에 매우 자주 끼어들 것이다. 우리는 시간선에서 이 세 가지 포지션을 주로 사용할 생각이다.

R 크리스(Chris), 당신은 자신 안에 있는 갈등에 관해 물었습니다. 올라와 보시겠어요?

(크리스는 올라와서 의자에 앉았다.)

R 크리스, 당신에 대해 알고자 원하는 첫 번째 것은 '당신이 가지고 있는 그 목표의 결과(outcome)가 무엇인가?' 입니다.

C 나는 사람들의 성공을 돕고 싶습니다.

R 그래요. 당신은 다른 사람들의 성공을 돕고 싶어 하는군요. 우리는 이것이 다른 사람들의 것이라는 것을 알고 있습니다. 나는 가장 먼저 당신이 새로운 정체성, 새로운 신념을 위한 토양을 만들기 바랍니다. 이는 우리가 이 결과물이 어떤지에 대한 정말로 훌륭한 표상을 구축하기를 바란다는 의미입니다. 예를 들어, 만약 누군가가 아파서 정말로 건강해지길 바란다면 우리는 건강에 대한 완전하고 풍부한 표상을 만들었으면 합니다.

STEP 1   결과에 대한 표상

R 크리스, 이것은 당신 앞에 있는 시간선입니다. 당신의 오른쪽은 미래이고, 당신의 왼쪽은 과거입니다. 먼저 시간선에 서 주시길 바랍니다. 지난 번 섹션에서 했듯이 과거로 가는 것이 아니라, 이번에는 미래로 가서 완전히 목표에 도달할 수 있게 된 상황과 시간에서 그에 대한 표상을 만드십시오. 예를 들면, 누군가 살을 빼고 싶

으면, 그가 "이곳이 내가 원하는 몸매와 몸무게가 되는 지점이다."라고 말할 곳, 그 미래의 지점으로 향해 시간선을 걸을 것입니다. 그래서 그는 미래를 볼 것이고, 그가 가진 이 결과가 그 경험과 전부 연합된 것임이 완전해질 때까지 지원을 구축할 것입니다.

(크리스에게) 당신이 원래 걷는 속도대로 계속 걸으세요.

(로버트는 크리스의 미래를 향해 방향을 지시한다.)

이것은 당신이 개발하기 바란 새로운 당신입니다. 이 모든 자원을 가질 수 있는 그 새로운 당신으로 걸어 들어가십시오.

(청중에게) 물론, 우리는 생리 기능, 신체의 자세, 제스처 그리고 불균형 등을 지켜볼 것입니다.

(크리스는 선을 따라 천천히 걷고 똑바로 가고 그리고 멈춘다. 생리학적으로 변화를 보였다.)

R 당신이 이곳에서 직접 경험한 것처럼 당신이 어떻게 되길 바라는지를 시각화했으면 합니다. 즉, 당신이 내게 될 목소리를 듣고, 당신이 어디에 서서 말을 할 것이고, 자신의 자세, 생리 기능, 움직임을 정말로 느끼는 것입니다. 그래서 당신은 그 미래가 어떻게 되기를 바라는지를 완전히 아는 것입니다.

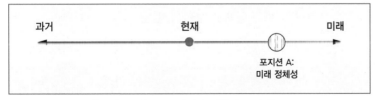

[그림 4-1] 목표 상태와 연합된 표상 창조

(로버트는 이 생리 기능에 대한 앵커로 자신의 왼손을 크리스의 오른쪽 어깨에 올려놓는다.)

STEP 2 메타 포지션에서 한 결과의 표상

시간선에서 뒤로 물러나 지금 현재로 돌아갑니다. 그리고 현재에서 이 사람, 바로 미래의 **당신**을 보길 바랍니다.

[로버트는 크리스를 현재로 다시 데리고 오고, 시간선에서 나오게 한다. 그래서 크리스는 의자에 앉아, B 분리된 지점([그림 4-2]의 메타 포지션 – 역자 주) 내에 있을 수 있다.]

R 당신은 여기 당신을 보고 들을 수 있습니까?

(청중에게) 우선 그 사람이 원하는 정체성, 이것은 신념인데, 그것을 말로 하면서 시작하겠습니다. "나는 사람들의 성공을 돕고 싶다."

(크리스에게) 다음 질문은 매우 간단합니다. 당신을 막는 것이 무엇입니까? 이것은 당신의 미래이고, 이것은 당신의 사명에 다가가는 다음 단계입니다.

(청중에게) 이렇게 생각해 보세요. 사람들이 이렇게 말하는 거예요. "와, 이런 결과는 정말 굉장하다. 엄청나요!"

그러면 당신은 현재로 돌아와서 말합니다. "그렇네요. 그건 정말 엄청나네요. 그걸 가져요. 그렇게 해요." 그러면 당신은 "음……그런데……."

바로 이것이 우리가 지금 찾고자 하는 부분인 분아(the part)입니다. 여기서 갈등은 무엇일까요?

(크리스에게) 당신이 미래를 볼 때, 당신은 목소리나 느낌, 기분을 가지고 있습니까? 당신 안에 있는 무언가가 동의하지 않고 반대 의견을 드러내고 있습니다.

C 전부 다…… (중얼거림).

(로버트는 자신에게 몇 마디 중얼중얼거린 크리스에게 큰 소리로 말한다.)

R 어쩐지 당신이 성공하면 당신이 자신의 사명을 일그러뜨린다는 말 같아요.

STEP 3   갈등하는 신념 체계 발견하기

(크리스에게) 이런 신념이 있는 분아를 찾았으면 해요. 자, 시간선에서 가장 적절한 곳에다가 이 분아가 올라가게 하세요.

그건 과거를 향해 뒤로 가나요? 현재에 가까이 있나요? 이 신념이 온 것은 이 시간선의 어디쯤인가요? 거기에 서서 생리학적으로 그곳에 자리를 잡으세요.

(크리스는 시간선을 밟고 서서, 미래를 향한 채, 그의 과거 속 뒤로 간다. 그리고 그가 제한된 신념을 만들어 냈던 곳에서 멈춘다. 크리스는 아주 깊은 침묵 속에서 천천히 그의 시간선을 따라 걷는다. 그는 마치 기도하는 것처럼 두 손을 가슴 앞에 모은다.)

(로버트는 청중에게 아주 낮은 목소리로 이야기한다.) 자, 그럼 크리스가 그렇게 하는 동안에 그 갈등이 있는 레벨에 주의를 기울여 보세

요. 그것은 미래에 누군가가 그러한 능력을 가지길 원하는 아주 일반 적인 것입니다. 나는 이렇게 해서 다른 사람들을 도울 수 있기를 바랍니다.

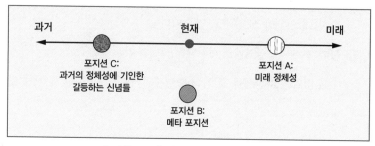

[그림 4-2] 갈등하는 신념들의 위치

하지만 지금 갈등하고 있는 것은 사명에 대한 어떤 신념입니다. 그 신념이 나의 사명과 갈등을 한다면, 확실히 이 능력을 개발하려고 하 는 동기는 무시될 것입니다. 만약 내가 이 능력을 내 사명에 맞출 수 있 다면, 그것은 내 정체성의 일부가 될 것이고, 그것은 자연스럽고 쉬워 집니다. 병으로부터 회복하려고 애쓰는 사람들에게도 똑같은 일이 일 어날 것입니다. 나는 나아지기를 원하지만, 그것은 내 정체성과 맞지 않습니 다. 나는 낫길 바랍니다. 하지만 이것은 이기적인 욕망이라 그럴 수 없습니다.

여기에 우리는 흥미로운 신념이 있습니다. 만약 내가 이 능력 레벨에 서 성공한다면, 나는 내 사명에 실패할 것입니다. 그것은 고전적인 갈등 입니다.

(크리스에게) 크리스, 뭐 찾은 게 있습니까?

C 잠깐만요.

R 좋아요. 잠깐만, 뭐 정말 구체적인 것은 아닌가요?

　(로버트는 과거에서 온 이 느낌에 대한 앵커로 오른손을 크리스 왼쪽 어깨에 올리고, 그에게 미래의 방향을 보여 준다.)

　여기 이곳에서 당신은 그 미래 목표는 내 사명과 갈등하고 있고 사명을 일그러뜨릴 것이라고 말합니다.

C 어떤 목소리가 나에게 말해요. "너는 다른 사람이 아니라 너 자신을 돌보는 게 나아."

R 이 분야가 말합니다. 당신은 다른 사람이 아니라 당신 자신을 돌봐야 한다고요. 타자 지향적이 아니라 좀 더 자기 지향적이 되라고요.

　(청중에게) 이 포지션에서 생리 기능적으로 어떤 차이가 있는지 주목해 주세요. 미래와 연합된 생리 기능은 상당히 다릅니다.

STEP 4　메타 포지션에서 기준점 확인하기

　(크리스에게) 이 자리에서 물러나서 현재의 메타 포지션으로 돌아가세요.

　(크리스는 시간선에서 현재로 다시 돌아왔고, B 포지션 안에 분리되도록 현재에서 나왔다. 의자에 앉았다.)

　(크리스에게) 이제 당신 과거 속에서 당신의 이러한 부분을 시각화하세요. 그래서 당신은 "남을 성공하도록 돕는 건 안 좋다."고 말하는 사람을 볼 수 있습니다. 그리고 당신이 있는 곳에서, 나는 당신이 당신의 시간선에서 '과거로부터의 당신'뿐만 아니라 당신의 시간선에서 거기 다른 자리에 있는 '당신의 미래 속에 있는 당신'을 볼 수 있으면

좋겠습니다. 당신이 있는 곳, 그 의자 안에서는, 당분간 당신은 그 어느 쪽도 아닙니다.

　여기 "나는 진짜로 다른 사람이 성공하는 걸 돕고 싶어."라고 말하는 미래의 내가 있습니다. 그리고 "아니야, 위험해. 너부터 먼저 생각해."라고 말하는 과거의 내가 있습니다. 과거의 당신이 가지고 있는 기준은 무엇입니까? 그것은 어떤 가치가 있습니까? 그리고 당장 지금 말을 만들 수 없는 건 괜찮지만, 잠시 동안은 그 둘 어느 한쪽 밖으로 나와 있을 거라는 건 분명히 하겠습니다.

STEP 5　긍정적인 의도 발견하기

　각각 속한 곳에 위치한 별개의 정체성 두 개가 갈등하고 있다는 과제가 우리에게 주어져 있습니다. 우리는 이제 신념 체계 내에서 이 갈등을 풀고자 합니다.

　(각 포지션 A, B, C에서 크리스는 A와 C에서 각 정체성의 신념과 가치에 대해서, 또 그것들 각각이 다른 하나에 대해서 어떤 생각을 하는지에 대해 이야기할 것이다. B 포지션은 분리되어서, 주로 A와 C의 행동을 설명하는 것을 도울 것이다. 로버트는 긍정적인 의도의 표출 쪽으로 프로세스를 이끌어 갈 것이다. 그는 그 부분들 사이에 더 이상 갈등이 없을 때까지 가치 레벨로 올라갈 것이다.)

A 포지션에서

R　(크리스에게) 당신의 미래인 여기로 와서, 미래의 당신이 되세

요. 그리고 당신의 미래를 막은 지난 과거에 있는 것에 대해 생각했으면 좋겠습니다.

(크리스는 미래 A 포지션으로 이동한다.)

(청중에게) 생리적인 차이점에 다시 한번 주목해 주세요.

(크리스에게) 당신이 돌아온 그 분아(that part)에 대해 어떻게 생각하나요? 마음에 드나요? 바보 같나요? 그건 뭔가요? 위험한 건가요? 그걸 어떻게 생각하세요?

C 그것이 실수를 저질렀습니다. 틀렸습니다.

R 왜 그것이 실수를 저질렀습니까? 왜 그렇게 믿나요?

C 내 생각에 그건 두려움인 것 같아요. 그게 다예요.

R 자, 당신이 그것을 봤을 때, "그것은 두려워해요."라고 당신의 분아는 말합니다. 나는 "글쎄요, 사실 그것은 중요하지 않아요. 사실 별거 아니에요."라고 말하는 이쪽 분아의 편에서 이해합니다. 그게 중요한가요?

C 아니요.

R (청중에게) 잠시 다른 걸 해 볼게요. 크리스가 미래를 향해 미래에 서 있을 때, 크리스 뒤에 있는, 실수하고 별거 아닌 것인 자신의 이 분아(this part)를 봅니다. 그런데 그가 과거를 향한 채 미래에 서 있었다면 어떨까요?

(크리스에게) 나는 이 관점에서 당신 과거의 이 분아를 보길 바라요. 당신이 서 있는 곳인 미래인 이 장소에서, 과거를 향해 돌아서세요. 지금 저 너머 과거에 있는 저 분아에 대해 미래에

있는 이 분아는 어떻게 믿고 있나요?

(청중에게) 생리적인 변화는 흥미롭죠. 그렇잖아요?

C 저 분아를 도울 수 있다고 생각해요.

R 그럼, 이제 미래에 있는 여기에서 뒤를 보고 미래의 이 분아는 말합니다. "나는 과거에서 온 그 분아를 도울 수 있다."

C 포지션에서

잠시 시간선에서 물러나세요. 이제 과거에 있는 여기 이 사람으로 돌아갑시다. 그리고 미래의 당신을 보세요.

(크리스는 시간선으로 돌아와서 과거에 있는 C 포지션으로 간다.)

R 미래에 있는 그 사람에 대해 어떻게 생각하나요? 마음에 드나요? 두렵나요? 왜 그것이 두렵나요? 모르겠나요? 그것에 대해 어떻게 생각하나요? 무엇이 두렵나요? 만약 당신이 두려워하지 않는다면 어떻게 될까요?

C 협력할 것입니다.

R 그러면 무슨 일이 일어날까요? 만약 당신이 협력했다면 어떻게 될까요?

C 모르겠습니다. (크리스의 눈은 아래를 향한다.)

R (청중에게) 다시 한번, 당신은 둘 사이의 생리 기능 차이를 볼 수 있습니다. 특히 두 개의 정체성에 대한 표상 사이의 접근 단서 레벨이, 과거의 접근 단서는 신체 감각, 미래는 시각입니다. 그런데 거미나 뱀을 두려워하는 것은 한 가지입니다. 당신이 거미 근

처에 있을 때, 당신은 불편합니다. 하지만 당신이 도망갈 수 없어
스스로를 두려워한다면, 아무리 두꺼운 벽을 세우거나 아무리 높
은 산을 올라가도 당신은 두려움에서 벗어나지 못합니다. 깊이
생각해 보세요. 크리스, 신념은 무엇인가요? 무엇을 잃을까요?

　긴 침묵, 그때,

C 나는 깊은 슬픔을 가지고 있습니다.

R 메타 포지션으로 돌아와서 그 뒤에 모든 것을 남겨 두세요.

B 포지션에서

　(크리스는 B 포지션에서 분리되어 돌아와 의자에 앉는다.)

R 이제 미래에 있는 이 사람은 돌아보며 말합니다. "나는 저 사람
　을 도울 수 있다. 그저 실수한 것뿐이다."

　과거에서의 이 사람은 미래의 그 사람이 두렵습니다. 정말 왜
그런지 확실히 모르겠습니다. 우리가 "당신이 협력했다면 어떻
게 됐을까요?"라고 말할 때, 올라왔던 것이 깊은 슬픔의 감각이
었고요. 당신이 협력에 대해 생각할 때 왜 슬픔이 느껴졌을까요?
보통 무엇에 대해 슬픔을 느끼나요? 상실의 슬픔? 이 사람은 말합니
다. "그렇게 하면 어떤 식이든 내가 무언가를 잃을 것이다."

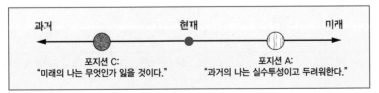

[그림 4-3] 제한된 신념들 정의하기

크리스 당신의 경우에도 해당되는지 모르겠지만, 가끔은 그렇습니다. "나 자신을 포기하자, 날 버려. 어쩌면 이건 실수였을지 모르지만 그건 나야." 종종 일어나는 하나의 흥미로운 역설은, 우리가 나이가 들고 자원이 풍부해지면서, 우리는 더 많은 새로운 능력과 행동을 개발하지만, 우리 정체성은 자주 어린 시절로 돌아가 결정지어집니다. 그래서 비록 당신이 이러한 능력을 가지고 있다 하더라도, 당신이 그것들을 쓰려고 하면, 마치 가짜가 된 것처럼 느낍니다. "나는 지금 이런 일을 하고 있지만, 과거의 내가 진짜 나다." "이 겁먹고 슬퍼하는 어린 소년이 진짜 나다." "현재 가지고 있는 이 모든 능력은 가짜다. 나는 마지못해 하는 척 할 수는 있지만, 그것은 진짜 내가 아니고, 만약 내가 성인으로 변한다면 나는 나를 포기할 것이다."

일부 사람들은 자신이 정말로 변하면, 그들의 그 부분이 죽을 것이라는 느낌을 가집니다. 어떤 면에서는 그 오래된 정체성이 죽을 것이라는 말이 맞을지도 모릅니다. 그 느낌은 상당히 강할 수 있습니다. 나는 조현병으로 판정된 또 다른 한 여성과 작업한 적이 있습니다. 그 환자는 우울함과 까칠함 사이를 오가고, 폭력성을 분출하는 경향이 있었습니다. 우리가 그녀의 문제가 만들어지고 있는 신념 체계의 핵심으로 깊이 들어갔을 때, 그녀가 다음과 비슷한 신념을 가지고 있었다는 것을 알게 되었습니다. '내가 다른 사람처럼 되기를 바라면, 나는 나 자신을 잃는다. 나는 사라진다.'

그녀의 가족 구성을 고려해 볼 때, 그것은 그녀가 어떤 정체성을 개발하기 위해 필요한 신념이었습니다. 하지만 신념의 근원적인 구조에 주목하십시오. "나는 다른 사람들이 아니다. 나는 내 주변에 일어나는 일이 무엇이든 그것의 반대 극성이 되어야 한다. 사람들이 행복하면, 나는 슬프고 긴장이 온다. 사람들이 조용하면, 나는 활기차게 굴고 소리를 낸다. 나는 모두가 하고 있는 것의 반대되는 것은 무엇이든 해야 한다. 그렇지 않으면 나는 존재하지 않는다."

그런 신념이 그녀의 삶을 몰아갔습니다. 그래서 어떤 상황에서든지 그녀는 항상 부적절하게 행동했습니다. 그녀는 자신이 그렇게 하지 않으면 자신은 존재하지 않는 것이고, 자신이 죽을 거라는 느낌을 가졌습니다. 그리고 존재하지 않는 것 같은 느낌이 주는 공포심은 그녀가 부적절하게 행동해서 받는 그 어떤 처벌보다도 확실히 더 강했습니다.

자신이 누군가를 좋아하고 그들처럼 되기를 원하기 시작하면, 그땐 그녀가 존재하지 않는다는 의미로 그녀가 했던 말, "내가 다른 누구처럼 되기를 바란다면" 이 말에 주목하세요. 만약 당신이 사람들을 좋아하기 시작하면, 당신이 그들처럼 되길 원하기만 하더라도, 당신이 실제로 그들처럼 행동하든 안 하든 상관없이 그들은 당신 정체성을 빨아먹을 것이라는 것입니다.

그런데 그때, 당신은 NLP의 전형적인 라포 기법이 더 이상 통하지 않는다는 것을 알아차리는데, 왜냐하면 당신이 그들과 라포를 형성하자마자 그들은 더 이상 존재하지 않게 되기 때문입니다. 그리고 그것이 사람들이 정신질환, 즉 정신병이라고 부르는 것을 만드는 그런 종류의 신념입니다.

(크리스에게, 여전히 의자에 앉아서) 크리스, 나는 그것을 이 맥락으로 가져올 것입니다. 왜냐면 당신 자신으로 향한 이런 공포와 슬픔을 이해하기 위해서입니다. 이는 그런 종류의 정체성 결정과 정체성 신념을 인식하는 데 매우 중요합니다.

여기에서 나와 분리되어 있는 상태로 머물면서, 나는 당신이, 그들 중 누구도 되는 일 없이, 자원도 도와줄 준비도 다 되어 있는 미래의 그 분아뿐만 아니라, 슬퍼하고 두려워하는 당신의 이 오래된 분아를 바라봤으면 좋겠습니다. 멀리서 그들을 보세요. 높은 곳에서 그들을 보세요.

과거에서 이 분아를 봤을 때, 거기 대해 알게 된 것이 있습니까? 분아가 가진 의도에 대해 알게 된 것이 있습니까?

C 나는 생존 같은 것에 대해 말할 것입니다. "너는 살아남아야 해."

R (청중에게) 이 분아는 생존에 대한 두려움입니다. 크리스의 미래에 있는 분아는 앞으로 나아가고 사람들을 돕기를 바랍니다. 당신은 사람들이 자신의 행동을 반대하는 그들의 부분을 가지고 있는 것을 매우 자주 발견할 것입니다. "나는 그 분아가 하는 것이 싫어. 그 분아는 나를 겁먹게 해." 혹은 "나를 겁줄 수 있는 거야."

회사에서 두 사람이 하는 협상이든, 당신 안의 두 분아와 하는 협상이든, 어떤 협상에서라도 당신이 했으면 하는 첫 번째는, 그들이 어떠한 가치를 통해 움직이는지를 발견하는 일입니다. 모든 활동을 지위하는 것은 목적과 의도입니다.

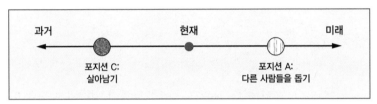

[그림 4-4] 갈등하는 분야들의 기준 확인

당신은 사람들이 자신이 누군지를 알 때, 타인의 의도나 가치에 동의하지 않으려는 것을 종종 볼 수 있을 것입니다. 당신은 실제로 그들이 가치를 공유하는 것을 발견할지도 모릅니다. 당신은 이 분야의 행동 혹은 이것이 안다 또는 모른다고 판단한 것을 잊어야 하고, 기준과 가치의 수준까지 가야 합니다.

STEP 6   공통된 목표 발견하기

A 포지션에서

R (크리스에게) 여기, A 포지션, 당신 미래 쪽으로 오세요. 그리고 당신 과거의 저기, 저 지점의 저 사람을 바라보기 바랍니다. 뒤에 있는 저 사람은 슬퍼하고 당신을 두려워합니다. 그리고 살아남으려고 하는 의도가 있습니다. 그것이 살아남는 걸 바라시 않나요?

C 아니요. 살아남길 바랍니다.

R 당신은 그것이 살아남기를 바랍니다. 그래서 당신의 목적은 그
　것의 생존을 위협하지 않는 것입니다. 당신의 목적은 무엇인가
　요? 당신의 의도는 무엇인가요? 당신이 선택한 가치는 무엇인가요? 당
　신의 사명은 무엇인가요?

C 성공하는 것이요.

R (청중에게) 그 기준은 성공하는 것입니다. 성공하는 것의 목적은
　무엇입니까? 나는 더 깊은 기준에 도달하기 원하기 때문에 이
　질문을 하는 겁니다. 우리는 행동, 능력 그리고 활동이 있는 곳
　은 여기 A 포지션이고, 생존, 정체성이 있는 곳은 저기 B 포지
　션인 것에 주목하세요. 당신이 사업을 하든, 사람들이나 가족들
　과 일을 하든 창조적이 되고 새로운 것을 하고 위험을 감수하기
　를 바라는 그 부분과 안정감과 정체성을 잃을까 두려워하는 이
　부분 사이에서 이러한 갈등이 일어나는 것을 당신은 자주 발견
　할 것입니다.
　(크리스에게) 성공의 의도는 무엇입니까?

C 유능해지는 느낌이요.

R 그러면 살아남지 못하면 유능하다는 느낌을 갖기 어려울 것 같
　네요.

C 맞아요.

R 이제 과거에서 당신의 그 부분으로 다시 가세요. (크리스는 C 포
　지션으로 걸어간다.)

C 포지션에서

R 미래의 그것이 말하는 소리가 들립니까? "나는 너의 생존에 도
전하는 것을 바라지 않아. 나의 목표는 유능하다고 느끼는 것이
고 성공하는 것이야. 허나 또한 살아남아야 해." 당신은 그것을
믿습니까? 아니면 그것을 신뢰하지 않습니까?

C 나는 그것이 어떻게 그렇게 할 수 있는지 볼 수가 없습니다.

R (청중에게) 이것은 문자 그대로 말합니다. "어떻게 하는지 볼 수
없어." 그런데 크리스의 눈의 위치를 보면 나는 놀랍지 않습니
다. 이 과거 부분은 매우 신체 감각적입니다.

　(크리스에게) 당신의 목적은 생존입니다. 그러면 성공하는 데
꼭 갈등이 필요한 것은 아니에요. 그렇지 않나요? 유능해지는 데
도 그렇고요. 만약에 동시에 유능하고 성장하고 성공적이고 행
복할 수 없다면 생존에는 무엇이 좋을까요? 더구나 정말로 살아
남기 위해서 새로운 것을 자주 해야 해요. 다시 말해, 어린아이
인 나를 생존하도록 돕는 것과 어른인 나를 생존하도록 돕는 것
과는 차이가 있습니다. 그리고 만약 기준이 정말 생존이라면, 생존은
새로운 상황에 적응하고 새로운 자원을 구축하는 것을 포함합니다. 만
약 새로운 것을 개발하지 않는다면 생존할 수 없습니다.

　잠시 거기에 대해 생각해 보세요. 그리고 메타 포지션에서 나
오세요. (크리스는 의자로 들어가 앉있다. 그리고 생각에 잠긴 채 있
었다.)

STEP 7   공유할 자원들

R (청중에게) 우리는 이 미래 목표를 취했고, 그 목표를 지원할 가
치 레벨로 끌어올렸습니다. 이것은 지금 단순히 목표가 아닙니
다. 이것은 사실상 더 깊은 가치와 관련한 것입니다. 지금 문제
의 핵심은 미래의 그는 이 모든 능력을 가지고 이곳에서 앉아 있으나,
정체성의 깊이는 없습니다. 과거의 그는 이러한 아주 심오한 느낌은 가
지나 능력은 없습니다.

이것은 우리 삶에서 일어나는 일반적인 일입니다. 젊은 사람
은 아주 깊은 느낌과 깊이 있는 결정을 내릴 수 있는 능력이 있
지만, 항상 그 능력이 있는 것은 아닙니다. 그것이 "나는 어떻게
되는지 봐야 해."라고 말하는 이유입니다.

R (크리스에게) 자, 지금 우리가 하려는 것은 이것입니다. 크리스
는 현재인 여기 이곳, 떨어져 관조할 수 있는 분리된 포지션에
서 이 두 부분을 각각 바라보기 바랍니다. 그리고 여기 밖으로
나와 각각 어떤 자원을 가지고 있는지 보세요. 다른 것에는 없는
데, 미래의 이것이 가지고 있는 자원은 무엇이 있습니까?

C 지식이요, 가는 방법, 노하우.

R 자, 또 다른 중요한 질문이 있습니다. 미래의 저 사람은 가지고
있지 않고 필요하지도 않은, 그런데 과거의 그 사람이 가지고
있는 것은 무엇입니까?

C (중얼거림)

R 그가 말해요. "배짱?"

그것은 중요합니다. 이 사람은 항상 두려움으로 봐왔습니다. 하지만 이 사람은 배짱이 있습니다. 이것은 누가 무슨 말을 하든지 상관없이 믿는 것, 옳거나 그른 것을 밀고 나간다는 의지가 있다는 뜻입니다. 체중 감량을 하거나 금연을 하거나 새로운 사업을 시작하는 데 드는 노력과 몰입에 대해 한번 생각해 보세요. 그것은 비전과 노하우보다 더 많이 필요하고, 에너지와 배짱이 필요합니다.

[그림 4-5] 핵심가치와 갈등하는 분야의 자원들

STEP 8   새로운 정체성 통합

여기에 내가 하고 싶은 것이 있습니다. 여기서 보면 당신은 정말로 이 둘 다 서로를 필요로 하고 있다는 것을 볼 수 있습니다. 그들 목적이 충돌하지 않는다는 것을 볼 수 있습니다. 이 둘 다 살아남기를 원하고 더 잘 살기를 원합니다.

C에서 A로 자원 이동

과거에서 가져와 이것을 투입합니다. 나는 당신이 느낌의 그 감각, 그 깊이, 그런 배짱 그리고 에너지 속으로 깊이 도달하기 바랍니다.

(로버트는 과거 정체성과 연결하여 앵커한다.)

당신이 느끼는 그 감각을 가지고 미래의 나를 향해 천천히 걸어가세요. 그 느낌을 미래 당신의 생리 기능으로 그 느낌으로 완전히 마지막까지 가져가세요. 당신은 이 자원을 과거에서 가져와 계속 미래의 이 사람에게 이동시킬 것입니다. 당신이 언제나 이 사람을 향해 이동할 것을 확인하세요.

(크리스의 생리적 변화는 그의 시간선의 이동만큼 변화되었고, 그의 미래 생리적 상태와 함께 끝났다─비록 미래의 생리적 상태가 더 젊은 크리스로부터 몇 가지 생리학적 협조로 변화했지만.)

A에서 C로 자원 이동

이제 나는 당신이 미래에 있는 이 사람의 비전과 노하우를 취하기 바라고, 다른 사람의 성공을 도울 그 노하우와 그 능력을 가지고 더 어린 나에게 가지고 들어가기 바랍니다. 단, 당신의 다른 어린 자아의 성공을 돕도록 다시 가져갑니다.

(로버트는 미래 상태에 연관된 앵커를 터치한다.)

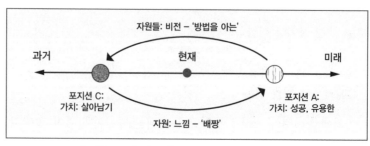

[그림 4-6] 갈등하는 분야 사이의 자원의 이전

당신의 과거에서 당신을 위한 능력을 가지고 오고 이 '과거의 당신'
으로 완전히 들어갑니다.

(크리스는 많은 감정을 가지고 과거 포지션에서 미래 포지션으로 걷는다.
그의 생리는 젊은 자아처럼 된다. 단, 그의 미래 상태 생리적 부분과 함께.)

여기로 돌아와 당신의 과거에 있던 것이, 이제 함께 녹아든 그런 자
원들은 '어떤지' 당신은 볼 수 있습니다. 그리하여 생각하는 두 가지
방법은 완전히 통합될 것입니다.

(청중에게) 여러분이 보시다시피, 그는 이미 생리적 변화를 매우 극
적으로 보이기 시작하였습니다.

B 안으로 돌아가기

STEP 9　과거와 미래 신념 체계의 통합

이제 메타 포지션으로 돌아갑시다. 그리고 더 이상 불일치가 없는
것을 확인할 수 있도록 테스트합시다. 마치 각 분아들을 손을 잡고
이끄는 것처럼 현재의 시간선상에서 우리는 그들이 더 가까워지도

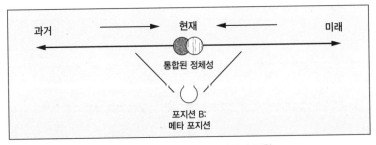

[그림 4-7] 갈등하는 분아들의 통합

록 도울 수 있고, 새로운 정체성으로 합쳐지도록 도울 수 있습니다. 당신이 메타 포지션에서 그것들 둘 다를 보는 것과 마찬가지로, 나는 당신이 다른 하나로부터 아주 멀리 떨어져 있는 하나를 보길, 또 그것들이 서로 점점 가까워지는 것을 보길 바랍니다. 사실, 나는 당신이 지금 그들을 같이 데려오려고, 손으로 그들 둘 다를 잡는 모습을 상상하기를 바랍니다.

STEP 10   전체 통합

잠깐 동안만 당신이 준비가 되면, 나는 당신이 당신 정체성의 그 두 분야의 통합에 대한 묘사에 당신의 현재, 여기에서 가지고 있는, 그 전체 이미지와 전체 그림을 취하길 바랍니다. 당신이 이 포지션에서 깊이, 배짱과 에너지, 비전, 지식을 가지고 현재의 통합된 당신이 되어 보기를 바랍니다. 당신은 과거가 있습니다. 당신은 현재 그리고 미래가 있습니다.

(크리스는 눈을 감고 미래 상태를 향해 걷는다. 약간 비틀거렸지만 그때마다 다시 균형을 잡고 미래 상태로 자신감 있게 걷는다.)

괜찮아요. 때로는 길을 걷다 걸려 넘어지기도 하지만……. 미래는 당신 것입니다!

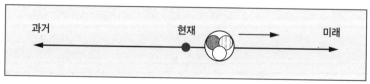

[그림 4-8] 새롭게 정의한 '분자'의 미래 보정

촌평

비슷한 역동적인 갈등이 가족 관계나 관리 상황에서 발생할 수 있습니다. "뭘 그래, 너는 할 수 있어. 어리석게 굴지 말고, 두려워하지마, 나약하게 굴지도 말고. 실수를 한 거야. 두려워하는 것은 잘못된거야." 아버지가 이렇게 말을 할수록 아들은 그가 두려워함으로써 잘못된 것이 아님을 증명해야 합니다. 다시 말해, 아들의 이해가 부족할수록 자신의 정체성을 유지해 줄 신념을 더욱 고수하게 됩니다. 물론아들이 신념을 고수할수록 그 아버지는 더 더 강하게 잡아끕니다. 아버지는 아들을 성공시키려는 일념하에 맥락을 만들어 내고 관계를망치기도 합니다. 아버지와 아들은 이런 상황을 깨닫지 못하고 점점더 멀어지고 맙니다.

그러나 그들이 가치를 공유하는 레벨로 올라서면, 관계 속에서 서로에 대한 신념이 어떤 것인지를 알게 됩니다. 그들은 해결책을 찾는관점에서 새로운 인식을 가지게 되는 겁니다. 크리스의 사례에서, 크리스의 한 분아는 다른 분아가 실수를 했고, 약하고, 두려워한다고 생각했습니다. 하지만 그 분아가 알아차릴 수 있었던 것은, 그의 어린자아가 정체성 레벨에서 실수를 한 것이 아니었다는 것이었습니다.그리고 사실 여러 해 동안 그 정체성을 계속 붙잡고 있었던 힘은, 그의 미래 자아가 하고자 하는 것을 할 수 있도록 하기 위해 필요한 힘,정확히 그런 종류의 힘이었습니다. 여기에 있어서 모든 것을 잃어냈다고 생각하지만 그것을 하기 위해 필요한 용기를 알지 못합니다.

메타 포지션에서 우리는 두 분아가 같은 가치를 공유한다는 것을 볼 수 있는, 이러한 새로운 관점을 얻었습니다. 그 두 부분의 분아는 다른 나들(MEs)이 아닙니다. 그 두 분아는 다른 정체성이 아닙니다. 여기 밖으로 나와서, 그들이 정말로 결합되는 것을, 그들이 정말로 이 정체성 레벨에서 똑같다는 것을 볼 수 있습니다. 그 분아들은 나입니다. 그 모든 것이 나입니다.

메타 포지션에서 바라보면 우리는, 이 어린 사람은 사실상 나이 든 사람이 사용할 수 있고 배울 수 있는 자원을 가진 것을 볼 수 있습니다. 그리고 그 나이 든 사람은 어린 사람이 쓸 수 있고 배울 수 있는 자원들이 있는 것도 역시 볼 수 있습니다. 이 해결책은 나이 든 사람이 어린 사람에게 "바보처럼 굴지 마. 너는 실수했어. 나를 방해하지 마."라고 말하는 것이 아니라. "너는 내가 필요한 것을 가졌어. 나는 절대로 너를 남겨 두고 가지 않아."라고 말하는 것입니다. 때로 성공하고자 하는 사람들은 '슬픔이나 두려움을 느끼는 것은 실패하는 거야.'라고 생각하며 그런 감정들이 성공에 깊이를 더해 준다는 사실을 깨닫지 못합니다. 많은 사람은 다른 삶의 가장 중요한 측면인 삶의 깊이를 무시하면서, 그저 "성공, 성공, 성공"만을 외칩니다. 하지만 슬픔을 느끼는 것, 약함을 느끼는 것조차도 깊이를 더하게 됩니다. 두려움의 깊이는 성공의 깊이를 더해 줍니다. 내가 겪고 있는 일이 정확히 무엇인지 알게 되면, 두려움과 슬픔이란 감각을 느낄 수 있게 되고, 어떤 길을 향하든 나아갑니다. 나는 NLP를 하는 사람들 중에는 마치 "그냥 돌아서서, 결과에 집중하고 두려움은 잊어버려. 무조건 전진해."라고 말하는 것처럼 슬픔이나 두려움을 무시하려고 애쓰는 사람들을 보았습니다.

 허나 진정한 깊이는 밝음을 바라보는 것과 동시에 어둠을 바라보는 그 모든 것을 가지고 있는 것입니다. 이러한 깊음은 삶의 모든 것을 껴안습니다. 당신이 스스로 당신의 약함을 느끼지 못한다면, 당신이 다른 사람들의 두려움과 슬픔에 대한 감정을 느끼지 못한다면, 그들의 성공을 어떻게 도울 수 있겠습니까? 돈 후앙(Don Juan)이 카를로스 카스타네다(Carlos Castaneda)에게 말했듯, "전사가 되는 것은 인간이 되는 것의 공포와 경이로움 그 둘을 완전히 다 다룰 수 있게 되는 것입니다." 한쪽 면만을 바라보면 깊이가 없습니다.

프로세스(과정)의 단계들
프로세스의 각 단계를 검토해 보자.

1. 시간선 위에 올라간다. 미래에 발전시키고 싶은 정체성이나 신념을 하나 선택하라. 이것이 미래에 어떤 모습일지를 표현함으로써 선택한 정체성이나 신념이 굳건해지는 토양을 마련하는 것이다. 이것은 미래를 마주하는 아주 강력한 방법이다.

2. 그런 다음 미래 상태에서 물러나, "무엇이 나를 막는가? 이것은 놀랍고 대단한 성취다. 그래서 나를 막는 게 무엇인가?"라고 물어봄으로써 제한된 신념이나 정체성을 찾는다. 어쩌면 이것은 기분이나 말 혹은 다른 형태의 교착 상태일 수 있다.

3. 제한된 신념이 속해 있는 시간선상의 장소를 찾는다. 그곳으

로 개입함으로써 그 포지션을 확립한다.

4. 둘 중 어느 것에도 속하지 않고 둘 다를 볼 수 있는 3차 포지션으로 이동한다. 그 포지션에서 나는 두 정체성의 생리 변화를 측정했다. 나는 둘 다 볼 수 있는 3차 포지션에서 이러한 관점을 만들고자 한다.

5. 그다음에 각 포지션으로 들어가서, 그 신념을 찾고 가져오기 위해 다른 부분을 바라본다. 이쪽이 그것을 어떻게 생각하는가? 이쪽이 그것에 대해 어떻게 믿고 있는가? 그런 다음 3차 포지션으로 다시 돌아온다. 이제 이러한 신념이 맞지 않을지도 모른다는 것을 깨닫는다.

6. 각 부분 뒤에 숨어 있는 의도를 찾고, 그 갈등이 있는 어느 쪽도 아닌, 그 두 부분이 결합할 수 있는 장소를 찾을 때까지, 더 깊이 더 깊이 숨어 있는 가치를 계속 찾는다. 이것은 이렇게 말한다. "내 의도는 너를 위협하는 게 아니야. 내 의도는 변화하는 것이고, 성장하는 것이고, 성공하는 거야." 다른 것은 이렇게 대답한다. "내 의도는 너를 제지하는 게 아니야. 살아남는 거지." 의도 레벨에는 아무런 갈등이 없다.

7. 3차 포지션에서 가치와 기준, 의도를 탐사한다. 그리고 3차 포지션에서 그들 각자가 가지고 있는 자원은 무엇인지, 다른 사람에게서 필요로 하는 것은 무엇인지 묻는다. 이렇게 몇 차례 반복하면 그것들이 모두 소중하다는 것을 알게 된다. 사람들은 때로 한쪽은 자신의 나쁜 부분이라고 생각하기도 한다. "그

것은 항상 나를 벌하거나 주저하게 만든다." 그러나 당신은 겉보기에 부정적 측면이 종종 좋은 의도를 가지고 있음을 깨닫기 시작한다. 그것의 행동이 의도를 만족시키는 최선의 방법은 아니지만, 이 의도는 필요하다. 부정적인 면은 또한 많은 힘을 가질 수 있다. 이는 내가 때때로 "이 부분이 약하다."고 말하려는 사람을 보고 마주치는 재미있는 역설이다.

하지만 약점에는 많은 힘이 있다. 왜냐하면 그것은 뭔가를 하지 못하게 막을 수 있기 때문이다. 그 약점이 힘이다. 그리고 그 힘이 당신과 맞서는 대신에 당신과 정렬한다면, 그때는 아무것도 당신을 막을 수 없다.

8. 나는 각 부분에서 서로 다른 쪽으로 자원을 이동시키고자 한다. 보통 반대되는 쪽에서부터 시작한다. 그것들이 실제로 함께 작용하는 비전과 신념을 취해서, 3차 포지션에서 그 정체성의 반대되는 부분으로 정체성과 의도를 공유하는 것이다. 그런 다음 그 부분의 자원을 취하고 물리적으로 그것들을 옮겨서 다른 포지션의 생리 기능으로 옮긴다. 그것이 가장 흥미로운 경험이 된다. 그리고 다른 것의 자원, 능력을 가지고 똑같이 다시 자원을 옮긴다. 다른 부분으로 다시 그것들을 가지고 온다.

9. 이제 각자가 다른 사람이 가지고 있는 것을 공유기에, 나는 마지막에 3차 포지션으로 가서 하나의 새로운 이미지, 하나의 새로운 정체성을 만들기 위해 그것들을 함께 가지고 온다. 그것을 현재에 있는 내 시간선에 올려놓고, 바깥에서 그것을 바라

볼 뿐만 아니라, 그 안으로 개입(연합)하기도 한다. 그런 후 미래로 돌아간다.

{ 앵커 }

앵커를 이용하여 프로세스를 통합할 수 있다. 미래 상태 A를 앵커하고, 과거 상태 C를 앵커한다. 크리스의 경우 나는 그것들을 다른 어깨에 올려놓았다. 그런 다음 자원을 한 포지션에서 다른 포지션으로 가져오는 데 도움이 되는 적절한 앵커를 만들었다.

{ 촌평 }

자원을 앞뒤로 가져오는 것은 매우 흥미로운 경험이다. 보통 이 둘이 서로에 대해 가지는 가장 큰 두려움이 "그것이 가진 문제는 내가 아니라, 그것이 내가 가진 것을 가지고 있지 않은 것이다."라고 말하는 것임을 알게 된다. 그리고 이 사람은 말한다. "내가 그 사람을 두려워하는 이유는 그 사람이 나처럼 생각하지 않기 때문이다."

다시 말해, 이 사람은 말한다. "나는 다른 사람과 협력하는 게 두려워. 왜냐하면 나는 그 안에 있는 나 자신을 보지 않기 때문이야. 나는 나 자신을 그리고 내 욕구도 잃을 거야. 다른 이가 공유해 주지 않을 거니까. 그래서 나는 관계에서 내 편을 위해 싸워야 해." 크리스의 분 아가 말하고 있었다. "만약 내가 그 사람을 인정한다면 나는 이 모든 슬픔과 두려움의 깊이를 잃어버릴지도 모른다." 하지만 이 사람이 다 른 사람의 자원과 능력을 가졌다면, 문제가 되지 않을 것이다.

그것은 자신이 아이 안에서 아이가 가진 자원을 보기 전까지 자신 의 아이가 혼자서 밖으로 나가는 것을 두려워하는 부모와 같다. 그런 데 실제로는 부모가 아이에게 그런 능력을 가르치거나 주기보다, 오 히려 아이가 가지고 있지 않은 것을 가지고 비난하고 처벌한다. 이렇 게 하면 아이가 커 갈수록 서로 멀어지게 된다.

나는 자원의 균형이 그들 사이의 신뢰를 만든다고 생각한다.

"나는 지금 당신이 나와 같은 방식으로 생각하기 때문에 당신을 신 뢰한다."

"나는 당신이 나의 가치를 공유하기 때문에 당신을 신뢰한다."

어떤 의미에서 신뢰는 이런 것이다. "당신이 나와 같은 방식으로 생각하고, 나를 염두에 둔다는 사실을 알기 때문에, 당신이 그것을 잊지 않을 것이라는 사실을 믿는다." 나를 생각하고 나와 같이 생각 한다는 것을 아는 것, 그래서 나는 당신이 그것을 잊지 않을 것이라 고 생각하는 것이다. 이웃의 입장이 되어 보고, 그들과 많은 것을 공 유한 후에야 나는 나 자신처럼 그들을 사랑할 수 있다.

{ 신념 체계 통합 연습 요약 }

신념 체계 내 갈등은 두 가지 혹은 그 이상의 현재 존재하는 신념이 모순된 행동들로 이어질 때 발생한다. 이러한 상황의 유형은 빈번하게 '이중구속(double blind)'을 만든다(당신이 해도 욕먹고 안 해도 욕먹는 상태). 가장 문제가 되는 갈등은 서로 반대되는 신념이 스스로에 대한 부정적인 판단을 둘러싼 정체성 이슈를 수반할 때 발생한다. 이런 종류의 갈등은 거의 항상 자신에 대한 불신, 증오, 두려움 등을 수반한 문제의 뿌리가 될 것이다.

1. 당신의 클라이언트가 가지고 있는 갈등을 일으키는 신념이나 정체성 이슈를 명확히 한다. 그 신념이나 정체성이 형성된 곳을 가장 잘 나타내는 시간선상의 위치로 발걸음을 옮기게 한다. 갈등의 일반적인 유형은 논리 대 감정, 이성 대 직관, 어린 시절의 신념 대 어른의 신념, 과거 대 미래 등이 있다. 갈등 속에서 각 정체성의 생리 기능을 측정한다. 움직임과 제스처의 불균형에 주의를 기울인다.

2. 각각의 신념이나 정체성으로부터 떨어져 있고, 시간선 밖으로 나온 곳에 클라이언트가 '메타 포지션'을 설정한다.

3. 클라이언트에게 각 위치로 들어가 각 부분에서 다른 부분을 보고, 또 다른 부분이 무엇을 생각하는지 설명하도록 요청한

다. 이 단계에서 다른 분아들(정체성들)은 갈등하는 상대 부분들을 보통은 싫어하고 믿지 못한다.

4. 각 부분의 긍정적인 의도와 목적을 찾는다. 각 부분이 다른 부분의 긍정적인 의도를 인정하고 수용하는지 확인한다. '메타 위치'에서 두 부분이 실제로 공유하는 공통의 사명을 발견하라.

5. 각 부분에서 다른 부분을 다시 보라고 한다. 이번에는 다른 부분이 가지고 있고, 다른 부분의 긍정적인 의도와 공통 사명을 성취하는 데 도움이 되는 자원에 대해 (이쪽 부분에서) 설명하게 한다.

  a. 그 분아들이 자신의 목적과 공통 사명을 보다 완벽하게 달성할 수 있도록, 분아들의 자원들을 결합시켜 그 분아들로부터 일치된 합의를 확보한다. 대체로 이전에 그들이 서로 불신하고 싫어하게 된 이유는 상대 부분이 이러한 자원을 가지고 있지 않아서 낯설고 통제 불능으로 여겨졌기 때문이다.

  b. 이 단계에서 이전에 표면에 드러나지 않았던 다른 제한적 신념에 지속적으로 눈을 돌린다. 그래서 그 신념을 다듬고 수정해야 할 것이다. 예를 들어, "책임감 있는 상태와 마음껏 즐기는 마음 상태가 동시에 되는 것은 불가능하다."

6. 클라이언트가 각 분아에 들어가게 한다(가장 빠른 시간선상의 위치에서 그것을 가지고 시작한다). 그 분아의 특별한 자원에 집중해서 그 자원들을 가지고 시간선상에서 천천히 걷는다. 그리고—그 각각의 분아는 자신 안에 다른 분아의 자원을 가지

도록—상대 분야의 위치에 들어간다(별개의 정체성을 동반한 두 심리작용의 통합/균형을 측정하라).

7. 클라이언트를 '메타 포지션'으로 가게 해서, 현재에서 하나의 정체성이 되도록 함께 연결된 두 부분을 시각화하라. 그 통합된 정체성으로 들어가고, 미래를 향해 걸어가라.

[참고: 갈등은 두 가지 이상의 정체성 이슈와 관련되어 있을 수 있다. 그런 경우에 이 기법이 동시에 두 가지를 통합하거나 세 가지 전부 포함시키도록 어느 하나를 확장시키는 것도 가능하다.]

{ 연습을 마치고 }

어떤 그룹에서 내가 알아차린 것을 바탕으로 한 가지 짚어볼 것은, 주요한 갈등이 반드시 미래와 과거 사이에서 일어나는 것은 아니라는 것을 알아차리는 것이 중요하다는 것이다. 예를 들어, 과거의 죄책감 때문에 미래로 나아가지 못하는 사람들이 있다. 죄책감이 무엇인지 잠시 생각해 보라. 죄책감은 자신을 비난하는 것이다. 그것은 비난하는 것과 비난받는 것이 모두 필요하다. 그래서 당신이 미래로 가지 못하게 막는 것이, 꼭 과거에서 와서 미래를 향하는 반대여야 하는 것은 아니다. 그것은 당신을 두 부분으로 찢어 놓은 과거에서 온 각인일 수 있고, 그것들은 과거 거기에서 갈등하고 있다.

당신은 처음에 "나는 미래의 목표를 이루기 위해 노력하지만 과거에서 온 이것이 나를 막는다."라고 말한다. 당신이 그 과거로 돌아가면, 당신을 저지하는 과거의 갈등이 실제로 발견된다. 그러면 당신은 과거에서 유래한 이 두 부분을 통합한다. 당신이 그렇게 믿도록 실마리를 제공할 만한 특정 유형의 신념이나 이슈가 있다. 죄책감이 그중 하나다. 스스로에 대한 신뢰 부족 역시 그중 하나일 수 있다. 내가 여기서 다루고 싶은 것은 실제로 갈등이 있는 곳에서 통합하라는 것이다.

{ 가치와 신념의 연결 }

Q 가치와 신념의 연결 고리는 무엇인가?

R 가치는 신념에 꼭 들어맞는다. 하지만 가치 그 자체가 신념 전체는 아니다. 신념은 [그림 4-9]와 같은 구조를 갖는 경향이 있다. 어떤 원인은 효과를 만들고, 이 효과는 가치나 기준의 증거가 된다. 그 가치는 성공이 될 수도, 또는 생존이 될 수도 있다. 어떤 원인이 영향을 미치면, 이것이 가치 또는 기준의 증거가 된다. 그 가치는 성공일 수도 있고 생존일 수도 있다. "이렇게 하는 것은 내가 다른 사람에게 도움이 되도록 해 줄 것이다." 그러면 나는 내기준의 동등함을 갖게 된다. 증거가 생긴 것이다. "내가 성공적이고 유능한지 내가 어떻게 아는가? 내가 살아남았고 앞으로도 살아남고 혹은 쓸모 있음을 내가 어떻게 아는가?"

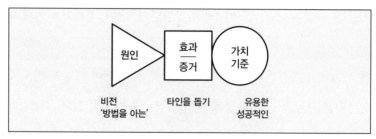

[그림 4-9] 신념의 구조

　물론 같은 증거에 기반을 둔 가치나 기준을 두 개씩 가질 수 있는 것
은 흔히 일어나는 일이다. 예를 들면, 이것은 내가 성공했다는 것
을 의미하지만, 동시에 내 생존이 위협받는다는 의미이기도 한 것
이다. 그래서 증거는 둘 다를 가리키기 때문에 혼란스러워진
다. 그래서 우리가 이런 종류의 혼란을 종식시키기 위해 이 기
법을 사용하고자 하는 것이다. 가치는 가치를 완성하기 위한 증
거보다 더 추상적이다. "특정 액수의 돈을 소유하면 나는 성공
한 사람이다." 혹은 "직원들이 나를 좋아하면 나는 성공한 리더
다." 기준이 되는 동등함은 기준이나 가치보다 더 감각적 베이
스를 가지는 경향이 있다. 신념은 실제로 이러한 관계들에 대한
정의라 할 수 있다.

　신념은 원인도 증거도 가치도 아니다. 그것은 그것들 간의 관계에 대
한 정의다.

　내가 신념을 가지고 작업을 잘하면서 이 신념이 원인이 되어
부정적인 결과를 만들어 낼 것이라고 지적하거나, 또는 새로운
증거가 나타나서 가치의 의미를 바꾸게 되면 신념은 어느 하나

를 바꾸기도 한다. 누군가가 '처벌은 동기를 유발한다.'라는 신념을 가졌다고 가정해 보자. 아니면 누군가 변하기 위해서 처벌받아야 한다는 신념을 가지고 있다고 해 보겠다. 그는 처벌이 한 사람의 보상에 반하여 실제로 작용하는 다른 것을 유발하고 있다는 것을 깨닫게 되었을 수도 있다. 혹은 그가 외부 반응만이 아니라 내면의 느낌에 기반을 두도록 동기나 변화에 대한 증거를 재정의 할 수도 있는 것이다. 그리고 그 관계 전체는 재배치된다.

Q 미래의 상황이 그 사람에게 불가능해 보인다면 어떻게 할까?

R 한 분아가 "모든 것이 가능하다."라고 말하면, 대개 당신은 당장 "가능한 게 없다."라고 말하는 또 다른 분아를 찾을 것이다. 이 분아가 "가능한 게 없다."라는 방향으로 갈수록, 다른 분아는 "모든 게 가능하다."라는 방향으로 가면서 더욱 멀어진다.

　신념 통합 프로세스의 목표는 두 분아에 똑같다. 그 두 분아의 각각의 의도가 무엇인지 알아내고 싶다. 내가 만약 이 몽상가의 비전을 저 비평가에게 가지고 가고, 또 저 비평가의 감성을 이 몽상가에게 가져올 수 있다면, 그러면 나는 현실적인 어떤 것을 창조해 낼 수 있다. 나는 말한다. "맞아, 그 꿈은 필요했어. 그것이 통합되기만 하면, 나는 현실적이고 전체적인 방식으로 그것을 할 수 있어." 집은 스스로에 저항해 분리되어서는 집이라 할 수 없다. 만약 그것이 가능한지 아닌지 알아내기 위해 애를 쓴다면, 갈등을 조장하고 있는 것이다. 50~60년 전에는 사람이 달에 가는 것은 불가능하다고 사람들은 생각했다. 그렇게 큰 꿈을 실현하는 데는 많은 현실성과 헌신이 필요하다.

Q 우리가 게슈탈트 안에서 하고 있었던 양극성상에서 했던 몇 가지 작업을 통해 우리는 두 분아 사이에서 상반된 감정을 경험했다. 이 기법을 적용하기 위해, 우리가 메타 포지션으로 들어가기 위해, 이러한 감정을 피해야 하는가?

R 당연히 아니다. 우리는 크리스의 경우에도 그런 류의 감정을 분명히 피하지 않았다. 갈등은 메타 포지션을 만들지 않는다. 갈등에 얽힌 그 부분들의 긍정적인 의도를 이해하는 것이 진정한 메타 포지션을 만들어 낸다. 감정은 의도, 정체성, 그 사람의 가치에 의해 좌우된다. 우리가 하고 있는 것과 펄스(Fritz Perls)가 했던 것의 차이점은 특별히 메타 포지션을 가지고 작업한 것이다. 우리는 메타 포지션을 만들고 있다. 우리는 단순히 의자 두 개가 필요한 것이 아니다. 왜냐하면 우리는 그것 전체에서 나와야 하기 때문이다. 감정으로 그것을 골라 내려고 하는 것이 아니라, 우리는 모든 레벨을 뛰어넘고, 모든 감각을 사용하려고 한다. 해결책은 갈등 밖에서 맥락을 만듦으로써 도출된다.

그 사람이 정말로 이 포지션에 연합되어 있다는 것을 확신하기 위해 감정이 중요하다. 내가 그 사람에게 "갇혀 있는 상태로 들어가라."고 지시하고 그는 그리로 간다. 그리고 "좋아요!"라고 말한다. 하지만 생리 기능상에서 주요한 변화는 없다. 이걸로 내가 뭔가 얻은 게 아니야. 나는 그것들이 거기 있는 것을 보고자 해. 그것은 생리 기능이나 감정, 그 외 모든 것이 있어야 한다는 말이다.

감정은 관계의 함수다. 감정은 관계에 대해 말해 준다. 서로 반대될 때 죄책감을 창조하는 똑같은 두 분아는 서로를 지지하면 평화를 창조한다. 죄책감과 평화는 다른 것이 아니다. 감정은 우리의 분아들 사이의 관계에 의해 방향 지어지는 하나의 에너지다. 나를 공격하던 화를 가져와서 비전으로 방향을 전환시키면, 화는 전념하는 태도로 바뀐다. 화는 박스에 넣고 가버릴 수 있는 물건이 아니다. "아, 이건 화고……. 이건 감정이야." 이것이 이러한 내면의 감정을 다른 방향으로 돌리는 방법이다. 그것들이 어떻게 함께 작용할 것인지 재조정하면, 그것은 다른 뭔가를 만들어 낸다. 두려움은 힘으로 전환된다. 그것은 같은 에너지다. 그저 어떻게 방향을 잡느냐에 달린 것이다.

나는 사람들이 그런 감정을 적절하게 다뤘으면 한다. 또한 나는 내가 그 감정을 어떻게 함께 가져올지를 알아서, 그 감정들이 서로 에너지를 빼앗는 것이 아니라, 서로 에너지를 지원해 주었으면 좋겠다. 정리하자면 감정의 질을 규정하는 것은 관계에 달려 있다.

펄스는 훌륭했다. 하지만 일을 끝내는 방법을 정말로 알기 위해서 좀 다른 구조가 필요했다. 밴들러가 이렇게 말한 적이 있다. "모든 일이 끝났다. 묻고 싶은 건 당신이 원했던 방식으로 일이 끝이 났는지 여부다."

당신은 그것을 형편없이 끝낼 수도 있고 잘 끝낼 수도 있다. 잘 끝내기 위해서는 어떤 일이 일어나야 하는가? 이것은 당신이 관계를 살펴보고 자원 안으로 가져와야 하는 것이다.

펄스가 사람들과 작업하면서 사람들에게 한 분야에서 다른 분야로 자원을 주라고 했는지 나는 모른다. 이것이 그의 작업에서 반드시 명시적이어야 하는 것은 아니다. 그렇기는 해도, 나는 이것이 해결책에서 아주 중요한 부분이라고 생각해서 그 부분들에 있어 서로의 경험을 공유하도록 한다. 당신의 감정은 아주 중요하다. 하지만 다른 모든 것도 마찬가지로 중요하다.

Q 과거의 그 분야가 그 사람을 보호하려고 한다는 인상을 가지고 있다.

R 정체성은 거의 어린 시절에 완성된다. 나이가 들고 성숙함에 따라 그것은 수정되어야 한다. 우리가 삶에서 전환의 단계들을 경험하는 일은 자주 있다. 이러한 전환은, 긍정적인 것들이라 하더라도, 이런 식의 정체성 위기를 만들어 낸다. 부모가 되는 것은 정체성 변화를 가져오는 전환을 만든다. 새로운 직업을 얻는 것도 그렇다. 이런 전환의 시기엔 자신의 정체성을 새롭게 점검해 보고 재통합하는 데 많은 시간을 들여야 한다. 전환이 빨리 일어나면, 오래된 정체성과 새로운 정체성이 함께 조율하기에는 정말로 시간이 충분하지 않다는 것을 우리는 알고 있다.

여러 전통 문화에서, 소위 '통과 의례'라고 부르는 것을 하는 목적이 바로 이것이다. 이러한 의례행위는 한 국면과 다른 국면 사이에 있는 정체성을 통합할 목적으로 문화로 자리 잡은 것이다. 현대 문화는 그 중요한 단계를 소홀히 해왔다. 심지어 우리는 오래된 정체성을 없애려는 시도로 새로운 정체성을 만들기도 한다. "이제 더 이상 이러고 싶지 않아. 그래서 나는 지금까지의 나와 전혀 다른 사람이 될 거야." 그래서 한동안 새 정체성은 사실상 기존 정체성의 반대가 되는 것, 아니면 기존 정체성과 확 달라지는 것을 바탕으로 개발된다.

이 전략은 유용할 수 있지만, 오래된 정체성은 어떤 지점에서 다시 통합되어야 한다. 당신은 아마 어린 시절의 분아는 정체성과 관련성이 더 높다는 것을 대부분 발견했을 것이다. 나중에 생긴 분아는 성장하면서 새롭게 만든 신념이거나 개발시킨 새로운 능력일 것이다. 그래서 대개 어린 시절의 정체성이 자주 방어적인 포지션에 있는 것처럼 여겨진다.

Q 신념이 어떻게 변하는지 이야기했다. 행동은 나중에 변했다. 중대한 국면은 그 신념과 행동이 서로 가장 멀리 떨어져 있을 때였다. 나는 이 특별한 순간(신념과 행동이 가장 멀어져 있을 때)이 내 병에 가장 알맞다고 나 자신이나 다른 사람들에게 자주 말했다. 이런데 이렇게 우리는 그런 국면에 있는 사람을 도울 수 있을까?

R 이것이 우리가 이 연습을 했던 중요한 가치다. 내가 미래로 갈

때, 내 행동이 언제나 새로운 신념과 즉각적으로 딱 맞아떨어지지 않는다는 것을 알아야 한다. 거기서 중요 포인트는 나는 정말로 힘이 필요하고 과거의 지원이 필요하다는 부분이다. 왜냐하면 내가 스스로 새로운 사람이 되려고 노력을 하면, 과거의 나의 한 분야는 "그것이 가능해."라는 것을 믿지 않는다는 것이다. 그러고는 나의 신념과 행동이 일치하지 않을 때면 과거에서 온 이 분야는 나를 뒤로 잡아당긴다. 과거의 신념으로 돌아오게 하는 것이다. 하지만 신념과 행동이 일치한다면 하나로 통합하기 위해 필요하고 임계치에 필요한 에너지와 지지를 공급한다. 내가 미래의 페이스일 때, 나는 반드시 전부 다 기분 좋게 될 필요는 없다는 점을 그 사람이 아는지 확인하길 원한다.

신념과 성과 사이의 이러한 관계를 사람들에게 보여 주는 것만으로 그들이 변화의 자연스러운 주기를 예상하는 데 도움이 된다고 생각한다. 그래서 그들은 이 중대한 포인트를 둘러싸고 일어난 사건을 실패가 아니라 피드백으로 인지할 것이다. 또 다른 전략은 그 사람이 가진 특정 결과를 넘어 미래로 가는 것이다. 그래서 당신은 어떤 잠재적인 문제가 있는지, 그것을 어떻게 처리할지를 뒤돌아보면서 앞으로 앞으로 나아간다. 만약 내가 좀 더 먼 미래의 관점을 통해 이것을 본다면, 나는 중대 포인트인 과거로 가서 몇 가지 방책을 알아볼 수도 있을 것이다.

05

신념 체계와 관계

위기 상황을 극복하는 가장 효과적인 방법은 지원 체계를 갖추는 것이다. 우리는 신념을 뒷받침할 수 있는 행동과 능력 개발만 원하는 것이 아니라 환경에서도 지원 체계를 개발하기를 원한다. 내가 여러분 각자에게 부탁드릴 것 중 하나는, **스스로 설정한 새로운 신념과 새로운 정체성을 생각할 때, 그 신념에 대한 자원을 개발하러 갈 수 있는 장소와 사람들을 잠시 생각하라**는 것이다. 자신과 함께 있고, 자신을 재확인하기 위해 당신이 가는 특별한 장소가 있을지 모른다. 아직 그런 장소가 없다면, 당신이 그곳을 상상하는 방법도 있다. 직접 하나 만들라.

또한 당신의 변화를 지지해 주는 사람을 떠올리라. 당신의 변화를 강화해 주고 신뢰할 만한 피드백이 있는지 확인하라. 변화하고자 할 때 모든 것이 당신에게만 달려 있는 것은 아니다. 당신이 변하는 걸 돕고자 하고 당신을 지지해 주고자 하는 많은 사람이 있다.

우리는 또한 당신이 변하는 걸 지지하지 않을 사람들이 있을 것을 고려해야 한다. 아마도 당신의 변화가 그들을 위협했기 때문일 것이다. 우리는 이것을 잘 다룰 방법을 가지고 있어야 한다. 비협조적인 사람들이 꼭 나쁘다고 할 수는 없다. 나는 그들에게 긍정적인 의도가 있다고 믿는데, 중요한 것은 그 긍정적인 의도를 지지하는 행동으로 이끄는 방법이라고 생각한다. 이 비지지적인 관계 전환의 이슈와 관련 마지막 시연을 하려고 한다.

당신이 원하는 신념 변화와 관련해 소통하는 데 문제가 있다고 예상되는 누군가를 생각하라. 함께해 나가는 데 당신이 힘들 거라고 생각

되는 누군가를 생각하라. 누구, 그런 사람이 있는가? 바바라(Barbara)
한번 올라와 볼래요? (바바라가 올라온다.)

{ 메타 거울 }

1단계 다른 사람의 행동에 이름 붙이기

R 그 사람이 바로 당신 앞에 있다고 상상해 보세요. 당신을 힘들
게 하는 그 사람의 행동에 이름을 붙여보시겠습니까? 그 사람
이 하는 행동이 무엇일까요? 뭐라 부르겠습니까? 어떻게 행동
을 합니까? 무신경하고 융통성이 없나요?

B 무관심.

2단계 당신의 행동에 이름 붙이기

R 자, 이제 메타 포지션으로 옮겨 가서 그 사람이 무관심할 때, 다
른 사람들과 관련한 당신의 반응을 관찰하세요. 당신의 행동에
이름을 붙인다면 뭐라고 부를까요?

B 경직. 어쩌면 유연성 부족이 더 적합한 표현일지도 모르겠습니다.

R 그렇군요. 그 사람 안에는 무관심이 있고, 당신 안에는 유연성
부족이 있네요. 나는 당신이 이 부분, 즉 당신이 유연성 없이 굴
지 않을 때도, 그는 여전히 무관심할까에 대해 생각해 보길 바
랍니다. 만약 당신이 유연성이 부족하지 않다면 그가 무관심이

될 가능성이 있을까요? 핵심은 '어떤 인간 사회에서든, 다른 사람들이 당신이 어떻게 행동하는지 규정하는 것 못지않게 당신도 다른 사람들이 어떻게 행동하는지 규정한다는 거예요. 그 사람은 당신 행동에 무관심한가요? 당신 정체성에 무관심한가요?

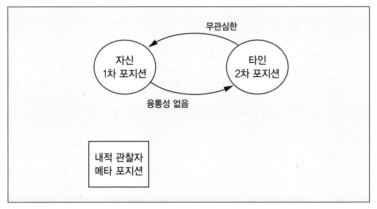

[그림 5-1] 비협조적인 관계 도표

B 내 정체성이요.

R 그렇군요. 당신은 무엇에 대해 유연성이 부족합니까?

B 관계 속에서 나에게 중요한 것들에 대해서요.

R 예를 들면, 당신의 가치관?

B 네.

R (청중에게) 여러분이 아마 가장 함께하기 힘든 사람들은 여러분의 정체성에 영향을 주도록 허용한 사람들이라는 점에 주목하길 바랍니다. 나는 한때 회사에서 고객 불만처리를 담당하는 직원의 전략을 모델로 삼은 적이 있습니다. 사람들이 불평을 하면

고객의 불만이 있는 곳이 어떤 레벨이든, 그는 어떤 특정 행동 레벨로 낮춰, 보조를 맞추고 이끄는 것에서 시작하려고 했습니다. 때로 사람들은 "그것은 당신 실수야."라고 말하며 당신의 정체성을 비난하기도 합니다. 당신이 이 말을 정체성 레벨에서 받아들이게 되면 "나한테 뭔가 잘못된 게 있어!"라고 느끼고, 그것은 당신에게 정서적으로 상당히 큰 영향을 줄 것입니다. 그리고 당신은 아주 급격히 에너지가 소진되는 걸 경험할 것입니다.

그러나 불만처리 담당자가 "화나게 해서 미안합니다. 무슨 일이 있었는지 구체적으로 이야기해 주실 수 있습니까?"라고 고객에게 말하는 순간, 비판의 대상은 그가 아닌 문제점으로 방향이 바뀝니다. 사실상, 그는 격투기 선수처럼 격하게 불평하려고 드는 사람을 향해 서 있습니다. 그는 자신의 몸에서 떨어진 특정한 위치 쪽으로 그 격한 말과 이미지들이 가도록 만드는 데, 그의 생리 기능적 면과 제스처를 사용했습니다. 그래서 그들은 **그가 아닌 '그 문제'**에 집중했습니다.

마지막으로 그는 기억 장소인 왼쪽 위로 그것을 옮겼고, 그것을 실패와 반대되는 피드백으로 만들었습니다. 그는 그것을 정체성 레벨에서 받아들이지 않았습니다. 그는 반응이 어떻든지 간에 그의 정체성이 문제없다는 것을 알았습니다. 비난을 상대로 부인하거나 싸울 필요가 없었습니다. 그는 실제로 그것을 가장 잘할 곳으로 방향을 틀게 했습니다.

(로버트가 바바라에게) 어쩌면 당신은 그 사람에게 당신 자신

의 너무 많은 것을 주고 있는 건 아닐까요?

B 그런 것 같아요.

R 당신의 가치관이 너무 강해서 그 사람이 당신에게 무관심한 것
   은 아닐까요?

B 아니에요. 왜냐하면 오히려 내가 지금 그 사람의 체계에 빨려 들어가,
   옴짝달싹 못하고 빠져 나가지도 못하고 있거든요.

3단계 두 개의 나의 관계

자, 이제 저기 4차 포지션으로 실제로 가 주시기 바랍니다. 당신 내
면의 메타 포지션 자아가 바깥의 1차 포지션 자아를 어떻게 바꾸려
고 시도하는지를 보고, 또 당신이 그 사람과 소통하고 있는 방식을
지켜봤을 때, 이 관계는 어떤가요? (로버트는 1과 3을 차례로 가리킨다.)

B 나와 나 사이?

R 그렇습니다. 우리는 다른 사람과 관계하고 있는 스스로와 어떻
   게 관계를 할 것인지를 탐구하려 합니다.

B 내면의 나는 바깥의 내가 하는 하찮은 일이 어쨌든 다른 사람에게 아무
   런 영향을 주지 않을 것이라 생각합니다.

R 어떤 면에서, 당신은 그 사람이 당신에게 하는 그대로 당신 자
   신에게 하고 있는 것입니다. 내면의 당신 역시 그 관계에 갇혀
   있는 당신에게 무관심해 보입니다. 나는 이 프로세스를 메타 거
   울이라 부르는데, 그건 그 사람이 당신을 다루고 있는 방식이

당신이 당신 자신을 어떻게 다루고 있는지를 자주 반영하기 때
문입니다. 문제는 다른 사람도 아니고, 내가 다른 사람한테 어
떻게 반응하는지도 아닙니다. 문제는 역시 이곳, 두 나(two Me)
사이의 시스템에 있습니다. 그것은 시스템 전체가 어떻게 돌아
가는지에 있어 중요한 한 부분입니다. 외면의 당신은 그 내면의
무관심에 대해 어떻게 반응하나요?

B 바깥의 나는 아주 긴장 상태입니다. 바깥의 내가 가진 정체성을 잃을까
두려워하고 있습니다.

R 외면의 당신이 경직되어 있다고 해도 놀랄 일이 아니네요. 진퇴
양난 상황입니다. 이들 포지션(내면의 당신과 바깥의 당신)을 맞
바꾸면 흥미로울 것 같습니다. 예를 들어, 바깥의 1차 포지션의
당신과 내면의 메타 포지션의 당신과 자리를 바꾸어서 당신이
다른 사람에게 무관심하게 하고, 당신의 가치에 대해 유연성이
부족하게 한다면 어떻게 될까요? 아마 스스로의 가치에 대해

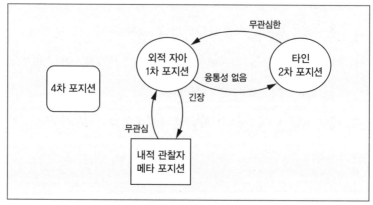

[그림 5-2] 종합적인 관계 체계 도표

유연하지 못할수록, 그 사람에 대한 내 행동에서 더욱 창조적이
될 수 있을 것입니다.

이와 같은 체계적인 작용의 장점은 해결책을 찾기 위해 당신이
그 시스템의 요소를 바꾸지 않아도 된다는 점입니다. 당신은 요
소 간의 관계를 바꾸기만 하면 됩니다. 당신이 그렇게 했다면
어떨까요? 단지 이 둘을 물리적으로 이동시켜 보십시오.

B 참 쉬운 것처럼 들리네요. (웃음)

R 어떤가요? 관계는 여전한가요?

B 지금은 아무것도 없는 것 같습니다.

R 이제 더 이상 유대 관계가 없다면, 당신은 같은 사람과도 새로
운 관계를 시작할 수 있나요?

B 네, 그렇습니다.

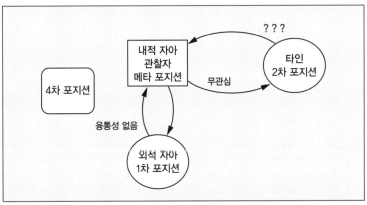

[그림 5-3] 지지 없는 관계에서 지각적 입장 바꾸기

R 지금부터 두 가지를 살펴봅시다. 지금 이 분아는 메타 위치에 있는 당신이고, 저 분아는 가치들로 가득 찬 융통성 없는 당신입니다.

당신은 이 사람(외적 자아, 1차 포지션－역자 주)과 유대 관계를 맺고 싶은가요?

B 아니요. 전혀.

R 미래의 그 사람과 대화를 나누게 된다면 현재의 당신과 어떤 관계를 맺게 될 거라 생각됩니까?

B 지금 나의 문제는 누구와도 대화를 하고 싶지 않다는 거예요.

R 당신이 대화를 하고 싶게 만드는 것은 무엇일까요?

B 더욱 진실한 사람, 좀 더 진정성 있는 사람.

R 그렇군요. 잠시 여기 이 다른 사람의 포지션으로 들어가 볼까요? 2차 포지션으로요. 당신이 이 사람이 되어 이 사람의 세계를 경험하고 있다면, 당신을 좀 더 진실하고 진정성 있게 만드는 것은 무엇일까요?

(바바라는 다른 사람의 위치로 옮겨 가서 잠깐 아주 깊은 사색에 잠겼다.)

B 자신감.

R 그럼, 이제 이 시스템에서 완전히 나와서 4차 포지션으로 이동합니다. 당신이 이곳에서 중요한 통찰을 얻길 바랍니다. 만약 당신이 이 다른 사람 밖에서 자신감을 가지고 오면, 만약 당신이 그를 자신감 있게 만들 어떤 방식으로 행동한다면, 그러면

그는 좀 더 진정성을 가질 것입니다. 여기에서 큰 질문이 있습니다. 당신이 어떻게 하면 당신의 가치관에 맞게 그가 더 자신감을 갖도록 할 수 있을까요?

B 유연성 부족이 아닌 건 분명하네요.

R 그러면 어떤 행동일까요?

B 적어도 열린 자세로 들어야 하겠습니다.

R 메타 위치로 가서 당신의 가치에 대해 경직성을 유지해 보세요. 열린 자세로 경청한다는 것은 내가 누구이고 나에게 중요한 것이 무엇인지에 대해 무관심하다는 것이 아님을 주목하길 바랍니다. 열린 자세로 경청한다는 것은 비록 3차 포지션에서 경직되어 있더라도 갇혀 있지 않는 것입니다. 그렇게 함으로써 스스로 지원을 하게 되고 열린 자세로 듣기가 더욱 쉬워집니다.

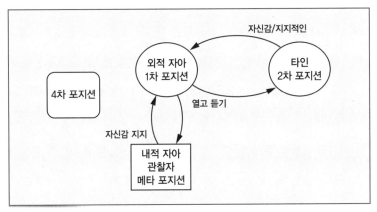

[그림 5-4] 새로운 기능적 지원 시스템의 관계도

4단계 새로운 관계 형성

R 4차 포지션에서 열린 자세로 경청하며 다른 사람과 새로운 관계를 맺고 있는 1차 포지션에 있는 당신—하지만 당신이 누구인지 알고 있고 당신의 정체성과 가치에 대해서는 경직되어 있으며 메타 포지션에 있는 당신의 지지를 받고 있는—을 생생하게 떠올려 보십시오. 1차 포지션으로 들어가 그 다른 사람을 바라보십시오.

   (바바라는 1차 포지션으로 이동하여 웃음을 지었다.)

R (관중을 향해) 생리 변화를 살펴보십시오. 그것은 모든 것의 흥미로운 조합입니다. (바바라에게) 그 사람과 무슨 일이 일어났나요?

B 훨씬 편해졌습니다.

R 기분이 어떠세요?

B 더 좋아졌습니다. 완전히 달라졌습니다.

R 네, 고맙습니다. 당신이 종종 다른 사람과 의사소통하는 데 어려움을 겪고 있는 지점은 당신이 자신과 어떤 방식으로 관계를 맺고 있는지 보여 주는 거울입니다. 소통의 어려움을 겪고 있는 타인은 문제도 해결책도 아닙니다. 만약 자신과 어떻게 관계를 맺고 있는지 한 걸음 물러서서 성찰해 볼 수 있다면 시스템을 재구성하여 스스로를 지원할 수 있습니다. 이것은 종종 전체 관계를 변화시키기도 합니다. 메타 거울 기법은 관계 분자 내에서 요소들의 가장 적절하고 생태학적인 배열을 찾아낼 때까지 문제가 되는 관계 내의 안과 밖의 지각적인 위치의 이동을 지속하도록 하는 맥락을 창조합니다.

{ 메타 거울 기법 요약 }

1. 의사소통을 하는 데 어려움을 느끼는 사람을 선택한다. 1차 포지션에서 그 사람을 시각적으로 떠올리고 (관련된) 의사소통을 어렵게 만드는 특성에 이름을 붙여 본다. 예: '경직됨' '둔감함' '부적절한' '부정' 등.

2. 메타 포지션으로 돌아가서 (관계와 분리된) 상호작용을 하고 있는 자신을 시각적으로 떠올려 보고 그 관계 내에서 다른 사람에 대한 자신의 행동에 이름을 붙여 본다. 예: '판단 분별하는' '자극적인' '도움이 되는' '무서운' 등.

3. 시스템 내에서 다른 사람의 행동을 촉발하거나 강화시키도록 행동하는 방법을 주목하라. (당신이 거기에 없을 때 다른 사람은 어떻게 행동하는가? 다른 사람은 계속해서 반응을 이어가는가?)

4. 그 사람에게 반응하는 다른 방법은 무엇이 있을지 생각하라. 어쩌면 당신은 당신의 반응을 변화시키려고 이미 노력했을지도 모른다. 하지만 계속해서 이 관계에서 당신이 그 방법을 고수하게 되는 이유는 무엇인가?

5. 이제 옆으로 조금 비켜서(4차 메타 포지션), 이 상호작용에서 당신이 스스로를 어떻게 내하는지 실피다. 예: '뻔뻔힌' '회기 난' '판단하는' '창의적인' 등. 로지컬 레벨(행동, 능력, 신념, 정체성)에서 어떤 다른 반응이 나타나는지 주목하라. 다른 사람이 어떤 반

응을 보이는지에 대해 당신은 어떻게 반응하는가?

6. 4차 메타 포지션에서 자신과 연합된 2개의 위치를 맞바꾸라. 그것은 당신의 3차 포지션의 반응(당신이 당신 자신을 다뤄왔던 방식)을 1차 포지션에 두는 것이다. 그래서 당신은 다른 사람에게도 같은 수준의 반응을 하고 있는 것이다. 이전 1차 위치의 반응을 3차 위치로 옮기라. 포지션을 맞바꾸는 것이 시스템을 어떻게 바꾸고, 반응에 대한 표현을 어떻게 변형시켰는지 주목하라.

7. 상대방의 입장이 되라(2차 포지션). 상대방의 관점에서 당신을 바라 보라. 그 관점에서 당신의 행동이 어떻게 나오는가? 다른 사람의 관점에서 자신에게 필요한 것과 원하는 것은 무엇인가?

8. 변경한 1차 포지션의 위치로 다시 개입하라(가령, 앞선 3차 포지션 레벨의 반응으로 재배치했던 것). 당신의 반응과 변화된 관점이 어떤지 살피라.

9. 관계가 보다 균형 있고, 제대로 작동한다는 느낌이 들 때까지 (적절한 수준에서) 관점 전환을 계속하고 반응을 선택하기를 계속 반복하라.

06

결론

이 책에서 알아본 신념에 대한 모든 요소를 다시 살펴보겠다. 우리의 삶과 행동에서 신념을 다른 기능들과 분리하는 것으로 시작하였다. 신념은 전략 및 능력과 다르며, 행동과도 다르다. 신념은 원인, 의미, 가치 및 한계에 관한 일반화와 관련된다고 할 수 있다.

신념은 실제로 행동과는 다른 차원(level)이다. 행동에 대한 논쟁을 했다고 해서 반드시 신념을 바꾸지는 않는다. 행동은 신념과는 다른 차원이기 때문이다. 우리는 능력에 대한 단순한 신념 몇 가지를 가지고 작업을 시작했다. 또 신념에 힘을 부여하는 것들이 하나의 이미지, 하나의 소리, 하나의 느낌이었던 것이 아니라 이미지들, 소리들, 느낌들 사이의 공감각, 즉 관계에 의해 짜인 분자라는 것을 알게 되었다.

우리의 첫 번째 단계는 이러한 표상들을 적절한 생리적 접근 위치로 재조직하는 것이었다. 그런 다음 체계 내에서 서로를 지원할 수 있도록 관계를 재구성할 수 있었다. 우리는 그다음 조금 더 깊게 들어간다. 우리가 더 **중요한 신념**, **핵심 신념**에 도달하자마자, 그것들은 단순히 표상 체계로 만들어진 분자가 아니라 사람들 사이의 비판적인 관계의 분자라는 것을 발견했다. 그것은 감각 표상 그룹과는 반대로, 나와 어머니와 아버지 사이의 관계 분자라고 할 수 있다.

우리는 분자를 보다 적절한 구조로 재조직하기 위해 다시 한번 작업했다. 시간 안에서 조직했고 지각 위치에서 조직했다. 시간에 맞게 조직되기도 하고, 시각 위치에 의해 조직되기도 했다. 왜냐하면 다른 사람들로부터 모델링한 신념과 나 자신의 원래 신념을 구분하는 것이 어려울 때가 있기 때문이다. 우리는 그 관계 분자를 분리하고 재조직한다. 재조직을 허용하는 자원 안으로 가져오기 위해 시스템 바깥의 위치로 간다.

마지막으로, **우리는 우리 자신의 정체성으로 구성된 분자를 가지고 작업했고, 그 분자는 긍정적이든 부정적이든 어느 한쪽으로 시스템 강화를 창조하려는 구조다.** 이것은 자아의 공감각, 자아의 분자를 형성한다. 우리는 가장 적절하고 생태 환경에 조화로운 관계 맺음의 형태로 그 시스템을 조직하는 방법을 탐색했다.

{ 마무리 명상 }

편안한 자세로 다시 한번 자신을 찾아보라. 정보를 입력하는 것부터 정보를 통합하고 처리하기까지의 조작 모드를 변경하도록 기어 변경을 마음에서 허용한다. 아마 당신이 당신 자신 위에 떠있는 것처럼 당신 자신의 이미지를 얻을 수 있을 것이다. 자신을 내려다보면서, 자신이 편안하게 느끼는 얼굴의 한 부분, 어떤 면에서는 당신이 누군인지에 대해 정의 내린다고 할 수 있는 그 부분에 집중하라. 그것은 당신의 눈, 입, 눈썹, 코, 턱, 뺨, 이마일수도 있다. 그 장소에 집중하라. 좀 더 가까이 가서 다른 차원에서 당신 얼굴의 그 부분을 보기 시작하라. 아마 당신은 마음속에서 당신의 피부와 어쩌면 작은 털에서 숨구멍을 볼 수 있을 만큼 충분히 확대할 수 있을 것이다. 당신은 피부를 구성하는 세포의 일부를 볼 수 있도록 점점 가까워지고 점점 더 확대하라. 그리고 더 가까이서, 여러분 자신의 내부에서 개별적인 세포와 핵의 핵을 볼 수 있고, 심지어 그 핵으로 들어가고, 그 세포의 중심부로 깊숙이 들어가 있다. 핵 내부 깊숙이 묻혀 있는 세포를 만드는 염색체를 볼 수도 있다. 그 염색체는 당신의 어머니와 아버지로부터 왔으며, 상호작용하는 관계로 함께 통합된 것이다.

그 염색체에 더 가까이 초점을 맞추게 되면, 여러분은 유전 암호를 가지고 있는 DNA의 가닥을 발견할 수 있고, 그 DNA를 구성하는 아미노산과 여러분의 아주 작은 부분을 구성하는 분자에 더 가까이 갈 수 있다. 더 가까이, 더 깊게 들어가면, 원자의 핵을 둘러싼 전자를 볼 수 있다. 이제 원자는 당신 주위에 흩어지기 시작하여 점점 더 커지면서 원자 사이사이에 보이는 무한한 공간에서 자신을 발견하게 된다.

이제 여러분은 다시 전자를 보게 된다. 분자들이 분자를 만들기 위해 함께 형성되고, 분자는 DNA의 유전자와 가닥, 염색체를 만들고 다른 세포와 형성되어 피부의 모공을 만든다. 당신의 피부가 얼굴의 일부가 되고, 당신의 얼굴을 보면서 당신은 당신의 몸과 당신 옆에 있는 사람들의 몸을 볼 수 있을 정도로 계속해서 뒤로 더 뒤로 움직일 수 있다.

당신은 이 방을 나가고 있나. 이 건물 안의 많은 방을 볼 수 있을 정도로 이 건물 밖으로 나가고 있다. 이 건물이 점점 작아지고 멀리 떨어져 보이며 이 도시의 다른 건물들을 보고 있다. 도시의 건물들도 점점 작아진다. 자동차가 마치 도시의 세포인 것처럼, 도시의 경계까지, 다른 도시까지 볼 수 있도록 멀리 더 멀리 보려고 더 멀어진다. 이제 더 나아가서 당신은 우리나라와 그 주변의 다른 나라들, 푸른 바닷물까지 보기 시작한다. 이제 더 멀리 나아가 바다와 땅이 저 아래 점점 작아지면서, 구름을 통과하여 올라간다. 드디어 파란 보석이 점점 작아지는 파란 공 가장자리를 보기 시작한다. 지구는 파란 공처럼 보인다. 다른 행성들은 더 큰 분자를 만드는 원자인 것처럼 보인다. 주위에 많은 행성과 별들이 보이기 시작한다. 아마 우리 자신의 태양계는 우리를 염색체, 세포, 얼굴의 일부로 만드는 신의 몸 안에 있는 작은 분자일 것이다. 이 모든 다른 레벨을 마음속에 간직하고 있을 때, 아마도 홀로그램처럼 우리가 이 모든 레벨에 존재한다는 것을 기억하는 것이 유용하고 흥미로울 수 있다. 아인슈타인이 "우주는 친밀한 공간이다."라고 말했듯이, 당신이 여기에서 배운 것들은 당신에게 가장 편안하고 생태학적인 방법으로 당신과 통합될 것이다.

여러분이 주변의 다른 사람들, 즉 다른 정체성을 가진 사람들을 감지하기 시작한다면, 이 방으로 완전히 들어올 수 있다. 우리가 그 광대한 분자 하나에 지나지 않는다는 감각을 조금이라도 살아가면서 유지해야 한다.

여러분의 참여와 질문 그리고 나눠 주신 에너지에 감사한다. 다양한 신념을 나눠 주신 여러분 모두에게 다시 한번 감사드린다. 가장 중요한 것은 지금 존재하는 당신이며, 당신의 정체성이다. 이 우주에

서가 아니더라도, 다른 어떤 곳에서라도 언젠가는 당신을 만나게 될

것을 확신한다.

감사드린다. 안녕히 가세요.

부록

{ 부록 1. 메타 프로그램 패턴 }

1. 목표와 문제에 관한 접근(오리엔테이션)

　　a. 긍정적인 것을 향하여 가기

　　　부정적인 것으로부터 멀어지기

　　b. 조화(match, 유사성 정렬하기)

　　　부조화(mismatch, 차별성 정렬하기)

　　c. 생각 스타일

　　　시각

　　　행동

　　　논리

　　　감정

　　d. 기준의 계층(가치)

　　　힘(조절)

　　　소속(관계성)

　　　성취(목표)

2. 관계에 대한 오리엔테이션

　　a. 나-1차 포지션

　　　다른 사람-2차 포지션

　　　맥락-3차 포지션

b. 외부 행동

내적 반응

3. 시간에 대한 오리엔테이션

a. 과거 – 기억하는 것

현재 – 외부적인 것

미래 – 구성하는 것

b. 시간 안에(관련된)

시간 따라가기(관련이 없는)

4. 정보 구성에 대한 오리엔테이션

a. 사람 – Who

정보 – What

위치 – Where

시간 – When

활동 – How

b. 청크 크기

큰 청크

작은 청크

{ 부록 2. 술어와 눈동자 움직임 }

신경언어프로그래밍은 여러 가지 언어적 및 비언어적 지표를 확인했다. 그 지표는 사람의 의식적인 협력이 있든 없든 심리 작용을 밝히기 위한 단서로 사용되기도 한다.

1. 언어적 근거

'술어'는 사물과 반대되는 행동이나 자질을 나타내는 동사, 부사 및 형용사와 같은 단어다. 이런 형태의 언어는 일반적으로 무의식적인 레벨에서 선택되며, 따라서 언어를 생성한 근본적인 정신 구조를 반영한다. 다음은 표상 체계를 세 가지로 나누고, 각각에 일반적으로 사용되는 술어 목록이다.

시각적 표상 체계	청각적 표상 체계	신체 감각적 표상 체계
보다	듣다	이해하다
자세히 보다	경청하다	만지다
시력	소리	느낌
맑은	공명	딱딱한
밝은	큰	무거운
이미지	단어	다루다
흐릿한	시끄러운	거친
빛을 가져다준다	종이 울린다	연결하다
보기	말하기	이동하기

2. 눈동자 움직임

자동적이고 무의식적인 눈동자 움직임은 종종 표상 체계 중 하나로 판단할 수 있는 특정 사고 프로세스를 수반한다. 이러한 눈동자의 위치는 또한 특정 감각 체계에 대한 접근을 자극하고 그에 따른 반응을 보인다. NLP는 이러한 단서를 다음 패턴으로 분류했다.

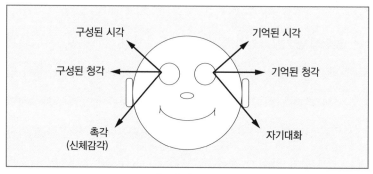

안구 움직임 도표

{ 부록 3. 신경언어학적 레벨 }

1. 로지컬 레벨(Logical Level)

그레고리 베이슨(Gregory Bateson)은 학습, 변화 및 의사소통의 과정을 분류함에 있어서 자연적인 계층이 있다고 지적했다. 각 레벨의 기능은 그 아래의 레벨에 대한 정보를 구성하는 것이었고, 한 레벨에서 무언가를 변경하는 규칙은 하위 레벨을 변경하기 위한 규칙과 다르다. 하위 레벨에서 무언가를 변경하면 상위 레벨에 영향을 미칠 수 있지만 반드시 그런 것은 아니다. 상위 레벨에서 어떤 것을 변경하면 상위 레벨 변경을 지원하기 위해 하위 레벨에서 변경해야 한다. 베이슨은 로지컬 레벨의 혼란으로 종종 문제가 발생한다고 지적했다.

2. NLP의 로지컬 레벨

NLP를 연구할 때 고려해야 할 가장 기본적이고 가장 중요한 논리 레벨은 다음과 같다.

영적	초월
A. 나는 누구인가–정체성(Who)	사명
B. 나의 신념 체계–가치, 기준(Why)	허락 및 동기부여
C. 나의 능력–상태, 전략(How)	방향
D. 내가 한 것–특정 행동(What)	활동
E. 나의 환경–외부 맥락(Where, When)	반응

3. 신경-로지컬 레벨

이러한 각기 다른 레벨은 신경학적인 '회로'에 대해 더 깊이 전념하면서 어떤 활동을 하게 한다.

영적(Spiritual): 전체(Holographic)로서의 홀로그램 신경계

A. 정체성(Identity): 면역계 및 내분비계 – 깊은 생명 유지 기능

B. 신념(Beliefs): 자율 신경계(예: 심장 박동, 동공 확장 등)

– 무의식적 반응

C. 능력(Capabilities): 피질 시스템 – 반의식적 행동

(눈동자 움직임, 자세 등)

D. 행동(Behaviors): 운동 신경(소뇌 추체) – 의식적 행동

E. 환경(Environment): 말초 신경계 – 감각과 반사 반응

4. 다른 로지컬 레벨의 진술의 예

다음 진술은 암에 걸렸다는 것을 알게 된 사람의 다양한 반응이다. 레벨별로 다르다는 것을 알 수 있다.

A. 정체성 – 나는 암 희생자다.

B. 신념 – 피할 수 없는 것을 받아들이지 않는 것은 거짓된 희망이다.

C. 능력 – 나는 잘 유지할 능력이 없다.

D. 특정 행동 – 나는 종양이 있다.

E. 환경 – 암이 나를 공격하고 있다.

다음 진술은 건강 목표를 향해 일하는 사람의 다양한 레벨을 나타 낸다.

A. 정체성-나는 건강한 사람이다.

B. 신념-건강하면 나는 다른 사람들을 도울 수 있다.

C. 능력-나는 나의 건강에 영향을 미치는 방법을 안다.

D. 특정 행동-나는 때때로 건강할 수 있다.

E. 환경-약이 나를 치유했다.

다음 진술은 음주 문제가 있는 사람의 다른 레벨을 나타낸다.

A. 정체성-나는 알코올 의존자이며 앞으로도 계속해서 알코올 의 존자다.

B. 신념-평온을 유지하고 정상적이기 위해서는 마셔야 한다.

C. 능력-나는 술을 통제할 수 없다.

D. 특정 행동-나는 파티에서 너무 많이 마셨다.

E. 환경-친구들과 함께 있을 때 나는 한두 잔 하는 것을 좋아한다.

5. 다른 로지컬 레벨에서의 NLP 변경 유형

A. 신화적인 변화-정체성 레벨에서의 변화

　사명과 목적의 변화

B. 생성적인 변화-신념과 능력 레벨에서의 변화

동기, 승인 및 방향의 변화

C. 개선적인 변화 – 행동 및 환경 레벨에서의 변화

　활동과 반응의 변화

{ 부록 4. 종속 모형 }

종속 모형		
시각적	청각적	신체 감각적
밝기(흐릿한–밝은)	소리(크게–약하게)	강도(강한–약한)
크기(큰–작은)	톤(저음–고음)	영역(큰–작은)
색(흑백)	음의 높이(높음–낮음)	질감(거친–부드러운)
움직임(빠름–느림–유지)	속도(빠름–느림)	기간(일정한–간헐적인)
거리(가까운–먼)	거리(소리가 가까운–먼)	온도(뜨거운–차가운)
초점(선명한, 어렴풋한)	리듬	무게(무거운–가벼운)
위치	위치	위치
깊이(3D–평평한)		
메타 – 양식		
개입(연합)–관조(분리)	단어–어조	감정–촉감의
내부–외부	내부–외부	내부–외부

{ NLP 용어 해설 }

1차적 표상 체계(Representational System Primacy)　개인이 체계적으로 자신의 경험을 처리하고 구성하기 위해 다른 사람들보다 한 가지 감각을 체계적으로 사용하는 곳. 1차적 표상 체계는 학습 능력뿐만 아니라 많은 성격 특성을 결정할 것이다.

4-튜플(4-tuple)　특정 경험의 구조를 기록하는 데 사용되는 속기 방법. 4-튜플의 개념은 어떤 경험이 A=청각, V=시각, K=신체 감각, O=후각/미각의 네 가지 주요 표상 종류의 일부 조합으로 구성되어야만 한다고 주장한다.

결과(Outcomes)　어떤 사람이나 조직이 성취하고자 하는 목표 또는 원하는 상태.

공감각적(Synesthesia)　사람이 보는 것으로부터 느낌을 이끌어내는 See-Feel 순환과 같은 현상으로 특징지어지는 표상 체계와 사람이 듣는 것으로부터 감정을 느끼는 Hear-Feel 순환의 특징을 갖는 표상 체계 간의 겹침 과정. 어떤 두 가지 감각 양식이 함께 연결될 수 있다.

기준(Criteria)　사람이 결정과 판단을 내리는 데 사용하는 가치 또는 표준.

깊은 구조(Deep Structure)　사람들이 행동을 조직하고 인내하는 데 사용하는 (의식 및 무의식적) 감각 지도.

능력(Capability)　모든 종류의 행동을 자유로이 구사하는 것-어떤 것을 어떻게 해야 할지를 아는 것이다. 능력은 우리가 개별 행동의 그룹을 선택하고 조직할 수 있게 하는 멘탈 지도(map)를 개발하는 것으로부터 나온다. NLP에서 이러한 멘탈 지도는 인지 전략과 메타 프로그램의 형태를 취한다.

라포(Rapport) 관계에서의 신뢰, 조화 및 협력을 수립하는 것.

로지컬 레벨(Logical Level) 각 레벨이 점점 더 심리적으로 포용되고 영향력을 미치는 내부 계층 구조. 중요성의 순서대로(높음에서 낮음) ① 정체성, ② 신념, ③ 능력, ④ 행동, ⑤ 환경이 레벨에 포함된다.

리프레이밍(Reframing) 문제가 되는 행동이 내부 프로그램의 긍정적인 의도와 분리되거나 행동을 책임지는 '부분'과 분리되는 NLP에서 사용되는 하나의 프로세스다. 새로운 행동 선택은 이전 행동에 책임이 있는 부분이 동일한 긍정적인 의도를 만족시키지만 문제가 되는 부산물을 갖지 않는 다른 행동을 실현하는 책임을 지게 함으로써 설정된다.

맥락(Context) 특정 사건을 둘러싼 체계. 이 체계는 종종 특정 경험이나 사건이 어떻게 해석되는지를 결정한다.

메타 모델(Meta Model) 존 그린더와 리처드 밴들러가 개발한 모델로 문제가 있거나 애매모호한 언어 패턴 범주를 발견하는 것.

메타 프로그램(Meta Program) 우리가 어떻게 우리의 경험을 정렬하고, 방향을 잡아 주고, 묶을지를 결정하는 정신적인 프로그래밍 단계. 우리의 메타 프로그램은 세밀한 사고 과정이라고 하기보다는 오히려 특정 이슈에 대한 일반적인 접근 방식을 생각하고 정의하기 위한 특별한 전략보다도 더욱 추상적인 것이다.

모델링(Modeling) 다른 사람들의 성공적인 행동을 관찰하고 매핑하는 과정.

미각(Gustatory) 맛이나 미각에 관한 것.

미래 페이싱(Future Pacing) 원하는 행동이 자연스럽게 그리고 자동적으로 나올 수 있도록 하기 위해 어떤 미래 상황을 통해 정신적으로 연습하는 과정.

번역(Translating) 한 가지 유형의 표상 체계 술어를 다른 단어로 바꾸는 과정.

부가 이득(Secondary Gain) 겉보기에 부정적이거나 문제가 있는 행동이 실제로 다른 레벨에서는 긍정적인 기능을 수행하는 곳. 예를 들어, 흡연은 사람이 긴장을 풀거나 특정 자기 이미지에 맞도록 도울 수 있다.

분아들(Parts) 독립적인 프로그램과 행동 전략에 대해 이야기하는 은유적 방법. 프로그램이나 '분아(부분)'는 그들이 발견한 특징들 중에서 하나의 특징으로 되어 가는 모습을 주로 개발하게 된다.

상태(State) 전체 진행되는 정신적, 육체적 환경, 그 환경으로부터 사람은 행동하게 된다.

설치(Installation) 새로운 선택 또는 행동을 읽기 위해 촉진하는 과정. 앵커링, 접근 단서, 은유 및 미래 페이싱의 일부 조합을 통해 새로운 전략을 설치할 수 있다.

술어(Predicates) 어떤 사람이 어떤 사물을 설명하기 위해 선택한 프로세스 단어(예: 동사, 부사 및 형용사). 술어는 NLP에서 어떤 사람이 정보를 처리하는 데 사용하는 표상 체계를 확인하는 데 사용된다.

시각(Visual) 보는 것 또는 보는 감각과 관련이 있다.

신경언어프로그래밍(NLP) 1975년 그린더와 밴들러가 창안한 행동 모델 그리고 명백한 스킬과 테크닉 세트. 주관적 경험의 구조에 대한 연구로 정의된다. NLP는 뇌(신경), 언어(언어) 및 효과적이기도 하고 비효과적인 행동을 생성하는 신체 사이의 상호작용에 의해 생성된 패턴 또는 '프로그래밍'을 연구한다. 스킬과 테크닉은 심리 요법, 비즈니스, 최면, 법률 및 교육을 포함한 다양한 전문 커뮤니케이션 분야의 전문가의 탁월성의 패턴을 관찰하여 파생되었다.

신념(Beliefs) 우리 주변 세상, 우리의 행동, 우리의 능력, 우리의 정체성 속에 있는 원인과 의미, 경계에 관한 일반화를 밀접하게 도와주는 것. 신념은 사실에 근거한 현실과는 다른 레벨에서 기능하며 현실에 대한 우리의 인식을 안내하고 해석하도록 하고, 종종 우리의 기준이나 가치 체계에 연결시킴으로써 현실을 인식하고 해석할 수 있도록 한다. 신념은 논리적이거나 합리적으로 생각하는 전형적인 방법을 통해서는 바뀌기가 너무나도 어렵다.

신체 감각적(Kinesthetic) 신체 감각과 관련이 있다. NLP에서 신체 감각이라는 용어는 촉각, 본능적인 및 감정적인 것을 포함한 모든 종류의 느낌을 포괄하는 데 사용된다.

앵커링(Anchoring) 어떤 외부 자극과 내부 반응을 연결하는 과정(클

래식 컨디셔닝과 유사)으로 반응이 신속하고 때로는 은밀하게 재접근
할 수 있다.

위치/입장(Position)   특정 관점 또는 시점. NLP에는 특정 경험을 인식
할 수 있는 세 가지 기본 위치가 있다. 1차 포지션은 일인칭 시점과 연
관된 우리 자신의 눈을 통해 무언가를 경험하는 것이다. 2차 포지션은
마치 다른 사람의 입장이 되어 무언가를 경험하는 것이다. 3차 포지션
은 뒤로 서서 관조된 관점에서 자기 자신과 타인 사이의 관계를 인지
하는 것이다.

은유(Metaphor)   하나의 상황이나 현상에 대해서 어떤 것(즉, 이야기,
비유, 유추와 같은)을 통해서 생각나게 하는 과정.

이용(Utilization)   특정 전략의 연속적인 사건들이나 행동 패턴이 다
른 사람의 반응에 영향을 주기 위해 조정되거나 일치시키는 테크닉.

인용 부호(Quotes)   다른 사람이 메시지를 서술한 것과 같이, 전달하
려는 메시지에서 인용에 포함시킬 수 있는 어떤 패턴.

잘 형성된 조건(Well-Formedness Conditions)   효과적이고 생태학
적인 결과를 만들기 위해 무언가가 만족해야만 하는 일련의 조건.
NLP의 특정 목표는 다음과 같이 하면 잘 형성된다. 첫째, 긍정적인
단어로 기술한다. 둘째, 감각 기반 증거에 따라 정의하고 평가한다.
셋째, 목표를 원하는 사람이 시작하고 지속한다. 넷째, 현재 상태의
긍정적인 부산물은 지켜서야 한다. 다섯째, 외부 생태계에 맞게 적질
하게 맥락화한다.

적합성(Congruence)   모든 사람의 내부 신념, 전략 및 행동이 완전히

일치할 때 그리고 원하는 결과를 확보하기 위한 방향으로 나아갈 때를 말한다.

전략(Strategy) 구체적인 결과를 얻기 위해 사용된 명시적 정신 및 행동 단계의 한 세트. NLP에서 전략의 가장 중요한 측면은 특정 단계를 수행하는 데 사용되는 표상 체계다.

접근 단서(Accessing Cues) 사람이 생각하는 데 사용하는 표상 체계를 이끌어 낼 수 있도록 하고, 표시할 수 있도록 하는 미묘한 행동. 전형적인 접근 단서로는 눈동자 움직임, 목소리 톤과 속도, 몸 자세, 몸짓 및 호흡 패턴이 있다.

정체성(Identity) 우리가 누구인지에 대한 감각. 우리의 정체성에 대한 감각은 우리의 신념, 능력과 행동을 하나의 시스템으로 구성한다.

종속 모형(Sub-Modalities) 각 감각에 의해 인지되는 특별한 감각적 자질. 예를 들어, 시각 종속 모형에는 색, 모양, 움직임, 밝기, 깊이 등이 포함되며, 청각 종속 모형에는 볼륨, 피치, 템포 등이 포함되며, 신체 감각 종속 모형에는 압력, 온도, 질감, 위치 등이 포함된다.

청각(Auditory) 들리는 것이나 듣는 감각과 관련한 것.

청킹(Chunking) 어떤 경험을 더 큰 조각으로 구성하거나 더 작은 조각으로 분해하는 것. '청킹 업(Chunking up)'은 더 크고, 더 추상적인 레벨의 정보로 이동하는 것을 포함한다. '청킹 다운(Chunking down)'은 더 구체적이고 현실과 사실에 근거한 레벨의 정보로 이동하는 것을 포함한다. '수평적 청킹(Chunking laterally)'은 동일한 레벨의 정보에서 다른 예제를 찾는 것을 포함한다.

캘리브레이션(Calibration)   관찰 가능한 행동 단서와 특정 내부 반응을 짝을 지어서, 다른 사람과의 지속적인 상호작용에서 다른 사람의 무의식, 비언어적 반응을 읽는 것을 배우는 과정.

캘리브레이션 고리(Calibrated Loop)   상대방과의 지속적인 상호작용에서 상대방의 특정 반응을 유도하는 나의 행동 단서로 의사소통하는 무의식적인 패턴.

토테(T.O.T.E.)   밀러(Miller), 갈란터(Galanter) 및 프리브람(Pribram)이 개발한 이 용어는 모든 행동을 유도하는 데 사용되는 기본 피드백 루프를 설명하는 Test–Operate–Test–Exit 연결을 나타낸다.

트랜스 유도성 탐색(Transderivational Search)   현재의 행동이나 반응이 유도된 기준 경험을 찾기 위해 저장된 기억과 정신적인 표상을 되돌아보는 과정.

페이싱(Pacing)   의사소통자들이 자신의 행동의 특정 측면을 의사소통하는 상대방의 행동과 일치시킴으로써 신속하게 관계를 형성하는 방법으로, 행동의 일치 또는 미러링.

표면 구조(Surface Structure)   뇌에 저장된 실제 1차적인 감각 표상을 기술하거나 상징하기 위해 사용된 단어 또는 언어.

표상 체계(Representational Systems)   오감: 시각, 청각, 촉각(느낌), 후각, 미각.

행동(Behavior)   우리가 주변 사람들이나 주변 환경과 상호작용하는 구체적인 신체적 활동과 반응.

행동 유연성(Behavioral Flexibility)   다른 사람의 반응을 유도하거나 확보하기 위해 자신의 행동을 다양하게 하는 능력.

환경(Environment)   우리의 행동이 이루어지는 외부 맥락. 우리의 환경은 우리가 우리의 '외부'인 것으로 인식하는 것이다. 그것은 우리 행동의 일부가 아니라 오히려 우리가 반응해야만 하는 어떤 것이다.

후각(Olfactory)   냄새 또는 냄새를 맡는 감각과 관련 있는 것.

저자 소개

로버트 딜츠(Robert Dilts)는 로지컬 레벨 등을 개발한 세계적인 NLP 리더다. NLP가 창시된 1980년대부터 지금까지 NLP발전과 NLP전문가양성에 전력을 다하고 있다. 25권의 NLP 관련 저서를 저술하였으며, 최근에는 특히 NLP를 활용한 리더십 및 코칭모델 개발에 힘을 쏟고 있다.

NLP University Co-Founder
Dilts Strategy Group Founding Partner
IAGC(International Association for Generative Change Co-Founder)

역자 소개

이성엽(Yi Sung-Yup)
아주대학교 대학원 교육학과 교수
아주대학교 글로벌미래교육원 원장
NLP Master Trainer(NLP University)
한국NLP상담학회 고문(전 회장)
한국교육컨설팅코칭학회 고문(전 회장)
(재)한국지역사회교육재단 이사

김영경(Kim Youngkyung)
SSMI 이사
글로벌리더십협회 이사
NLP Master Practitioner(Q.A.S.)
전 아워홈 차장

권병희(Kwon Byunghee)
퀀텀어웨이크닝스쿨 이사
한국NLP상담학회 이사
NLP Master Practitioner(Q.A.S.)
아주대학교 교육학 박사과정 재학중

손민서(Son Minseo)
퀀텀어웨이크닝스쿨 이사
글숲먼닉 내표
NLP Master Practitioner(Q.A.S.)
부산대학교 통번역전문대학원 수료
부산대학교 심리학과 졸

신원학(Shin Wonhak)

(주)와이앤하우 대표이사

NLP Master Practitioner(Q.A.S.)

동국대학교 박사 수료

전 CJ푸드빌 매니저

전지영(Jeon Jiyoung)

극동건설 인사팀장

배움공동체 수심단 부단장

NLP Master Practitioner(Q.A.S.)

연세대학교 인적자원개발 석사

전 HDC현대산업개발 HR팀 과장

　　ADT 캡스 인재개발팀

신현정(Shin Hyunjung)

빌리프랩 T&D Leader

NLP Master Practitioner(Q.A.S.)

아주대학교 교육학 박사과정

전 우아한형제들 러닝디자이너

　　네이버 I&S 러닝디자이너

주충일(Joo Chungil)

GS칼텍스 부장

한국교육컨설팅코칭학회 상임이사

NLP Master Practitioner(Q.A.S.)

아주대학교 교육학 박사 수료

유경철(Yu Kyungchul)

소통과 공감 대표

NLP Master Practitioner(Q.A.S.)

서울종합과학대학원대학교 박사과정

전 코오롱베니트 인재개발팀

최영조(Choi Youngjo)

(주)한독 성과혁신팀장

NLP Master Practitioner(Q.A.S.)

연세대학교 인적자원개발 석사

퀀텀 어웨이크닝 스쿨(Quantum Awakening School)은 로버트 딜츠가 운영하는 미국 NLP University의 공식 한국 파트너입니다.

- NLP University: www.nlpu.com
- Q&A School: www.qnaschool.com
- ICC(국제코치연맹): www.internationalcoachingcommunity.com
- DSG(딜츠전략그룹): www.diltsstrategygroup.com

한국교육컨설팅코칭학회부설

QUANTUM AWAKENING
SCHOOL

사람의 마음을 탐구하고 간절함이 있는 분들의 변화와 성장을 지원합니다.
만나는 모든 사람이 스승이 되고, 경험하는 모든 일은 지혜가 되는
마음공부를 나눕니다. 인생이란 학교에서 평생 배움의 일상화를 추구합니다.
우리 자신이 인생의 주인이자 삶의 창조자임을 알아차리게 돕습니다.
無爲而化(애쓰지 않고 저절로 이루어짐)을 함께 배웁니다.
자비심, 사랑, 연대 그리고 나눔을 응원합니다. 탁월함 C.O.A.C.H로 성장할 수 있도록 돕습니다.
(C: Centering | O: Opening | A: Awareness&Awakening | C: Connecting | H: Holding)
Quantum Awakening School은 NLP(Neuro–Linguistic Programming)를
변화와 성장의 도구(tools)로 활용하여, NLP전문가 양성은 물론 NLP를 활용한
다양한 교육/코칭/상담 프로그램 개발, 전문코칭/상담전문가 육성을 지원합니다.

*NLP*를 공부하시면,

SELF AWARENESS & MINDFULNESS!
매순간 깨어 있으며 변화를 창조할 수 있는 상태를 창조하고 지속할 수 있습니다.

SUCCESSFUL RELATIONSHIPS!
깊고 충만한 관계창조와 유지의 힘을 키울 수 있습니다.

POWER OF LANGUAGE!
타인의 변화와 성장을 가져오는 매력적이고 파워풀한 질문을 던질 수 있습니다.

MANAGING EMOTIONS!
언제나 나의 감정상태를 최상의 상태로 조정, 변화 또는 준비할 수 있습니다.

OUTCOME FOCUS!
원치 않은 것을 잊어버리고, 원하는 상태에 집중하게 됩니다. 불가능을 가능으로 창조합니다.

QUANTUM AWAKENING SCHOOL(Q&A School)은 NLP의 메카로 불리는 NLP University 의 프로그램 Copyrights User이자 공식 한국지부(Affiliate Partner)입니다. NLP Practitioner, Master Practitioner 및 Trainer과정을 NLP University와 함께 진행합니다. 또한 Q&A School은 DSG(Dilts Strategy Group) Affiliate Partner로서 SFM3 의식리더십(Conscious Leadership)을 우 리나라에 보급하고 있으며, 국제코칭자격을 인증하는 전 세계 코치들의 모임인 국제코치연맹 (ICC: International Coaching Community) 한국지부 및 한국 NLP상담학회 인증기관입니다.

www.qnaschool.com

NLP로 신념 체계 바꾸기

Changing Belief Systems with NLP

2019년 8월 10일 1판 1쇄 발행
2024년 1월 25일 1판 2쇄 발행

지은이 • Robert Dilts
옮긴이 • 이성엽 · 권병희 · 김영경 · 손민서 · 신원학
　　　　신현정 · 유경철 · 전지영 · 주충일 · 최영조
펴낸이 • 김진환
펴낸곳 • (주) **학지사**

　　　　04031 서울특별시 마포구 양화로 15길 20 마인드월드빌딩
대표전화 • 02)330-5114　　　　팩스 • 02)324-2345
등록번호 • 제313-2006-000265호

홈페이지 • http://www.hakjisa.co.kr
인스타그램 • https://www.facebook.com/hakjisabook

ISBN 978-89-997-1863-2 93180

정가 15,000원

이 도서의 국립중앙도서관 출판시도서목록(CIP)은 서지정보유통지
원시스템 홈페이지(http://seoji.nl.go.kr)와 국가자료공동목록시스템
(http://www.nl.go.kr/kolisnet)에서 이용하실 수 있습니다.
(CIP 제어번호: CIP2019027246)

출판미디어기업 **학지사**

간호보건의학출판 **학지사메디컬** www.hakjisamd.co.kr
심리검사연구소 **인싸이트** www.inpsyt.co.kr
학술논문서비스 **뉴논문** www.newnonmun.com
교육연수원 **카운피아** www.counpia.com